Dominik H. Enste, Theresa Eyerund, Lena Suling, Anna-Carina Tschörner
Glück für Alle?

Dominik H. Enste, Theresa Eyerund,
Lena Suling, Anna-Carina Tschörner

Glück für Alle?

———

Eine interdisziplinäre Bilanz zur Lebenszufriedenheit

DE GRUYTER
OLDENBOURG

ISBN 978-3-11-055445-8
e-ISBN (PDF) 978-3-11-055762-6
e-ISBN (EPUB) 978-3-11-055550-9

Library of Congress Control Number: 2019941251

Bibliografische Information der Deutschen Nationalbibliothek
Die Deutsche Nationalbibliothek verzeichnet diese Publikation in der Deutschen
Nationalbibliografie; detaillierte bibliografische Daten sind im Internet über
http://dnb.dnb.de abrufbar.

© 2019 Walter de Gruyter GmbH, Berlin/Boston
Einbandabbildung: Zakokor / iStock / Getty Images
Satz: le-tex publishing services GmbH, Leipzig
Druck und Bindung: CPI books GmbH, Leck

www.degruyter.com

Inhalt

Abbildungsverzeichnis

https://doi.org/10.1515/9783110557626-201

Tabellenverzeichnis

https://doi.org/10.1515/9783110557626-202

1 Einführung

Was bedeutet „glücklich sein"? Die Vielzahl der Faktoren, die glücklich machen können, bedingt, dass sich im Laufe der Zeit nicht nur Philosophen dieser Fragestellung widmeten. Auch Wirtschaftswissenschaftler, Psychologen, Soziologen und andere Berufsgruppen erforschen, welche Auswirkungen die Biologie des Menschen, die eigene Persönlichkeit, die Gesellschaft sowie staatliche Rahmenbedingungen, die Sozialisation und die Arbeit auf die Lebenszufriedenheit haben können. So handelt es sich beim Glücksbegriff inzwischen um einen interdisziplinären Forschungsgegenstand.

Durch die intensive Glücksforschung vor allem seit den achtziger Jahren wissen wir heute bereits viel über die Glücksfaktoren, die einen Anstieg oder einen Abfall der individuellen Lebenszufriedenheit bedingen können. Und nicht nur in der Forschung kommt dem Thema Glück eine hohe Wichtigkeit zu. Gemessen an Berichten der Medien, Artikeln aus Fachzeitschriften und der Vielzahl an Ratgebern scheinen sich auch Privatpersonen mehr und mehr mit der Frage des Glückes zu beschäftigen. Der Glücksbegriff ist in aller Munde und die meisten Menschen sind sich einig, dass Glück einer der höchsten anzustrebenden Zustände ist und dass sie ein glückliches Leben führen möchten.

Doch wann genau dieses Ziel erreicht ist und welche Faktoren dieses „glückliche Leben" konkret auszeichnen, darin unterscheiden sich die Vorstellungen. Ein erfülltes Familienleben, eine ruhmreiche Karriere, künstlerische Erfüllung oder ein Leben im Einklang mit der Natur – ein gutes und gelingendes Leben sieht für jeden Menschen anders aus. Besonders in individualistischen Gesellschaften überwiegt die Vorstellung, dass jeder nicht nur seinen Weg zum Glück selbst wählen, sondern auch durch sein Handeln und seine Entscheidungen sein Glück beeinflussen kann und sollte. Den Glücksbegriff muss in einer individualisierten Gesellschaft jeder für sich mit Inhalt füllen. Diese individuelle Freiheit geht einher mit einem Zugewinn an Selbstverantwortung. Während der eine diese Freiheit als Chance empfindet, stellt der heutige Glücksanspruch für andere eine Belastung dar.

Dieses Buch möchte dem Leser/der Leserin eine Orientierung im Dickicht der Glücksstudien geben und hinsichtlich der Vielzahl der Anforderungen, Empfehlungen und Ansprüche begleiten, indem Fakten und Erkenntnisse aus der Glücksforschung disziplinübergreifend verständlich, aber zugleich wissenschaftlich fundiert dargestellt werden. Dabei bietet es eine übersichtliche, die Zusammenhänge veranschaulichte Darstellung verschiedener Einflussfaktoren auf die Lebenszufrie-

https://doi.org/10.1515/9783110557626-001

denheit und das Glück, und füllt so die Lücke zwischen Ratgebern und Wissenschaft.

Ziel ist es, durch eine strukturierte, verständliche Aufarbeitung der wissenschaftlichen Erkenntnisse der Glücksforschung eine Orientierung zu geben, was Menschen glücklich machen kann und welche dieser Glücksfaktoren das Individuum selbst beeinflussen kann. Welche Rolle spielt Arbeit für die Lebenszufriedenheit? Wie wichtig ist die Beziehung der Menschen zu ihren Kollegen? Welche sozialen Beziehungen beeinflussen im Privaten unser Glück? Nicht nur Individuen, sondern auch Regierungen beschäftigen sich zunehmend mit der Frage, was den Menschen glücklich macht und wie sich dieses Glück messen lässt. Auf staatlicher und unternehmerischer Ebene werden Handlungsempfehlungen abgeleitet, die zu mehr Wohlbefinden beitragen können. Spiegelt das Bruttoinlandsprodukt tatsächlich die Lebenszufriedenheit in einem Land wider? Wie viele und welche Regulierungen steigern das Glücksempfinden der Menschen? Wie können Unternehmen ihre Mitarbeiter motivieren und ein Arbeitsumfeld schaffen, in dem Glück zu mehr Produktivität beiträgt?

In diesem Buch finden Sie umfassende Fakten und wissenschaftlichen Erkenntnisse rund um die Debatte „Glück für alle?"

2 Zur Philosophie des Glücks

Glück ist das, wonach alle streben. Seit Jahrtausenden denken die Menschen darüber nach und entwickeln Definitionen, Konzepte und Empfehlungen. Doch diese sahen bei den antiken Philosophen noch anders aus als heute. Dennoch können wir aus den damaligen Vorstellungen viel darüber lernen, was Glück heute bedeutet und wie wir es definieren können. Sprechen wir heute über ein anderes Glück als die Menschen vor 2000 Jahren? Was bedeutet Glück für uns heute und wie müssen wir es definieren, damit es unseren modernen Vorstellungen entspricht?

2.1 Was ist Glück?

Zahlreiche ideengeschichtliche Strömungen prägten im Laufe der Zeit die Vorstellung vom Glück. Eine allgemeingültige Definition des Glücksbegriffs ist bis heute nur schwer möglich. Ein lustvolles Leben, Seelenruhe, das Allgemeinwohl – auch eine einfache Übertragung der Glücksvorstellungen aus Antike und Neuzeit auf die heutigen Umstände wird durch das vielfältige Verständnis dessen, was Glück bedeutet, erschwert. Dennoch zeigen die klassischen Glückslehren, dass die Formulierung des Glücksbegriffs zugleich auch eine Weltanschauung beinhaltet. So wird die Definition des Glücks in den antiken Lehren beispielsweise durch die Annahme einer kosmischen Ordnung oder durch ein Berufen auf die Verantwortung des Einzelnen für sein persönliches Glück bedingt. Je nach Weltanschauung bedeutet Glück die Erfüllung einer Aufgabe oder die Annahme eines Platzes in einer vorgegebenen, gewollten Weltordnung. Anderen Auffassungen zufolge besteht es wiederum darin, die persönlichen Ziele zu erreichen und die Wünsche zu verwirklichen, die subjektiv glücklich machen. So wandeln sich die Vorstellungen von Glück mit dem Geistesstand der Zeit, ihrer Systeme, Werte, Erkenntnisse und Wünsche. Glücksvorstellungen variieren daher zwischen Kulturkreisen, Alters- oder Interessengruppen.

Im westlichen Kulturkreis nimmt das Individuum einen hohen Stellenwert ein. Das Glück ist hier stark an die eigenen Wertvorstellungen gebunden (Kapitel 2.2). Die Erfüllung dessen, was die Menschen aufgrund sozialer Konventionen oder der eigenen Weltanschauung als richtig und wichtig empfinden, wird meist als Glück bezeichnet.

Eine allumfassende Definition des allgemeinen Glücks macht aus Sicht einiger Disziplinen ohnehin wenig Sinn, da sie die individuellen und auch kulturell bedingten Unterschiede in der Benutzung des

https://doi.org/10.1515/9783110557626-002

Begriffs nicht berücksichtigen könnte (Frey/Stutzer, 2009; Bond/Lang, 2018). Um allerdings eine Basis für die Begriffsverwendung z. B. zur Messung von Glück, zur Analyse von Determinanten und Effekten der Lebenszufriedenheit zu haben, werden im Folgenden einige Definitionen und Abgrenzungen von Glück aufgezeigt und diskutiert.

Hayppiness oder Glück

Veenhoven (1991a, 2) verwendet den Begriff „happiness" als „the degree to which an individual judges the overall quality of his life favourably". Er übersetzt diesen Satz als das Ausmaß, in dem der einzelne seine Lebensqualität positiv bewertet (Veenhoven, 1991b). Diese Definition beschreibt im Allgemeinen, was die meisten Menschen sagen, wenn man sie nach der Bedeutung des Glücksbegriffs fragt. Sie umfasst die individuelle Komponente des Glücks dadurch, dass das Individuum selbst (an individual/der Einzelne) evaluiert und bezieht sich dabei auf alle Lebensbereiche (overall quality/Lebensqualität). Dennoch ist die Definition für den Begriff „happiness"/Glück sehr allgemein.

Subjektives Wohlbefinden

Diener, Oishi und Lucas (2003) liefern mit der Beschreibung des Begriffs „subjective well-being" eine weitere Abgrenzung. Der Begriff „subjektives Wohlbefinden" wird in der Glücksforschung meist als Gegenstand der Untersuchung, anstelle des Begriffs „Glück", verwendet: „The field of subjective well-being (SWB) comprises the scientific analysis of how people evaluate their lives – both at the moment and for longer periods such as for the past year" (Diener et al., 2003, 404). Das Konzept des „subjektiven Wohlbefindens" umfasst damit sowohl die emotionalen Reaktionen auf bestimmte Ereignisse als auch die Bewertung der Lebenszufriedenheit, der Erfüllung und Zufriedenheit mit bestimmten Lebensinhalten wie Arbeit oder Ehe – kurz- und langfristig. Wie es der Begriff jedoch schon sagt, handelt es sich bei dieser Definition um eine subjektive Einschätzung und keine allgemeingültige Erklärung des Glücksbegriffs.

Lebenszufriedenheit

Während das subjektive Wohlbefinden die emotionale Komponente einschließt, wird die Lebenszufriedenheit nicht von Gefühlen oder Launen beeinflusst, sondern ist ein kognitiver Prozess. Sie drückt die langfristige Einschätzung der eigenen allgemeinen Lebenslage aus, die sich an individuellen Standards orientiert (Diener et al., 1985b). In die Bewertung können verschiedene Bereiche, wie beispielsweise der Beruf, die Partnerschaft, die finanzielle Lage oder die Wohnsituation einbezogen werden. Eine häufig gestellte Frage zur Ermittlung der Lebenszufriedenheit ist „Alles in allem, wie zufrieden sind Sie mit Ihrem Leben?", die in verschiedenen Abstufungen beantwortet werden kann.

„Feeling good"

Layard (2005b) beruft sich auf die simple Definition von Glück als „feeling good – enjoying life and wanting the feeling to be maintained", auf Glück im Sinne eines „sich gut fühlens" und dem Wunsch, dieses Gefühl beizubehalten. Myers (2000) legt bei seiner Glücksdefinition den Fokus auf ein positives Gefühl und dessen Verhältnis zu negativen Gefühlen eines Menschen. Entscheidend sei das Überwiegen des Positiven: „a high ratio of positive to negative feelings".

Dies sind nur einige der vielen Definitionen, die heute zum Glücksbegriff existieren. Im Wesentlichen haben sie gemein, dass sie in der Regel so allgemein gehalten sind, dass sie keine konkreten Rückschlüsse auf den „Glücksinhalt", also das, was den Menschen tatsächlich glücklich macht, zulassen. So kommt jedem Individuum die Herausforderung aber auch die Möglichkeit zu, diese allgemeinen Glücksdefinitionen für sich selbst mit Leben und Inhalt zu füllen. Im Verlauf dieses Buches werden die Begriffe auch synonym verwendet.

2.2 Glückskonzepte in der zeitgeschichtlichen Entwicklung

Die Philosophen der Antike sahen ihre Aufgabe vor allem darin, jedermann den Weg zur Glückseligkeit zu zeigen und zu einem glücklichen Leben zu verhelfen. Diesem Ansinnen liegt die teleologische Annahme zugrunde, dass der Mensch von Natur aus nach dem Glück strebt und er seine Bestimmung darin findet.

In der griechischen Philosophie stand der Begriff „eudaimonia" im Zentrum der Auseinandersetzung. Gewöhnlich wird der Begriff mit Glück oder Glückseligkeit übersetzt. In seiner Nikomachischen Ethik definiert Aristoteles die Eudaimonie als die „Tätigkeit der Seele im Sinne der ihr wesenhaften Tüchtigkeit" (Hossenfelder, 2010, 77). Seiner Theorie liegt ein Weltbild zugrunde, das eine absolute Ordnung des Kosmos definiert und das jedem Ding und Wesen eine bestimmte, einzigartige Rolle zuweist. Das Streben nach dem Glück ist in diesem Sinne die dem menschlichen Leben innewohnende Rolle.

Die griechische Eudaimonie

Die Einzigartigkeit des Menschen und sein eigentlicher Zweck in einem derart geordneten Kosmos sei die Vernunft, die sich durch die Verstandestugenden wie Weisheit und Klugheit ausdrückt. Kraft seiner Vernunft kann der Mensch die richtige Harmonie zwischen Affekten und Willensbestrebungen herstellen und die richtige Mitte, die mesotes, zwischen Extremen erkennen. Gelingt ihm die vollkommene Anwendung dieser Vernunft, das heißt die Ausübung eines tugendhaften Lebens auf vollkommene Weise, habe er nicht nur das höchste Gut erreicht, sondern befände sich auch im Zustand der Eudaimonie.

Die Theorie von Aristoteles ist auf eine teleologisch ausgerichtete Denkweise zurückzuführen. Jede Handlung ist zielgerichtet, z. B. „Ich arbeite, um Geld zu verdienen", „Ich ernte, um nicht zu verhungern" etc. Das höchste Ziel, das jedoch über all diesen Teilzielen des Menschen steht, ist die Eudaimonie. Sie sei das höchste anzustrebende Gut, das um ihrer selbst willen erstrebenswert ist: als Zustand der „Glückseligkeit". Dabei gibt Aristoteles eine konkrete Orientierung, wie dieses höchste Gut zu erreichen sei, nämlich durch die vollständige Verwirklichung der ethischen und sittlichen Vollkommenheit, d. h. der Tugend. Der Mensch erreiche die Eudaimonie dann, wenn er seinen, von der kosmischen Weltordnung vorgesehenen Zweck eines tugendhaften Lebens erfüllt (Horn, 2010).

Vernunft   Die Anwendung der Vernunft sei zwingend notwendig, um den Zustand der Eudaimonie zu erreichen. Die gezielte Ausbildung des eigenen Denkens mache den Menschen letztlich tugendhaft und tüchtig. Gleichwohl erkennt Aristoteles an, dass auch weltliche Güter eine Bedeutung für das Glück haben. Jedoch nur als notwendige, nicht aber als hinreichende Bedingung. Das bedeutet, es gibt nach Aristoteles „gewisse Güter, deren Fehlen die reine Form des Glücks beeinträchtigt, etwa vornehme Geburt, wohlgeratene Kinder oder Schönheit" (Aristoteles zitiert nach Horn, 2010). Solche Ereignisse sowie manche Aktivitäten, wie beispielsweise das Erleben von Lust, sind im Sinne von Aristoteles zwar „freundliche Umstände", trügen aber nicht zur Glückseligkeit des Menschen bei.

Hedonismus   Der griechische Philosoph Aristipp, der als fortschrittlicher Vertreter der Klassik gilt und dessen Ideen als Übergang zum darauffolgenden Hellenismus angesehen werden, sieht als höchstes Gut ebenfalls den Zustand der Glückseligkeit an. Er unterscheidet es jedoch von der von Aristoteles vertretenen Eudaimonie und legt ein anderes Weltbild zugrunde. Nicht die Vernunft, sondern die persönlichen Empfindungen des Menschen seien das, was ihn einzigartig mache. Nur über die eigenen Empfindungen habe der Mensch Gewissheit. Alles darüber Hinausgehende, so auch die Ursache der Empfindungen oder die Existenz einer Weltordnung, sei unsicher. Der alleinige Beurteilungsrahmen des Menschen läge im eigenen Dasein. Außerhalb dieses Daseins gäbe es keine Gewissheit. So behauptet Aristipp, das Handeln des Menschen müsse sich nach seinen Empfindungen richten, von denen Lust das höchste Gut und Unlust das größte Übel sei (Hedonismus).

    Bei Platon und Aristoteles wird der „hedone", der Lust, lediglich eine untergeordnete, beiläufige Rolle zugesprochen. Für Aristipp hingegen bedeutet Glück die Akkumulation von Lüsten, das Erleben von Lust, die um ihrer selbst willen erstrebenswert sei. Die Anhäufung der Lüste mündet laut Aristipp zwar automatisch in Eudaimonie. Das Lustempfinden an sich sei jedoch immer das vorrangige Ziel, aus dem sich letztendlich das Glück ableite. Da die Empfindung nach Aristipp das einzig Verlässliche ist, gilt es, jede Lustempfindung zu genießen (Hossenfelder, 2010). Was letztlich zum Empfinden von Lust oder Unlust führt, sei individuell und von den Vorlieben des jeweiligen Menschen abhängig.

Diese beiden Glücksvorstellungen von Aristoteles und Artistipp bieten eine Orientierung zum Verständnis des Glücksbegriffs und wie er sich verändert hat. Nach Aristoteles beruht Glückseligkeit auf der Verwirklichung eines tugendhaften Lebens. Ob und inwieweit jedes Wesen die ihm zugeschriebene, einzigartige Tätigkeit erfüllt, kann objektiv beobachtet werden. Der Erfüllungsgrad findet Ausdruck in dem objektiven Verhältnis von geistigem Zustand einerseits und kosmischer Ordnung andererseits. Im Rahmen dieser Theorie ist es jedem Menschen möglich, zu beurteilen, ob jemand diesem Zustand nahe ist oder nicht (Hossenfelder, 2010). So war die Philosophie des Aristoteles in der Lage, konkrete Lebensanweisungen zum Erreichen des Glückszustands zu geben. *Die Glücksvorstellungen von Aristoteles und Artistipp*

Aristipps Auffassung von Glück beruht auf persönlichen, für dritte Personen nicht immer erkennbaren Empfindungen. Nichtsdestotrotz entscheidet laut Aristipp nicht die Person, sondern das Verhältnis von Lust und Unlust darüber, ob ein Mensch glücklich ist oder nicht. Die einzelnen Empfindungszustände von Lust und Unlust sind subjektiv. Bei Betrachtung aller dieser Zustände im Laufe eines ganzen Lebens lässt sich jedoch eine Tendenz feststellen, ob in der Summe mehr Lust oder mehr Unlust vorhanden war. Eine solche Betrachtung und Akkumulation von Empfindungen kann eventuell auch durch andere erfolgen (Hossenfelder, 1996), da sich im Großen und Ganzen die Vorstellungen der Menschen von Lust und Unlust durchaus ähneln. Somit ist auch bei Aristipp eine objektive Erkennbarkeit von Glück gegeben.

Eine für den Glücksbegriff entscheidende Wende in der Philosophie brachte die Zeit des Hellenismus (323–30 v. Chr.). In dieser Epoche wurde dem Individuum mehr Aufmerksamkeit entgegengebracht und der Begriff des Individualismus stark geprägt. Dieser Fokus war neu. Anders als bei Aristoteles war Glück im Hellenismus nicht mehr an die inhaltliche Einordnung des Einzelnen in kosmische und soziale Zusammenhänge gebunden. Während in den anfänglichen Überlegungen der Vorsokratiker die Natur von vorrangigem Interesse war, wurde sich in der Klassik und Sophistik der Gemeinschaft zugewandt. Hier lag das Augenmerk auf dem Wohl der Gemeinschaft. Der Mensch wurde mehr als Teil des Ganzen statt als Individuum gesehen. Das Wohl der Gemeinschaft war dem des Einzelnen gleich. So sahen etwa Platon *Hellenismus: Individualisierung des Glücksbegriffs* und Aristoteles das höchste Gut in der Eudaimonie des Gemeinwesens. Im Hellenismus hingegen wandte man sich dem Einzelnen, dem Individuum zu (Hossenfelder, 1996; Krüger, 1998). Wie schon bei Aristipp, stand für die Hellenisten das subjektive Empfinden im Vordergrund. Sie glaubten nicht an eine vorgegebene Weltordnung, sondern daran, dass der Einzelne seine Werte, Wünsche und seinen Lebenszweck selbst bestimmt. Die Erfüllung dieser selbstgesetzten Zwecke begriffen die Hellenisten – ebenso wie Aristoteles – als Weg zum persönlichen Glück. Dass die persönlichen Zwecke im Hellenismus subjektiv und individuell festgelegt wurden, führte zu einer individualistischeren Perspektive auf Glück. Kein anderer konnte mehr beurteilen, ob die Zwecke einer Person im Einklang mit deren Handeln standen. Insofern kann hier von einer Subjektivierung und einer Privatisierung von Glück zu Zeiten gesprochen werden. Die bedeutendsten Schulen dieser Epoche waren die Epikureer und die Stoiker (Krüger, 1998).

Epikur: Seelenruhe = Abwesenheit von Schmerz

Ähnlich wie Aristipp definiert Epikur das Glück über das Empfinden von Lust und Unlust. Er hält die Anwesenheit von Lust und die Abwesenheit von Schmerz für erstrebenswert. Das höchste Glück aber sei die „ataraxia" – die Seelenruhe – die Abwesenheit von beidem (Krüger, 1998). Laut Epikur hat ein Mensch dann „Seelenruhe" gefunden, wenn er sich in einem Zustand innerer Gelöstheit, unter Abwesenheit von Begehren und Schmerz befindet. Anders als die Utopisten klammert Epikur demnach Scheitern und Verfall, Schmerz und Tod, Verlust und Trauer nicht aus. Vielmehr ist es die Überwindung der Furcht vor dem Tod oder dem Schmerz, die entscheidend für ein glückliches Leben sei. Nicht die bedingungslose Hingabe an die Lust, sei sie sinnlicher Natur oder ein rein geistiges Vergnügen, sondern das Freisein von Unlust sei wesentlich. Denn die Abwesenheit von Schmerz habe automatisch Lust zur Folge. Wird beispielsweise das Gefühl von Hunger gestillt, wird bereits Lust empfunden. Die „höchste Lust" bestehe letztlich in der Leidenschaftslosigkeit; darin, „keinen Schmerz zu haben" (Hossenfelder, 1996). Für Epikur haben alle Menschen unabhängig von Stand oder Geschlecht darin ihr höchstes Glück.

Seelenfrieden

Auch wenn die Anwesenheit von Lust an sich erstrebenswert sei, soll sich der Mensch laut Epikur nicht jeder Lust frei hingeben. Es gilt, Lust nicht als Momentaufnahme, sondern eher als einen erstrebenswerten Dauerzustand im Blick zu halten. So unterscheidet Epikur sogenannte Glücksmomente, die sich einstellen, wenn natürliche Bedürfnisse des Menschen befriedigt werden, von dem langfristigen Glück, dem Seelenfrieden. Hat man diesen Seelenfrieden erreicht, so ist man laut Epikur frei von körperlichen Beeinträchtigungen, emotionalen Spannungen und von allen kognitiven Beunruhigungen. Anders als bei der Bedürfnisbefriedigung handelt es sich hier nicht länger um eine Aktivität, die Lust oder Unlust hervorruft, sondern um einen langfristigen Zustand. Um diesen zu erreichen, so Epikur, soll sich der Mensch seines Verstandes und seiner Vernunft bedienen. Bereits seit Aristoteles galt diese als entscheidendes Merkmal, das den Menschen vom Tier wesentlich unterscheidet. Durch sie würde der Mensch befähigt, zwischen verschiedenen Optionen zu wählen: Zum Beispiel kann er sich für das Essen einer sehr üppigen Mahlzeit, auf die ein Völlegefühl folgen könnte, entscheiden oder sich sportlich betätigen, um langfristig seine Gesundheit zu verbessern. Epikur war der Überzeugung, dass Glück nur durch Lust gefühlt und nicht durch die Vernunft erkannt werden könne. Für ihn basiert das Glück demnach auf der „Idee einer souveränen Weltorientierung und auf einer reflektierten Genussfähigkeit" (Horn, 2010, 91).

Eine andere berühmte Philosophenschule im Hellenismus bildete die Stoa, die damals von Zenon von Kition (ca. 333–262 v. Chr.) begründet wurde. Auch er bezeichnete Glückseligkeit als das höchste Gut und definierte dieses als ein „einstimmiges Leben" (Hossenfelder, 1996). Wie bei den Epikureern war demnach auch für die Stoiker Glück keine Momentaufnahme, sondern ein dauerhafter Zustand. Sie verstanden diesen Zustand nicht als etwas, das dem Menschen von Zeit zu Zeit zufällig zu Teil wird. Im Gegenteil: Jeder sollte – gemäß dem bekannten Sprichwort – seines eigenen Glückes Schmied sein. So waren die Stoiker darin bestrebt, dem Menschen konkrete Mittel und Wege aufzuzeigen, wie er durch sein eigenes Handeln und Denken, ein glückliches Leben führen könne. Vor diesem Hintergrund wurde das „einstimmige Leben" als eine Art Balance zwischen dem Wollen und dem Können interpretiert. Diese Balance verhindere die Entstehung innerer Spannung und Erregung, welche im Hellenismus mit Unglück gleichzusetzen waren. Um eine Übereinstimmung zwischen Wollen und Können zu erreichen, sollte der Mensch nur nach dem Streben, was er durch die eigene Kraft erreichen kann. Epiktet, einer der einflussreichsten Vertreter der Stoa, beschreibt in seinem „Handbüchlein der Moral" diesen Gegensatz wie folgt: „Über das eine gebieten wir, über das andere nicht. Wir gebieten über unser Begreifen, unseren Antrieb zum Handeln, unser Begehren und Meiden, und, mit einem Wort, über alles, was von uns ausgeht; nicht gebieten wir über unseren Körper, unsern Besitz, unser Ansehen, unsere Machtstellung, und mit einem Wort, über alles, was nicht von uns ausgeht" (Epiktet/Steinmann, 2004). Die Erreichung aller Ziele, die man sich selbst gesetzt hat, und die Vermeidung aller Dinge, die wir nicht mögen, bedeute Glück. Erst die Lücke, die entsteht, wenn wir unsere Wünsche nicht

Stoiker: einstimmiges Leben = Balance zwischen „Können" und „Wollen" verwirklichen können, mache unglücklich. So bestand Glückseligkeit für Stoiker in der sogenannten „Affektfreiheit", einem Zustand der inneren Ausgeglichenheit. Als Affekt wurde ein übersteigerter Trieb, eine „Erregung der Seele" bezeichnet, hervorgerufen durch eine falsche Beurteilung durch die Vernunft. Sowohl Schmerzen als auch Lust wurden als Affekte definiert. Sie galten wie alle Affekte als „wider die Natur", als „unvernünftig" in der Bedeutung von „der Vernunft nicht gehorchend" betrachtet. Es handele sich dabei um Triebe, die von der Vernunft fälschlicherweise als rechtens erklärt wurden, und die mit der ihnen zugrunde liegenden Erregung wachsen bis sie schließlich zum Affekt werden.

Nichts fürchten, nichts hoffen, nichts begehren

Die Beherrschung dieser Affekte mithilfe der Tugend galt lange Zeit als oberstes Ziel im Leben eines Menschen. Tugend und Glück waren nach Auffassung der Stoiker deckungsgleich (Horn, 2010). Weltliche Güter spielten indes keine Rolle für das Glück, ebenso wenig wie Gefühle. Nichts fürchten, nichts hoffen, nichts begehren. Das waren die Grundsätze der Stoiker, die sie anstrebten. Eine Erreichung von Glückseligkeit entsprechend dieser Theorie war den Menschen demnach praktisch nicht möglich (Hossenfelder, 1996).

Utilitarismus

Etwa zwei Jahrtausende nach Zenon von Kition, in denen viele weitere Glücksbegriffe formuliert und glücksbedingende Zustände definiert wurden, begründeten die Briten Jeremy Bentham und John Stuart Mill den sogenannten Utilitarismus, eine normative Theorie zur moralischen Bewertung von Handlungsfolgen. Die von ihnen ausformulierten Vorstellungen haben den philosophischen Diskurs der letzten Jahrhunderte bedeutend mitbestimmt und prägen noch heute die Lebensweisen und Glückskonzepte der Menschen in einigen Regionen – und insbesondere in der Ökonomie.

Die Bewertungsgrundlage im Utilitarismus liegt nicht im moralischen Wert einer Handlung, sondern ausschließlich in ihren Konsequenzen. Gut sei eine Handlung demnach dann, wenn Gutes aus ihr folge. Für Bentham ist die moralisch wertvollste Handlung diejenige, die das größtmögliche Glück für die größtmögliche Anzahl Menschen erzielt (die handelnde Person eingeschlossen). „It is the greatest happiness of the greatest number that is the measure of right and wrong" (Bentham, 1789/1992). Somit ergibt sich Glück aus der Bilanz aus Nutzen und Schaden einer Handlung für die Gesellschaft und ihrer einzelnen Mitglieder. Fällt die Bilanz positiv aus, ist sie moralisch wertvoll. Handlungen sind dieser Definition nach so lange moralisch richtig und wünschenswert wie sie das Glück der Individuen fördern. Während also bereits im Hellenismus der individualistische Gedanke im Vordergrund stand, bildet er im Utilitarismus eine unverzichtbare

Notwendigkeit. Das Glück des Einzelnen steht über allem. Oberstes Ziel im Sinne des Utilitarismus ist daher immer Lust und Freude, also das Angenehme herbeizuführen, beziehungsweise Unlust, Schmerz oder Leiden, sprich das Unangenehme zu vermeiden. Hier ist durchaus eine Parallele zu Epikur zu erkennen, von dessen Theorien Bentham und Mill beeinflusst wurden.

Mill unterscheidet sich von Bentham vor allem in der Vorstellung, dass nicht nur die Quantität des Glücks, sondern auch dessen Qualität wichtig sei. Qualitativen Wert misst Mill – im Gegensatz zu der körperlichen Befriedigung – der kulturellen, intellektuellen und spirituellen Befriedigung bei. So sei auch Freiheit, sei sie nun politischer, persönlicher oder wissenschaftlicher Natur, von entscheidender Bedeutung für das Glück des Einzelnen (Mill, 2006).

2.3 Die Balance von „Grow" und „Flow"

Die Definitionen und die philosophischen Konzepte in den vorangegangenen Kapiteln beinhalten immer wieder die Konzepte des kurzfristigen Glücksmoments und des dauerhaften Glückszustands. Oft geht es um eine Balance zwischen emotionalem, hedonistischem Wohlbefinden (kurzfristiger) und kognitivem, eudämonistischem Wohlbefinden (langfristiger). Dieses findet sich auch in anderen Konzepten wieder. So entwickelte beispielsweise der US-amerikanische Psychologe Alan Waterman (1993) die bekannten „Two Conceptions of Happiness", die er als Eudaimonia (persönliche Ausdruckskraft) einerseits und als hedonistischen Genuss andererseits bezeichnet. Darauf basierend werden etwa die langfristige Komponente des Glücks, das kognitive Wohlbefinden und die kurzfristige, emotionale Komponente des Wohlbefindens abgeleitet, die wir hier als „Grow" und „Flow" bezeichnen und im Folgenden weiter beschreiben.

Die Komponente Eudaimonia nach Waterman (1984, 15) „[...] refers to a person's efforts to recognize and live in accordance with the true self". Das „wahre Selbst" beinhalte demnach Potenziale und Talente des Menschen, die im Rahmen der Selbstverwirklichung genutzt werden sollen. Dabei spricht Waterman sowohl von solchen Potenzialen, die alle Menschen in ihrem Wesen vereinen, als auch von solchen, die persönlich und individuell sind. Die Nutzung dieser Potenziale, um der eigenen Persönlichkeit Ausdruck zu verleihen, führe letztlich zur Selbstverwirklichung. Im Sinne Watermans können das Leben im Einklang mit dem „wahren Selbst" sowie die Realisierung eigener Potentiale zu einem tiefen Gefühl der Eudaimonia führen.

Grow

Eudaimonia kann nur unter der Annahme erlebt werden, dass der Mensch für sein Handeln weitestgehend selbst verantwortlich ist. Im Gegensatz zu deterministischen Weltanschauungen muss er aus eigener Kraft und eigenem Antrieb nach der Erreichung seiner Ziele streben. Mit diesem Streben sind der Drang nach Selbstverwirklichung und Gefühle persönlicher Ausdrucksfähigkeit verbunden. Dies ist vor allem dann gegeben, wenn der Mensch ein sehr starkes Involvement und intrinsische Motivation für eine Sache aufbringt.

Es gibt zahlreiche Bezeichnungen für den Zustand der Eudaimonie, der kognitiven Zufriedenheit. Ryff und Keyes (1995) entwarfen das Konzept des psychologischen Wohlbefindens, das genau diese Seite der subjektiven Lebenszufriedenheit, im Gegensatz zur emotionalen Seite, beschreibt. Sie identifizieren sechs wichtige Komponenten, die das psychologische Wohlbefinden bedingen: Selbstakzeptanz, die Fähigkeit zur Umweltgestaltung und Kontrolle, positive soziale Beziehungen, einen Sinn im Leben, persönliches Wachstum und Autonomie. Diese Form der Realisierung von Zielen und langfristiger Wünsche (auch der Selbstverwirklichung) steht in unserem Glücksverständnis für ein „gelingendes Leben". Sie stellt im weiteren Verlauf dieses Buches eine der beiden Glückskomponenten dar, die mit „Grow" bezeichnet wird, da sie mit einer persönlichen Weiterentwicklung und individuellem „Wachstum" einhergeht.

„Grow" führt zu kognitiver Lebenszufriedenheit. Die Aufnahme eines Studiums, eine Beförderung oder eine andere Form der persönlichen Entwicklung können hier gemeint sein. Jedoch gehen die Handlungen aus einem intrinsischen, natürlichen Wunsch nach Entwicklung hervor und streben nicht die Mehrung von Besitz und Reichtum an. Sie sind Teil der inneren Bedürfnisbefriedigung. Die kognitive Zufriedenheit als fundamentaler Bestandteil des Wohlbefindens resultiert aus der Entwicklung der Persönlichkeit. Permanenter Stillstand oder sogar ein Rückschritt in der eigenen Entwicklung hemmen das Wohlbefinden in hohem Maße. Um Grow-Zufriedenheit zu erreichen, benötigt es oftmals Disziplin und Fleiß, was durchaus zu Lasten des momentanen Genusses (Flow) gehen kann. Dennoch sorgt der Abschluss einer Grow-Phase für längerfristige Zufriedenheit und kognitive Harmonie und im Idealfall für nachhaltig positive Gefühle.

Flow   Die zweite Komponente des Glücks nennt Waterman (1993) „hedonic enjoyment" (hedonistischen Genuss). Dieser tritt auf, wenn positive Gefühle in Form von Lust mit einer Bedürfnisbefriedigung einhergehen, sei diese Befriedigung physischer, intellektueller oder sozialer Natur. Man könnte hier eine Parallele zu Aristipp von Kyrene ziehen, für den einzig die Lust das Glücksempfinden ausmachte. Wenn im zeitgenössischen Gebrauch von Glück die Rede ist, so bezieht sich dieser Begriff zumeist auf hedonistisches Glück als eine subjektive Erfahrung. In unserem Glücksverständnis steht dieser momentane, emotionale Genuss für ein „gutes (augenblickliches) Leben". Er stellt im weiteren Verlauf dieses Buches die zweite Komponente des Glücks dar, die als „Flow" bezeichnet wird.

In der Literatur ist der Begriff „Flow" bereits häufig zu finden. Diesen prägte besonders Csikszentmihaly (2010), der ihn als eine Tätigkeit versteht, die so einnehmend und berauschend ist, dass Raum und Zeit vergessen werden. Bergsteiger, Schachspieler, Musiker oder Künstler, die in ihre Tätigkeit vertieft sind und mit voller Hingabe dieser Aufgabe nachgehen, werden von ihm als Beispiel genannt. In Flow-Momenten ist der Mensch vollständig auf das was er tut konzentriert, er befindet sich in einer Art ekstatischem Zustand, der gleichzeitig von absoluter Klarheit und Sicherheit geprägt ist.

Diese Bedeutung des Flow-Begriffs ist allerdings von der diesem Buch zugrundeliegenden dahingehend abzugrenzen, als dass der Begriff von Csikszentmihaly bereits eine „Grow"-Komponente beinhalten kann. Denn die Herausforderung, die oftmals in Flow-Momenten wie etwa beim Bergsteigen überwunden wird, erfordert in der Regel volle Konzentration und intrinsische Motivation. Ihre Bewältigung führt nicht nur zu momentanem Glücksgewinn, sondern auf lange Sicht zu einem Gewinn an Selbstvertrauen oder zu der Möglichkeit der Selbstverwirklichung. Anstatt reinen Genusses steht also eine erfüllende Tätigkeit im Mittelpunkt dieses Flow-Konzepts und geht damit über die in diesem Buch verwendete Bedeutung des „Flow" hinaus.

Im weiteren Verlauf dieses Buches wird „Flow" mehr im Sinne des rein hedonistischen Genusses nach Waterman aufgefasst. Dieser kann durchaus in einer erfüllenden Tätigkeit liegen, muss aber nicht zwangsläufig mit einem Ziel oder einer Herausforderung einhergehen. „Flow"-Momente sind im gefühlten, emotionalen Glück zu sehen, im „sich etwas gönnen", etwas Schönes erleben. Das Wohlbefinden, das bei einem guten Abendessen mit Freunden entsteht, ist hier zum Beispiel gemeint. Ein Flow-Moment entsteht vor allem durch ein spürbares Gefühl: Verliebtheit, Genuss oder auch das Befinden während oder nach dem Sport sind körperlich angenehm und motivierend. Sie geben dem Menschen einen kleinen Kick oder Schub und sorgen für Motivation, um Grow-Phasen durchzuhalten.

Während für Aristoteles nur die Perfektion der Vernunft und des Denkens glücksbringend waren und für Aristipp ausschließlich die körperliche Lust das Glück ausmachte, wird das in diesem Buch zugrundeliegende Glückskonzept aus einer Balance der beiden Komponenten

Grow und Flow für nachhaltiges Wohlbefinden

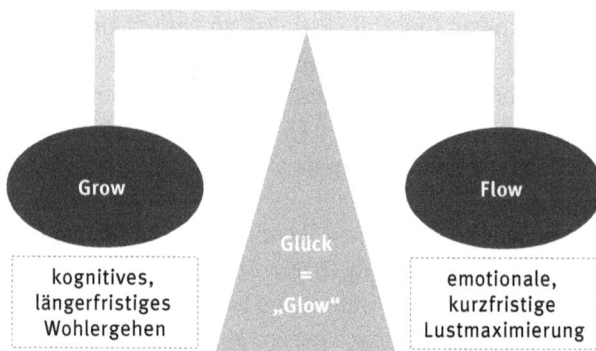

Abb. 2.1: Ausgewogenheit von „Flow" und „Grow". Quelle: Eigene Darstellung.

„Grow" und „Flow" gebildet (Abbildung 2.1). Sowohl das langfristige, kognitive Wohlbefinden, als auch das kurzfristige, emotionale Wohlbefinden werden betrachtet.

Das Konzept der Ausgewogenheit geht auf die Überlegung zurück, dass eine einseitige Verteilung der Komponenten im Durchschnitt nicht zu nachhaltigem Glück führen kann. Sucht ein Mensch ausschließlich nach Flow-Momenten, so müssten die positiven, emotionalen Erlebnisse immer stärker werden, um stets ein gutes Gefühl erzeugen und das fehlende kognitive Wohlbefinden kompensieren zu können. Das dabei unerfüllte natürliche Streben nach Weiterentwicklung kann nicht durch ein Übermaß an emotionaler Lust aufgeholt werden. Die ständige, unkontrollierte Suche nach dem nächsten Kick macht nur sehr kurzfristig glücklich. In besonders starker Ausprägung kann eine solche „Sucht" nach Glücksmomenten beispielsweise zu einer Alkohol- oder Drogenabhängigkeit führen. Doch auch bei Extremsportlern ist der Drang nach immer aufregenderen und gefährlicheren Abenteuern erkennbar. Diener et al. fanden in diesem Zusammenhang heraus, dass es vor allem die Frequenz ist, in der wir glückliche Momente erleben, die unsere Zufriedenheit ausmachen. Die Intensität des Glücks sei dabei zweitrangig (Diener et al., 1985a).

Ähnlich verhält es sich mit der Grow-Komponente. Ein ständiges und ausschließliches Streben nach persönlicher Entwicklung ohne motivierende, emotionale Erlebnisse würde zwar ein „gelingendes", nicht aber ein „gutes" Leben ausmachen. Ein Übermaß an kognitiver Kontrolle kann schwer dauerhaft aufrechterhalten werden und die Motivation, die sonst aus „Flow"-Momenten resultiert, würde schnell erschöpft sein. Ein solcher Lebensstil erfordert sehr viel Disziplin und würde womöglich schnell die Frage nach einem „wofür das alles" aufwerfen. Denn erhält man für aufgebrachte Mühen keine Belohnung (auch in Form eines positiven kurzfristigen Glücksgefühls – Flow), kann keine neue Motivation geschöpft werden. Es liegt dann nahe, die Sinnhaftigkeit des eigenen Handelns infrage zu stellen.

Dieses Konzept einer Balance zwischen Flow und Grow wird im Verlauf des Buches immer wieder aufgegriffen. Anhand der verschiedenen Themen wird sich zeigen, wie dieses Duo zusammen den Menschen glücklich machen kann. Eine genaue Formel, wie viel Flow und wie viel Grow zu welcher Zeit notwendig sind, gibt es nicht. Die Heuristik von Grow und Flow kann aber das Verständnis dafür wecken, welchen Einfluss beides auf unser Lebensglück hat.

3 Glücksforschung – eine empirische Wissenschaft?

In den vorangegangenen Kapiteln wurde bereits herausgestellt, dass Glück ein subjektiver Zustand ist, der von äußeren Rahmenbedingungen beeinflusst wird. Allerdings stellt sich nun die Frage, wie ein individueller Zustand empirisch gemessen werden kann. Laut einer Auswertung der EBSCO Datenbank wurden im Zeitraum von 2000 bis 2004 nur 46 wissenschaftliche Aufsätze über das Thema „subjective well-being" erfasst. Von 2014 bis 2018 waren es dagegen etwa 600. Dies zeigt exemplarisch, wie stark dieses Thema an Bedeutung gewonnen hat. Gleichzeitig stellt sich die Frage, wie die Forscher zu Daten über einen subjektiven Zustand auf Basis empirischer Messungen kommen. Wenn sich die Definition von Glück von Individuen unterscheidet, ist eine objektive Messung dann überhaupt möglich?

3.1 Ist Glück messbar?

Die Ansicht, Glück sei grundsätzlich messbar und zu wissenschaftlichen Betrachtungen heranziehbar, teilen mittlerweile viele Wissenschaftler aus unterschiedlichen Bereichen, unter anderem der Psychologie, Soziologie und Theologie (z. B. Bucher, 2009a; Köcher/Raffelhüschen, 2011; Lucas, 2018). Ganz unkompliziert ist die Messung des Glücks, so wie bei jedem nicht direkt beobachtbaren oder messbaren Konstrukt, allerdings nicht. Die Zufriedenheit, beziehungsweise das Glück, ist ein Konstrukt, welches von Natur aus nicht direkt messbar ist. In der empirischen Wissenschaft gibt es diesen Fall häufig, zum Beispiel, wenn Konstrukte wie Kultur, Zentralisierungsgrad einer Organisation oder Motivation gemessen werden sollen. In solchen Fällen werden die Konstrukte durch beobachtbare Variablen operationalisiert (Bacharach, 1989). Möchte man zum Beispiel das Konstrukt „Reaktionsgeschwindigkeit des Gehirns" messen, so bedarf es einer Operationalisierung, da sie selbst nicht beobachtet werden kann. Hierzu würde etwa die Dauer aufgezeichnet werden, die ein Proband braucht, um eine Reaktion auf einen optischen oder akustischen Reiz zu zeigen. Es gibt unterschiedliche Wege das Glücksempfinden eines Menschen zu operationalisieren. Man kann versuchen, das Glück durch die Einschätzung einer anderen Person zu erheben, es kann mithilfe eines Fragebogens subjektiv selbst eingeschätzt werden oder biologisch durch Stoffkonzentrationen und Gehirnaktivitäten gemessen werden. Den

https://doi.org/10.1515/9783110557626-003

Glücksforschern steht eine große Anzahl von Messinstrumenten und Herangehensweisen zur Verfügung, wobei alle unterschiedliche Vor- und Nachteile bergen.

Entscheidet man sich dafür, das Glücksempfinden verschiedener Personen mittels eines Fragebogens zu erheben, stellt sich zunächst die Frage nach der richtigen Formulierung. Lebenszufriedenheit, Glück, Happiness, Well-being, Wohlbefinden – es gibt zahlreiche Begriffe, die den Zustand des Glücks umschreiben und unterschiedlich verwendet werden. Allein im Deutschen kann zwischen Zufriedenheit, Wohlbe- finden und Glück unterschieden werden, wobei Glück auch im Sinne von „glücklicher Zufall" verstanden werden kann. Die internationale Vergleichbarkeit von Glücksdaten wird durch die sprachlichen Beson- derheiten zusätzlich erschwert. Versteht wohl ein Amerikaner unter „happy" dasselbe wie ein Deutscher unter „glücklich"? Beschreibt „well-being" oder „satisfaction" denselben Zustand wie Zufriedenheit? Während einige Glücksbegriffe eher momentane, vorübergehende Ge- mütslagen beschreiben, zielen andere auf langfristige psychologische Zustände ab. Bei der Gestaltung des Messinstruments muss dieser Umstand berücksichtigt und nach Möglichkeit durch die Wahl des richtigen Begriffs eingegrenzt werden. Dies führt allerdings dazu, dass sich einige Ergebnisse auf das Glück und andere auf die Lebenszufrie- denheit beziehen.

Fundamentalkritik: Beruht die Glücksforschung auf falschen Annahmen?
Im Juli 2018 erschien eine neue Studie der US-amerikanischen Forscher Bond und Lang mit dem Titel „The sad truth about happiness scales: empirical results". Das Team untersuchte die Annahme, das Glück der Menschen weltweit unterlä- ge einer Normalverteilung. Das bedeutet, dass die meisten Messwerte nahe des Durchschnitts liegen und Abweichungen symmetrisch seltener werden. Außer- dem wird davon ausgegangen, dass diese Streuung im Zeitverlauf und über un- terschiedliche Gruppen hinweg gleich bleibt. Gemäß Bond/Lang sei die Normal- verteilung jedoch nicht geeignet, wie Ausreißer bei Ländervergleichen zeigen. Im Rahmen des World Value Survey antwortete etwa keiner der befragten Menschen aus Malaysia, „gar nicht glücklich" zu sein. Demgegenüber nutzten Befragte in allen anderen Ländern jede Kategorie.
Insgesamt gäbe es bei der Annahme, Individuen würden ihr Glück auf dieselbe Art bewerten, zwei grundlegende Probleme. Die Befragten müssen sich immer in feste Kategorien einordnen: sehr glücklich, ziemlich glücklich, weniger glücklich oder überhaupt nicht glücklich. Hier gibt es zunächst sprachliche Herausforde- rungen: In Deutschland hat der Begriff „glücklich" eine stärkere Bedeutung als das amerikanische „happy". Darüber hinaus wird die subjektive Einschätzung auf vier Items beschränkt. Dies sei zu wenig, um einen derart umfassenden Zustand zu beschreiben, sagen die Forscher.
Die Forscher kommen nach umfangreicher Datenanalyse zudem zu dem Schluss, dass sich bisherige Forschungsergebnisse durch die Nutzung anderer Verteilun-

gen, wie etwa einer logarithmierten Normalverteilung, verändern bzw. sogar um-
kehren lassen. Bond/Lang legten ihrer Datenauswertung unterschiedliche Ver-
teilungsannahmen zugrunde. So kann es sein, dass Gruppe A unter Annahme der
Normalverteilung glücklicher ist als Gruppe B, unter Annahme der logarithmierten Normalverteilung jedoch Gruppe B glücklicher ist. Die Art der Datennutzung
und Interpretation ist demnach entscheidend für die Ergebnisse. Die Forscher
stellen somit die Evidenz vieler Studien infrage.

Andere Ökonomen reagieren auf diese Studie, indem sie betonen, dass diese
Probleme der Glücksforschung bereits lange bekannt seien. Es sei ebenso wenig sinnvoll, die Gefühle der Menschen zu ignorieren, weil sie nicht so genau
messbar sind wie monetäre Größen. Dies sei vergleichbar mit der Kundenzufrie-
denheit, die von Unternehmen ebenfalls als wichtiger Indikator verwendet wird.
Außerdem müssen bei allen statistischen Analysen Annahmen zur Verteilung getroffen werden. Eine Veränderung der Annahmen führt in der Regel zu anderen Ergebnissen. Die Glücksforschung ist da keine Ausnahme und die Ergebnisse müssen deshalb nicht pauschal infrage gestellt werden. Notwendig sind vielmehr eine konstruktive Weiterentwicklung und Verbesserung der Messungen und eine
Vielfalt der Messinstrumente.

(Bond/Lang, 2018; Stocker, 2018; Häring, 2018)

**Subjektive, en-
dogene Glücks-
einschätzungen**

Die üblichste Form der Messung der Lebenszufriedenheit ist die Selbsteinschätzung. Sie basiert auf der Annahme, dass ein Mensch die eigenen Gefühle am besten bestimmen kann. Diese Annahme unterstützt
die Annahme des subjektivierten Glücks und der unterschiedlichen
Glücksempfindungen. Auf dieser Theorie beruhende Umfragen sind
beispielsweise das Eurobarometer oder der World Values Survey. Sie
messen das Glück der Befragten durch die Frage: „Sind Sie insgesamt
gesehen mit dem Leben, das Sie führen: sehr zufrieden, ziemlich zufrieden, nicht sehr zufrieden oder überhaupt nicht zufrieden?" (European
Commission, 2018) beziehungsweise „All things considered, how satisfied are you with your life as a whole these days?" [mit 1 = „completely
dissatisfied"; 10 = „completely satisfied"] (Inglehart et al., 2014). Zur
Beantwortung können die Befragten auf einer vorgegebenen Skala an-
kreuzen, welche der Antwortmöglichkeiten ihrem Zustand am ehesten
entspricht. Diese Art der Umfragen misst das Glück mit nur einem
„Item": Es wird nur eine Dimension des Glücks abgefragt.

**Stimmung
und Kontext**

Die Antwort auf die Frage nach der generellen Lebenszufriedenheit
kann durch die aktuelle Stimmung während der Umfrage beeinflusst
werden. Experimente, in denen die Stimmung der Probanden bewusst
manipuliert wurde, zeigen, dass die Probanden im Vergleich zu Kontrollgruppen abweichende Angaben zur Lebenszufriedenheit machten.
Werden die Probanden direkt vor der Umfrage durch einen positiven
Stimulus, z. B. durch den Aufenthalt in einem angenehmen Raum,
durch unerwartetes zusätzliches Einkommen oder einen freundlich ge-

stimmten Interviewer, in eine fröhliche Stimmung versetzt, wirkt sich dies positiv auf die später angegebene Zufriedenheit aus. Eine negative Stimmung mindert hingegen die empfundene Lebenszufriedenheit. Dabei können bereits kleine Ereignisse oder Umstände die Stimmung in die eine oder andere Richtung lenken und sich so auf die Lebenszufriedenheit auswirken. Schwarz (1988) beobachtete beispielsweise, dass Versuchspersonen eines Experiments, die kurz vor der Befragung unerwartet ein Geldstück auf dem Kopierer ihrer Bibliothek fanden, eine höhere Lebenszufriedenheit angaben, als diejenigen, die kein Geldstück gefunden hatten. Ein ähnlicher Effekt konnte bei Befragungen beobachtet werden, nachdem die Probanden einen Schokoladenriegel geschenkt bekommen hatten oder zuvor ein WM-Fußballspiel gesehen hatten, in dem die eigene Nation gewonnen hatte (Schwarz et al., 1987; Schwarz/Clore, 1983).

In einem weiteren Experiment ließen die Forscher (Schwarz et al., 1987) 22 weibliche Versuchspersonen entweder in einem sehr schönen und wohnlich gestalteten Raum oder in einem schmutzigen und unangenehmen Raum für eine Stunde Platz nehmen. Nach dem Aufenthalt wurden die Versuchspersonen zu ihrer generellen Zufriedenheit und zu ihrer Zufriedenheit mit ihrer aktuellen Wohnsituation befragt (Abbildung 3.1). Versuchspersonen, die in dem schönen Raum gesessen hatten, gaben eine deutlich höhere generelle Lebenszufriedenheit an (im Durchschnitt 9,4 auf einer Skala von 1 bis 11), jedoch eine geringere Zufriedenheit mit ihrer persönlichen Wohnsituation (7,4). Bei den Personen, die in dem unangenehmen Raum gesessen hatten, war es genau umgekehrt. Die generelle Zufriedenheit wurde geringer eingestuft (8,1). Jedoch verglichen die Personen das Zimmer im Versuch mit ihrem eigenen und empfanden das eigene entsprechend besser (8,6).

Obwohl diese Studie von zahlreichen Forschern zitiert wird (u. a. Argyle, 2001; Veenhoven, 1996; Weimann et al., 2012; Diener/Lucas et al., 2018), ist sie dennoch kritisch zu sehen. Die relativ kleine Stichprobe von Befragten ($n = 10$ im angenehmen Raum bzw. $n = 12$ im unangenehmen Raum) macht das Ergebnis wenig verlässlich. Die Studie veranschaulicht nichtsdestotrotz, wie das von den Autoren sogenannte „Stimmung-als-Information"-Modell funktioniert. Die momentane Stimmung wird für Entscheidungen und Bewertungen – auch der eigenen Lebenszufriedenheit – als Information herangezogen. Eine solche Bewertungsverzerrung konnte auch in anderen Studien etwa in Bezug auf die retrospektive Beurteilung der Zufriedenheit in der Vergangenheit festgestellt werden (O'Brien et al., 2012). Dass sich die Antworten von befragten Personen auf ähnliche Fragen sogar innerhalb eines Interviews ändern können, konnte ebenfalls nachgewiesen werden

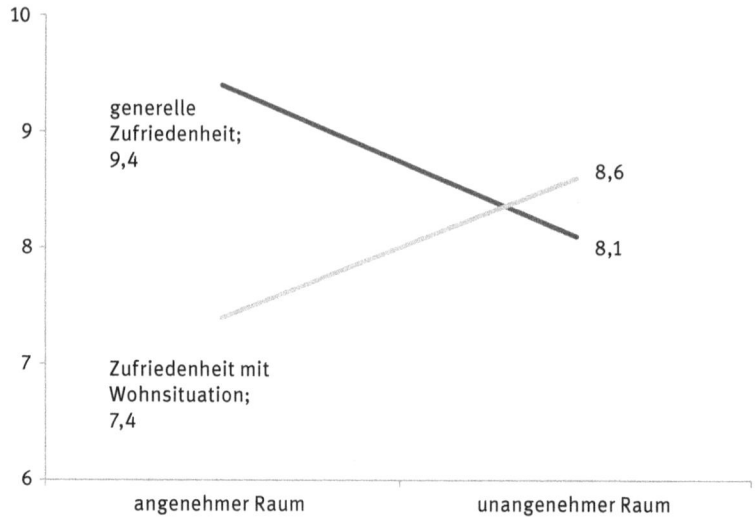

Abb. 3.1: Generelle Zufriedenheit und Unzufriedenheit mit der Wohnsituation nach positiver oder negativer Erfahrung; $n = 10$ in angenehmem Raum, $n = 12$ in unangenehmem Raum; Skala von 1 bis 11 (höhere Werte implizieren höhere Zufriedenheit). Quelle: Schwarz et al., 1987.

(Nikolova/Sanfey, 2016). Hierzu wurden Antworten zur Lebenszufriedenheit einer länderübergreifenden Haushaltsumfrage analysiert. Die erste Frage, die früh im Interview gestellt wurde, lautete „All things considered, I am satisfied with my life now" und sollte auf einer 5-Punkte-Skala beantwortet werden. Die zweite Frage zum Ende des Interviews dagegen lautete „All things considered, how satisfied or dissatisfied are you with your life as a whole these days? Please answer on a scale of 1 to 10, where 1 means completely dissatisfied and 10 means completely satisfied". Die meisten Befragten antworteten konsistent, 14 Prozent allerdings signifikant unterschiedlich. Verschiedene Personengruppen gaben in der zweiten Frage eine niedrigere Lebenszufriedenheit an. Hierzu zählten vor allem Personen über 63 Jahren, Personen, die sich selbst als weniger gesund bezeichneten sowie Personen, die in weniger demokratischen Regimen leben. Die Autoren kamen zu dem Schluss, dass Aussagen über die Lebenszufriedenheit von der Stimmung des Probanden während des Interviews abhängen. Neben gesundheitlichen und altersbedingten Faktoren, die sich negativ auf die dauerhafte Konzentrationsfähigkeit bzw. Aufmerksamkeit auswirken, waren auch hier die Rahmenbedingungen der Befragung bedeutend, insbesondere Unterschiede im Wording sowie die Art der Antwortmöglichkeiten.

Ein weiterer möglicher verzerrender Effekt bei der Beantwortung der Frage nach der subjektiven Zufriedenheit ist das Verdrängen negativer Erinnerungen beziehungsweise die nachträgliche Umdeutung von Ereignissen. Es gehört zu den natürlichen Mechanismen des menschlichen Gehirns, unterbewusst das Erlebte ständig zu bewerten und zu erklären. In diesem Prozess spielt das sogenannte „psychologische Immunsystem" eine relevante Rolle. Dieser Begriff wurde von Gilbert und Kollegen (Wilson/Gilbert, 2005; Gilbert et al., 1998) geprägt.

Das psychologische Immunsystem

Die menschliche Psyche verfügt über eine Reihe von kognitiven Mechanismen, die den Menschen vor starken negativen Emotionen schützen. Dazu werden bestimmte Informationen, die zu negativen Emotionen führen würden, ignoriert, umgedeutet oder es werden sogar gegenläufige Informationen konstruiert, sodass negative Erlebnisse im Nachhinein weniger stark in Erinnerung bleiben (Gilbert et al., 1998). Eben dieses „psychologische Immunsystem" sorgt dafür, dass Menschen z. B. ambivalentes Feedback zu ihrer Person verdrehen und Informationen ausgewählt deuten, nutzen und erstellen, um eine Umgebung zu schaffen, in der sie mit sich selbst zufrieden sein können. Die Tendenz, suboptimale Informationen in positive umzudeuten, zeigt sich zum Beispiel bei Abiturienten, nachdem sie von einer Universität abgelehnt wurden und die Nachteile der Universität oder Stadt daraufhin stärker bewerten als die Vorteile. Weitere Beispiele sind, dass oftmals der persönliche Wert eines Preises steigt, nachdem er gewonnen wurde, oder wenn ein Politiker an Sympathie gewinnt, nachdem er gewählt wurde (Gilbert et al., 2000).

Es zeigt sich, dass besonders bei der retrospektiven Beurteilung und der Voraussage von Emotionszuständen die Selbstbeurteilung verzerrt sein kann. Die eigenen Makel werden dann zum Beispiel durch rationale Erklärungen abgeschwächt und Begründungen für eigenes (eventuell unangebrachtes) Verhalten in einer bestimmten Situation gefunden. In engem Zusammenhang hiermit steht die sogenannte „Theorie der kognitiven Dissonanz" (Festinger, 1957). Sie besagt, dass der Mensch sich eher Informationen stellt und diese verarbeitet, wenn sie in Harmonie mit den eigenen Wünschen und Ansichten stehen. Bei der Messung von Emotionen, wie z. B. der Zufriedenheit in einem bestimmten Lebensabschnitt, kann es deshalb sein, dass dieser rückwirkend anders bewertet wird als er zu dem entsprechenden Zeitpunkt tatsächlich empfunden wurde. Ebenso gehen Menschen bei der Frage, wie sie sich in Zukunft fühlen werden (z. B. nach einer Beförderung), davon aus, dass sie sehr viel länger glücklich sein werden oder dass die positive Wirkung eines Ereignisses auf das Glück größer sein wird als es tatsächlich der Fall ist. Wilson und Gilbert (2005) nennen diese

Kognitive Dissonanz

Verzerrung „Impact Bias": Die Auswirkung eines Ereignisses auf das eigene Leben wird als sehr viel stärker eingeschätzt, als es letztlich tatsächlich der Fall ist. Dieses Phänomen wird von Ökonomen und Psychologen auch unter dem Begriff „affective forecasting" (Wilson/ Gilbert, 2005) sowie unter dem Namen „focusing illusion" (Kahneman et al., 2006) intensiv erforscht.

Wohnungsexperiment
Forscher (Dunn et al., 2003) fragten Studenten nach ihrer Einschätzung, wie sich die Zuteilung von wünschenswerten und nicht wünschenswerten Campus- wohnungen auf ihre Lebenszufriedenheit ein Jahr nach Einzug auswirken würde. 174 Studenten wurden im Frühjahr ihres ersten Studienjahres, kurz vor Vergabe der Wohnhäuser für die nächsten drei Jahre, gefragt, wie zufrieden sie in einem Jahr sein würden, wenn sie ein bestimmtes von insgesamt 12 Häusern (gut oder schlecht) zugeteilt bekommen. Ein Jahr später wurden sie nach ihrer tatsächli- chen Zufriedenheit gefragt, erneut ein Jahr später ebenfalls.
Zusätzlich zur generellen Zufriedenheit wurden die Studenten auch gefragt, wel- chen relativen Einfluss die Wohnsituation auf die Zufriedenheit hat und wie sie einzelne Elemente der Wohnsituationen bewerten.
Im Ergebnis zeigte sich, dass der Effekt der zugewiesenen Wohnung auf die er- wartete Zufriedenheit stärker eingeschätzt wurde, als er sich tatsächlich heraus- stellte (Abbildung 3.2). Auch die Studenten, die eine weniger wünschenswerte Wohnung zugeteilt bekommen hatten, wiesen fast identische Zufriedenheitswer- te auf, wie diejenigen mit attraktiven Wohnungen.

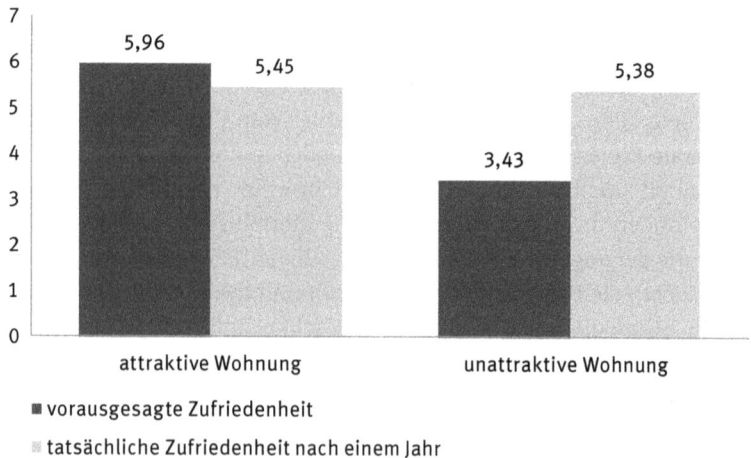

■ vorausgesagte Zufriedenheit

▨ tatsächliche Zufriedenheit nach einem Jahr

Abb. 3.2: Vorhergesagte und tatsächliche Zufriedenheit ein Jahr nach der Zuteilung von besseren oder schlechteren Wohnungen; $n = 174$; Skala von 1 (unglücklich) bis 7 (glücklich). Quelle: Dunn et al., 2003.

Die Abhängigkeit von Stimmung, Kontext und Vergleichsprozessen auf die Beurteilung der Zufriedenheit wird insbesondere bei wiederholten Befragungen über einen gewissen Zeitraum sichtbar. Diese können Hinweise auf die Reliabilität – also die Zuverlässigkeit – einer gewählten Operationalisierung geben. Zwischen wiederholten Befragungen zum Einkommen oder zur Bildung in einem Abstand von vier Wochen besteht normalerweise eine Korrelation von etwa 0.9, wie Kahneman und Krueger (2006) zusammenfassen. Allerdings berechneten sie bei einer wiederholten Umfrage zur Lebenszufriedenheit anhand eines Items nach zwei Wochen nur eine Korrelation von 0.59. Stimmungsabhängige Unterschiede in den Antworten können allerdings durch die Befragungsmethode deutlich verringert werden. Wurde beispielsweise die Lebenszufriedenheit anstelle von einer einzelnen Frage durch fünf Items abgefragt, konnte in der Vergangenheit bereits durch Lucas, Diener und Suh (1996) eine deutlich höhere Korrelation von 0.77 gemessen werden.

Die Tendenz von Probanden, aus ihrer aktuellen Stimmung auch die generelle Lebenszufriedenheit abzuleiten, kann ebenfalls durch die Befragungsmethodik verringert werden. Schwarz und Clore (1983) fanden zum Beispiel in einem bis heute viel zitierten Experiment heraus, dass Probanden, die an einem sonnigen Tag befragt werden, häufig auch höhere Zufriedenheitswerte angeben als solche, deren Befragung bei schlechtem Wetter stattfindet. Die wetterbedingten Einflüsse auf die Antworten verringerten sich allerdings teilweise, wenn der Telefoninterviewer die Teilnehmer noch vor der eigentlichen Frage nach der Lebenszufriedenheit nach dem Wetter fragte („By the way, how's the weather down there?"). Die beiläufige Frage machte die Probanden indirekt darauf aufmerksam, dass ihre Stimmung womöglich durch das Wetter getrübt sein könnte und legt nahe, dass das Befragungsdesign stimmungsabhängige Schwankungen der Antworten verringern kann.

Stimmungsexperiment Wetter
93 Telefonnummern wurden zufällig aus einem Universitätsverzeichnis ausgewählt und wurden von einer außenstehenden Person (nicht zur Forschungsgruppe gehörend) entweder an einem sonnigen oder regnerischen Frühlingstag angerufen. Die Interviewerin kannte die zu testenden Hypothesen nicht, sondern bekam ausschließlich den Wortlaut ihres Interviews vorgegeben. 84 der angerufenen Personen beantworteten die Fragen. Die Versuchsleiter teilten die zwei „Wetter"-Gruppen jeweils noch einmal in verschiedene Experimentkonditionen auf:
G1 (indirekt): Eine Gruppe wurde beiläufig zu Beginn nach dem Wetter gefragt („By the way, how is the weather down there?"). Daraufhin wurden die Fragen mit

einem vorherigen Verweis darauf gestellt, dass es in der Studie um die Stimmung von Menschen gehe.

G2 (direkt): Die zweite Gruppe wurde mit der Angabe angerufen, die Studie gehe um den Einfluss des Wetters auf die Stimmung („We are interested in how the weather affects a person's mood").

G3 (keine): Der dritten Gruppe wurden ausschließlich die Fragen gestellt, ohne vorherigen Verweis auf das Wetter.

Nach den unterschiedlichen Einführungen wurden allen Gruppen drei Fragen über ihre Zufriedenheit und eine Frage über ihre aktuelle Stimmung gestellt, die sie auf einer Skala von 1 (schlecht) bis 10 beantworten konnten.

In allen drei Konditionen (G1, G2, G3) gaben die Versuchspersonen, die an einem sonnigen Tag angerufen wurden, eine bessere Stimmung an. Es gab keine signifikanten Unterschiede zwischen den Angaben der Versuchspersonen verschiedener Konditionen in der „schönes Wetter" Gruppe. Weder bei der Angabe des generellen Glücks (general happiness), noch bei der Angabe der Lebenszufriedenheit. Das bedeutet, ein vorheriger Verweis auf das Wetter (direkt oder indirekt) reduzierte die Angabe über die Lebenszufriedenheit in dieser Studie bei sonnigem Wetter nicht.

In der „schlechtes Wetter" Gruppe variierten die Angaben über die generelle Lebenszufriedenheit dagegen stärker. Die Kontrollgruppe (G3) gab ein deutlich geringeres generelles Glück an als die Gruppen, die auf das Wetter hingewiesen wurden. Ebenso bei der Lebenszufriedenheit.

(Schwarz/Clore, 1983)

Das Experiment von Schwarz und Clore steht allerdings gleichsam auch aufgrund der geringen Fallzahl in der Kritik. Damit einhergehend sind die Befunde zum Zusammenhang von Wetter und Lebenszufriedenheit in der Forschung insgesamt widersprüchlich. Lucas und Lawless (2013) griffen dies in einer eigenen Studie auf. Sie stellten zunächst heraus, dass ein Einfluss des Wetters als eigentlich irrelevanter Faktor zum Zeitpunkt der Befragung die Güte der Lebenszufriedenheitsmessung in Frage stellen würde. Die Lebenszufriedenheit ist ein Konstrukt, das nicht von Gefühlen oder Launen beeinflusst wird, sondern eine langfristige Einschätzung darstellt (Kapitel 2.1). Bewertungen, die sich von dem einen auf den anderen Tag bedeutend ändern, wären hiermit nicht konsistent. Schließlich ändern sich die wichtigsten Lebensumstände der Menschen kurzfristig kaum, weshalb auch Bewertungen der Lebenszufriedenheit relativ stabil sein sollten. Einen möglichen Einfluss des Wetters erklärten sie damit, dass Bewertungen der Lebenszufriedenheit kognitiv fordernd sind und Befragte durch den Zugriff auf schnell verfügbare Informationen (beispielsweise aktuelle Gefühle) oder die Anwendung von Heuristiken versuchen, die Komplexität des Denkprozesses zu reduzieren. Um dem nachzugehen und weitere Schlüsse auf die Größe und Robustheit möglicher Effekte ziehen zu können, untersuchten die Forscher einen Datensatz mit Informationen von über einer Million US-Amerikanern aus 50 Staaten, die über 5 Jahre hinweg gesammelt wurden. Ihre Ergebnisse konnten im Wesentlichen keine oder nur sehr geringe Effekte durch das Wetter nachweisen. Barrington-Leigh (2008) erhielt ähnliche Ergebnisse und konnte keinen starken wetterbedingter Einfluss auf das Glück oder die Lebenszufriedenheit nachweisen.

Um bei Befragungen zum subjektiven Wohlbefinden Antwortverzerrungen des Typs „soziale Erwünschtheit" oder „Fragestellung" zu vermeiden, schlägt Bucher (2009a) vor, einen Fragebogen, der alleine ausgefüllt wird, einem persönlichen Interview vorzuziehen. Dies vermeide die Beeinflussung des Befragten, etwa durch einen fröhlich lächelnden Interviewer oder Unsicherheit. Darüber hinaus ist es beim Ausfüllen eines anonymen Fragebogens wahrscheinlicher, dass ehrliche Antworten gegeben werden, anstatt sozial erwünschter. Eine weitere methodische Vorgehensweise ist es, im Falle einer Laptopbefragung im Beisein des Interviewers, den Bildschirm zum Befragten anstatt zum Interviewer zu drehen, um eine weitgehend unabhängige, anonyme Beantwortung zu ermöglichen.

Insgesamt konnte für Selbsteinschätzungen in verschiedenen Metaanalysen eine hohe Reliabilität nachgewiesen werden (Diener et al., 2018). Mit der richtigen Methodik und entsprechend großen Datensätzen können durchaus verlässliche Angaben zur Lebenszufriedenheit erhoben werden, auch wenn diese – ähnlich wie andere statistische Analysen – immer von Annahmen z. B. über die Verteilung bestimmter Merkmale abhängen. Eid und Diener (1999) fanden heraus, dass in normalen Testsituationen die stabile Komponente der abgefragten Lebenszufriedenheit die stimmungsabhängige Komponente übertrifft.

In der ökonomisch basierten Glücksforschung wird üblicherweise die Selbsteinschätzung genutzt (z. B. Diener et al., 1985b; Frey/Stutzer, 2003). Daneben gibt es aber auch Methoden, die durch Fremdeinschätzung das Glücksempfinden von Personen messen. Dabei soll eine objektive Einschätzung erfolgen, ohne subjektive Verzerrungen in Kauf nehmen zu müssen.

Objektivierte, exogene Glücksein-schätzungen

Laut Elisabeth Noelle-Neumann (2009) kann ein geschulter Beobachter anhand von Mimik, Gestik und Körpersprache die tatsächliche Stimmung eines Menschen erkennen. Die ehemalige Leiterin des Instituts für Demoskopie Allensbach entwickelte 1974 einen Kriterienkatalog für Mimik und Körpersprache, nachdem sie bei einer Tagung erkannt hatte, dass sie die Stimmung der Menschen, ohne mit ihnen zu sprechen, spüren konnte. Seitdem wird dieser Kriterienkatalog in Befragungen des Instituts genutzt. Nach einem Interview füllt der Inter-

Beobachtung

Tab. 3.1: Beobachtungskriterien des Ausdruckstests. Quelle: (Noelle-Neumann/ Köcher, 1997).

Der/die Befragte	Der/die Befragte sitzt
– strahlt Kraft, Energie aus	– in gelöster, lockerer Haltung
– ist langweilig,	– eher steifer Haltung
– ohne Ausstrahlung	– unmöglich zu sagen
– keine Angabe	
Ich kann mir vorstellen, dass der/die Befragte	Der/die Befragte sieht
– anderen ein Vorbild ist	– ganz fröhlich aus
– kann ich mir nicht vorstellen	– nicht so fröhlich aus
– unmöglich zu sagen	– unmöglich zu sagen
Mit dem/der Befragten	Die Augen sind eher
– würde ich mich gerne einmal privat unterhalten	– groß, offen
– würde keinen Wert darauf legen	– klein, verengt
– keine Angabe	– unmöglich zu sagen
Die Mundwinkel des/der Befragten weisen	Der Blick ist
– nach oben	– frei
– nach unten	– eher ausweichend
– schwer zu sagen, aber doch eher nach oben	– unmöglich zu sagen
– schwer zu sagen, aber doch eher nach unten	
– Unmöglich zu sagen	
Der/die Befragte hält die Ellbogen	Die Lippen sind eher
– eng am Körper	– breit voll
– nicht so eng	– schmal, verpresst
– unmöglich zu sagen	– unmöglich zu sagen

viewer selbst – basierend auf seinem persönlichen Eindruck – einen Fragebogen zur interviewten Person aus (Tabelle 3.1).

Noelle-Neumann und Köcher (1997) stützten ihre Annahmen zur objektiven Bewertbarkeit des Wohlbefindens durch Beobachtung auf Ergebnisse amerikanischer Wissenschaftler, die herausfanden, dass die Sprache der Physiognomie, ob glücklich oder unglücklich, kulturübergreifend ist. Die Körpersprache verrät demnach in allen Kulturen, ob ein Mensch sich wohl oder unwohl fühlt (Ekman/Friesen, 1987; Ekman/Friesen, 2003; Noelle-Neumann/Köcher, 1997). Dadurch, so die Vertreter der Beobachtungsmethoden, können sprachliche, kulturelle und kontextabhängige Fehler bei der Messung vermieden werden. In einer Befragung von Ekman und Friesen (2003) in verschiedenen Nationen wurde von den Teilnehmern „happiness" besonders deutlich in der Physiognomie erkannt. So ordneten 97 Prozent der befragten US-Amerikaner einem Bild von einem lächelnden Gesicht das Attribut „happiness" zu, ebenso wie 95 Prozent der befragten Brasilianer, 95 Prozent der Chilenen, 98 Prozent der Argentinier und 100 Prozent der Japaner (Tabelle 3.2).

Tab. 3.2: Zuordnung von Gesichtsausdrücken zu Gemütszuständen in den USA, Brasilien, Chile, Argentinien und Japan; Angaben in Prozent. Quelle: Ekman/Friesen, 2003.

	Angst (fear)	Abscheu (disgust)	Fröhlichkeit (happiness)	Wut (anger)
USA ($n = 99$)	85	92	97	67
Brasilien ($n = 40$)	67	97	95	90
Chile ($n = 119$)	68	92	95	94
Argentinien ($n = 168$)	54	92	98	90
Japan ($n = 29$)	66	90	100	90

Weitere Methoden für eine objektive Messung des Glücksempfindens finden sich in der Neurobiologie. Dort werden mithilfe der Magnetresonanztomografie (MRT) oder der Elektroenzephalografie (EEG) Gehirnaktivitäten gemessen und beispielsweise geprüft, welche Gehirnregionen durch welche emotionalen Reize aktiv werden. Im MRT kann dabei die Durchblutungsveränderung in den Gehirnregionen gemessen werden, während das EEG Gehirnwellen verbildlicht. In Experimenten mit dieser Methode werden den Probanden unter anderem Bilder von schönen Situationen gezeigt und gemessen, welche Reaktionen diese im Gehirn hervorrufen. So kann herausgefunden werden, welche Reize Gehirnregionen aktivieren, die für Glücksgefühle zuständig sind. Auch sensorische Indikatoren wie der Hautwiderstand, die Herzfrequenz, der Blutdruck, die Hauttemperatur oder die Muskelaktivität werden zur objektiven Messung von Emotionen herangezogen. Ebenso kann die Konzentration bestimmter Hormone im Blut Aufschluss über die biologischen Voraussetzungen für Glücksempfinden und den Glückszustand liefern.

Biologische Messungen

So nutzten auch Blanchflower und Oswald (2007b) physische Reaktionen und Zustände, um Rückschlüsse auf das Wohlbefinden zu ziehen. In einer Vergleichsstudie ($n = 15.000$) fanden sie heraus, dass Menschen in glücklicheren Ländern im Allgemeinen weniger unter

Bluthochdruck leiden. Schweden, Niederländer, Dänen und Iren haben am seltensten erhöhten Blutdruck. Sie gehören mitunter zu den glücklichsten Nationen in Europa. Portugiesen, Italiener und Deutsche hingegen leiden am häufigsten unter der Krankheit und sind relativ unglücklicher.

Beurteilung
der Methoden Obwohl die objektive Einschätzung von Lebenszufriedenheit zwar Erinnerungs- oder Kontextverzerrungen vermeiden kann, ist die subjektive Bewertung des Glücks in der Glücksforschung außerhalb der klinischen oder medizinischen Betrachtung sinnvoll. Sowohl bei der Beobachtung als auch bei der Messung von biologischen Indikatoren von Glück tritt das Problem auf, dass sie jeweils nur eine Momentaufnahme liefern. Sie zeigen die Reaktion auf einen bestimmten Reiz und zeichnen so das Wohlbefinden in einem gewissen Moment ab, können aber keine Rückschlüsse auf die generelle, langfristige Lebenszufriedenheit liefern. In diesem Sinne können sie eher Aufschluss über „Flow"-Erlebnisse liefern, geben aber keine Einblicke in das „Grow". Die eudämonistische Seite, das kognitive, langfristige Wohlbefinden wird hiermit nicht gemessen. Da Menschen durch unterschiedliche Aktivitäten emotionales Wohlbefinden erleben, sind des Weiteren allgemeine Rückschlüsse aus solchen Messungen nur schwer zu ziehen. Der Grund der Zufriedenheit oder Unzufriedenheit kann in solchen Untersuchungen nicht ermittelt werden. Besonders dann, wenn die sozio-ökonomischen Einflüsse auf das Glück erforscht werden sollen, sind Befragungen und subjektive Einschätzungen daher empfehlenswert (Bucher, 2009a; Frey/Frey Marti, 2010). Wichtig ist, dass eine möglichst große Zahl von Personen befragt wird, um ein realistisches Bild des Durchschnitts zu erhalten und den Standardfehler der Messung zu verkleinern. Gerade bei einem subjektiven Thema wie der Lebenszufriedenheit ist die Größe der Stichprobe besonders relevant (OECD, 2013).

Die subjektive Herangehensweise der Umfragen zur Lebenszufriedenheit entspricht auch den modernen Glücksvorstellungen in einer individualisierten Gesellschaft. Da Glück ein subjektiv empfundener, sich nach individuellen Maßstäben richtender Zustand ist, kann er auch nur vom Individuum selbst genau erkannt und beschrieben werden. Diese These bestätigen viele Glücksforscher: Die subjektiven Aussagen zur Lebenszufriedenheit seien erstaunlich präzise. Vor diesem Hintergrund vergleichen Raffelhüschen und Schöppner (2012) ihre Arbeit mit der eines Augenarztes. Auch diese beruhe auf subjektiven Aussagen des Patienten über dessen Sehkraft. Dennoch sei er in der Lage, eine passende Brille zu verschreiben. Darüber hinaus zeigt sich, dass Beobachtungen, beziehungsweise externe Bewertungen zum Beispiel von Freunden, in der Regel ähnlich ausfallen, wie die Selbsteinschätzung der beobachteten Person (Ruckriegel, 2007; Lepper, 1998). Welcher Messungsansatz und welche Methode angemessen sind, richtet sich letztlich nach dem Forschungszweck und dem zu messenden Konstrukt.

Grenzen der Messbarkeit

Das Grundproblem vieler Studien – nicht nur in der Lebenszufriedenheitsforschung, aber auch hier – ist, dass vielfach zwar Zusammenhänge zwischen Lebenszufriedenheit und anderen Faktoren ermittelt werden können, aber nicht klar ist, was Ursache und was Wirkung ist. Ein Beispiel: Sind Menschen, die mit ihrem Leben zufrieden sind, körperlich gesünder, oder sind gesunde Menschen zufriedener mit ihrem Leben? Die Korrelation zwischen beiden Variablen ist hoch, aber die Kausalität ist nur schwer zu ermitteln. Mit experimentellen Studien wird versucht, dennoch die Kausalität zu messen. Menschen werden in Laborstudien in eine positive/traurige Stimmung versetzt, um zu analysieren, welche Folgen dies zum Beispiel auf die Problemlösungskompetenzen hat. Die Wirkungsrichtung ist dadurch eindeutig und die Kausalität kann gemessen werden. Allerdings funktioniert dies bei einem breitgefassten Lebenszufriedenheitskonzept im Labor nicht. Hier werden stattdessen Zeitreihenanalysen mit Paneldaten durchgeführt, in denen durch die zeitliche Abfolge von Ereignissen auf eine kausale Richtung geschlossen werden kann.

Eine weitere Schwierigkeit der empirischen Ermittlung von Zusammenhängen ist, dass es zwar einen Zusammenhang gibt, dieser aber durch eine andere Variable bedingt ist. Zum Beispiel: Menschen mit einem höheren Bildungsstand sind glücklicher. Möglicherweise ergibt sich dies aber nur dadurch, dass diese Menschen auch gesünder leben. Die Herausforderung ist somit, die jeweils besten Erklärungen für Lebenszufriedenheit zu finden.

Da wir hier im Buch eine Bilanz über die Forschungen und Ergebnisse zur Lebenszufriedenheitsforschung der letzten 20 Jahre vorlegen, basieren viele ältere Studien noch auf vergleichsweise einfachen Methoden. Soweit möglich, haben wir diese mit den Ergebnissen neuerer Studien verglichen, um so nur die gut abgesicherten Erkenntnisse zu skizzieren. Teilweise bieten aber die Studien, trotz zum Beispiel geringer Stichprobengröße, Anregungen zum Weiterdenken oder waren der Anlass für weitere Forschungen, so dass wir sie nennen und beschreiben. Die Darstellung der neuen Untersuchungsergebnisse ist aufgrund der komplexen Methodik und Statistik in einem Überblicksbuch kaum möglich, so dass wir uns dabei vielfach auf die Kernergebnisse beschränken.

Dank des Sozio-oekonomischen Panel (SOEP), welches eine repräsentative Wiederholungsbefragung von Privathaushalten in Deutschland ist, können viele Zusammenhänge auf großer Datenbasis analysiert werden. Die Befragung wird im jährlichen Rhythmus seit 1984 durchgeführt, wobei die gleichen Personen immer wieder befragt werden und es so teilweise lange Zeitreihen gibt. Außerdem bietet der sehr große Datensatz immer auch Möglichkeiten, neue Fragen zu untersuchen, die hinzugenommen werden. Diese Daten nutzen auch wir in verschiedenen Abbildungen immer wieder.

Insgesamt erhebt diese Bilanz der Lebenszufriedenheit nicht den Anspruch wissenschaftlich vollständig zu sein, sondern soll

1. einen fundierten Überblick über die Ergebnisse der Lebenszufriedenheitsforschung geben und
2. dazu anregen, sich mit jeweils als spannend empfundenen Themen und Ansätzen tiefergehend zu beschäftigen.

3.2 Messinstrumente

Zur Erfassung des subjektiven Wohlbefindens werden verschiedene Messverfahren genutzt. Dabei sind sie je nach Zweck der Erhebung unterschiedlich geeignet und unterscheiden sich auch in ihrer Komplexität.

Fragebogen   Eine weit verbreitete und häufig genutzte Methode zur Messung des allgemeinen Glückszustandes ist eine einfache Befragung. Bei länderübergreifenden Surveys wie zum Beispiel dem Eurobarometer wird neben vielen anderen Variablen auch das Glück meist durch eine einzelne Frage erhoben: Sind Sie insgesamt mit dem Leben, das Sie führen „sehr zufrieden", „ziemlich zufrieden", „nicht sehr zufrieden" oder „überhaupt nicht zufrieden" (Tabelle 3.3).

Dabei wird ein einzelnes Item (z. B. generelle Lebenszufriedenheit) abgefragt, das auf einer vorgegebenen Skala beantwortet werden soll. Diese Form der Befragung eignet sich besonders gut für einen internationalen Vergleich, da die Frage in der Regel leicht übersetzt und so die gleiche Erhebung in unterschiedlichen Ländern durchgeführt werden kann. Allerdings ist die Messung durch ein einzelnes Item nicht so verlässlich wie Messungen mit mehreren Items, wie bereits erwähnt wurde. Internationale Survey-Befragungen sind jedoch weit verbreitet und akzeptiert (Diener et al., 1999; Headey et al., 2013).

Skala „Subjektives Glück"   Für ihre Forschung zum Thema Wohlbefinden entwickelten verschiedene Wissenschaftler eigene Methoden, meist in Form von Skalen, in denen sie eine bestimmte Menge und einen bestimmten Typ von Items abfragen. So zum Beispiel die Skala „Subjektives Glück" (Subjective Happiness Scale), die von Lyubomirsky und Lepper (1999) entwickelt wurde. Die Autoren bezwecken damit, im Gegensatz zu vielen anderen Messverfahren eine umfassendere Einschätzung davon geben zu können, ob jemand glücklich ist. Dies soll dadurch geschehen, dass beide Komponenten des subjektiven Wohlbefindens, emotionales und kognitives Wohlbefinden, mit einem Instrument gemessen werden. Die meisten anderen Skalen und Methoden erfassen jeweils nur eine der beiden Komponenten.

Tab. 3.3: Ausschnitt aus dem Eurobarometer: Ergebnisse für Deutschland im Jahr 2018; $n = 1.509$; Zusammenfassung der Antwortkategorien; Angaben in Prozent. Quelle: European Commission, 2018.

	Gesamt „zufrieden"	Gesamt „nicht zufrieden"
Deutschland	92	8
Geschlecht		
Männlich	91	9
Weiblich	92	8
Alter		
15–24	92	8
25–39	93	6
40–54	92	8
55+	90	10
Ausbildung (Ende der)		
15–	88	12
16–19	89	10
20+	97	3
Studiert noch	96	4
Berufliche Situation der Befragten		
Selbstständige	93	7
Leitende Angestellte	98	2
Andere Angestellte	88	10
Arbeiter	92	8
Hausfrauen/-männer	97	3
Arbeitslose	59	39
Rentner/Pensionäre	91	9
Schüler/Studenten	96	4

Die Skala umfasst vier Fragen, die jeweils auf einer Skala von 1–7 bewertet werden können:

- „Im Allgemeinen betrachte ich mich selbst als: kein glücklicher Mensch (entspricht 1) bis sehr glücklicher Mensch (entspricht 7)"
- „Im Vergleich zu meinen Bekannten betrachte ich mich als: weniger glücklich (entspricht 1) bis glücklicher (entspricht 7)"
- „Manche Leute sind im Allgemeinen sehr glücklich. Sie freuen sich am Leben, unabhängig davon, wie dieses verläuft, und sie machen aus allem das Beste. Wie sehr trifft diese Charakterisierung auf Sie zu?: überhaupt nicht (entspricht 1) bis zu einem sehr großen Teil (entspricht 7)"
- „Manche Leute sind nicht so glücklich. Obschon sie nicht depressiv sind, schauen sie nicht so glücklich aus, wie sie sein könnten. Wie sehr trifft diese Charakterisierung zu?: zu einem sehr großen Teil (entspricht 1) bis überhaupt nicht (entspricht 7)"

Diese Methode weist eine hohe Reliabilität (α zwischen 0.79 und 0.94) auf und stellt sich zugleich als relativ robust bei der Test-Retest Prüfung heraus ($r = .90$ nach einem Monat, $r = .55$ nach einem Jahr) (Lyubomirsky/Lepper, 1999).

Skala Lebens-
zufriedenheit Die Zusammenfassung mehrerer Items wird auch bei der Skala „Lebenszufriedenheit" (Satisfaction With Life Scale) verwendet. Sie wurde von Ed Diener und Kollegen (1985b) entwickelt. Die Forscher argumentieren, dass Lebenszufriedenheit aus einem kognitiven, bewertenden Prozess entspringt. Die Bewertung der Zufriedenheit ergibt sich aus einem Vergleich der eigenen Umstände mit einem subjektiv als angemessen empfundenen Standard. Daher misst die Skala fünf verschiedene Items, die einen solchen Vergleich zulassen und die jeweils von 1 (stimme überhaupt nicht zu) bis 7 (stimme deutlich zu) bewertet werden können. Abgefragt wird die Zustimmung zu folgenden Aussagen:

1. In den meisten Bereichen entspricht mein Leben meinen Idealvorstellungen.
2. Meine Lebensbedingungen sind ausgezeichnet.
3. Ich bin mit meinem Leben zufrieden.
4. Bisher habe ich die wesentlichen Dinge erreicht, die ich mir für mein Leben wünsche.
5. Wenn ich mein Leben noch einmal leben könnte, würde ich kaum etwas ändern.

Die einzelnen Werte werden addiert und können verschiedenen Punkteclustern zugeordnet werden. Ein Erzielen von 30–35 Punkten gibt so beispielsweise „extrem zufrieden" an, 25–29 Punkte ein „sehr zufrieden, über dem Durchschnitt" oder 10–14 Punkte ein „unzufrieden, deutlich unter dem Durchschnitt". Erzielt ein Proband 5–9 Punkte so spricht dies für eine „extrem[e], ja besorgniserregend[e]" Unzufriedenheit (Bucher, 2009a, 30).

Eine solche Messung mit fünf Items ist laut Untersuchungen von Lucas, Diener und Suh (1996) besonders verlässlich und zeitbeständig bei erneuter Befragung. Die Abfrage mehrerer Items eignet sich daher besser, wenn ein verlässlicher Wert für die Lebenszufriedenheit gesucht wird, der erste Rückschlüsse auf die Ursachen des Zustandes zulässt. So kann anhand der Antworten beispielsweise abgelesen werden, ob der Proband mit seinen Lebensumständen, dem Erreichen seiner Ziele, seiner eigenen Lebensgestaltung oder der Kongruenz seines Lebens mit seinen Idealvorstellungen zufrieden ist.

Weitere ähnliche Skalen zur Erfassung des Glücks über mehrere Items sind die folgenden:

---

(1) **Gesichterskala (1 Item)** (adaptiert aus Andrews/Withey, 1976)
Hier sind einige Gesichter, die verschiedene Gefühle ausdrücken. Welches Gesicht drückt am ehesten aus, wie zufrieden Sie mit Ihrem Leben insgesamt sind? Kreuzen Sie an.

(2) **Zufriedenheit und Dauer (3 Items)** (Fordyce, 1988)
Ich fühle mich glücklich:_____ Prozent meiner Zeit
Ich fühle mich unglücklich:_____ Prozent meiner Zeit
Ich fühle mich neutral:_____ Prozent meiner Zeit

Eine genaue Analyse glücksbedingender Faktoren ist mit einer detaillierten Messung möglich, die Rückschlüsse auf die Ursachen des Wohlbefindens zulässt. Die Tagesrekonstruktionsmethode („Day Reconstruction Method" – DRM) und die Erlebnisstichproben-Methode (ESM) messen, wie glücklich ein Mensch in verschiedenen Momenten über den Tag hinweg ist. Die Tagesrekonstruktionsmethode von Kahneman (2004) erstellt anhand eines ausgefeilten Interviewleitfadens ein Bild der verschiedenen täglichen Aktivitäten, deren Dauer und der Zufriedenheit während ihrer Ausführung. Durch die Ergebnisse der Tagesrekonstruktionsmethode kann nicht nur gemessen werden, wie glücklich ein Mensch ist, sondern auch, wann und bei welchen Aktivitäten. Damit geht die Möglichkeit einher, Empfehlungen und Maßnahmen auf individueller, gesellschaftlicher, unternehmerischer und politischer Ebene abzuleiten. Die Ergebnisse einer Studie, die die Tagesrekonstruktionsmethode mit 1.018 angestellten Frauen in den USA durchführte, ergab folgende Ergebnisse (Kahneman et al., 2004): 909 Probandinnen konnten in die Untersuchung einbezogen werden. Die Aktivität, bei der die Frauen im Durchschnitt angaben am glücklichsten zu sein, waren intime Beziehungen, also das Zusammensein mit dem Partner. Damit füllten sie im Durchschnitt 12 Minuten ihres Tages aus. Die Fahrt zur Arbeit, die ihnen nach eigenen Angaben am wenigsten Freude bereitete, nahm im Durchschnitt hingegen 1 Stunde und 36 Minuten ein. Mit Freunden verbrachten sie im Durchschnitt

Tagesrekonstruktionsmethode

	0	2	4	6			0	2	4	6
intime Beziehungen				5,1		Freunde				4,36
Socializing				4,59						
Entspannung				4,42		Verwandte				4,17
Religion				4,35						
Essen				4,34		Ehepartner				4,11
Sport				4,31						
Fernsehen				4,19		Kinder				4,04
Einkaufen				3,95						
Kochen				3,93		Kunden/Klienten				3,79
Telefonieren				3,92						
Kinderbetreuung				3,86		Kollegen				3,76
Computer				3,81						
Hausarbeit				3,73		Vorgesetzter				3,52
Arbeit				3,62						
Fahrt zur Arbeit				3,45		alleine				3,41

■ Aktivitäten   ■ Interaktionspartner

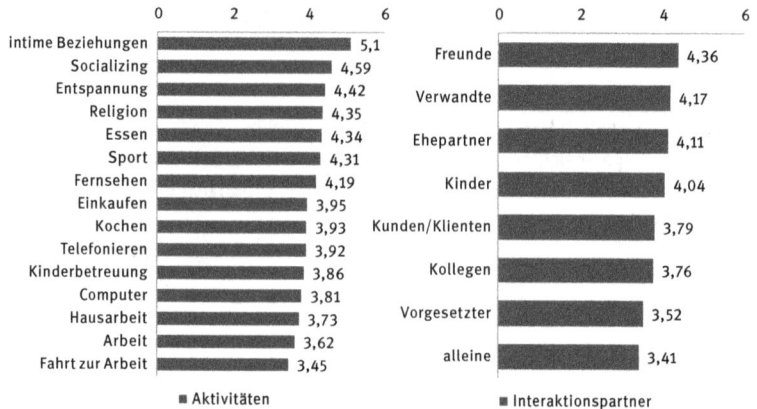

Abb. 3.3: Glücksempfinden nach Aktivitäten und Interaktionspartnern; $n = 909$; Skala von 1 (gar nicht) bis 6 (sehr). Quelle: Kahneman et al., 2004.

2 Stunden und 36 Minuten, alleine dagegen 3 Stunden und 25 Minuten (Abbildung 3.3).

Der U-Index Durch die bereits mehrfach erwähnte Subjektivitätsannahme des Glücks kommt es zu Unterschieden im Verständnis oder Ausdruck von Wohlbefinden. Es kann vorkommen, dass zwei Menschen mit gleicher Lebenszufriedenheit auf einer Skala aufgrund ihrer Persönlichkeit unterschiedliche Angaben machen, weil sie beispielsweise Übertreibungen vermeiden wollen oder sich lieber geringer einschätzen. Um eine Vergleichbarkeit von Teilnehmeraussagen in Bezug auf Glück gewährleisten zu können, entwickelten Kahneman und Krueger (2006) den sogenannten U-Index. Dafür werden die Angaben zu Zeitabschnitten, die beispielsweise mithilfe der DRM gewonnen wurden, in die Kategorien „angenehm" (pleasant) und „unangenehm" (unpleasant) „umgerechnet". Die Antwortmöglichkeiten in der DRM beinhalten klassifizierende Beschreibungen wie „glücklich", „freundlich" oder „erfüllend", oder Beschreibungen wie „deprimiert", „wütend" und „frustriert". Zur Ermittlung des U-Indexes werden dann die Zeitabschnitte, in denen die stärkste Gefühlsangabe eine negative ist (z. B. höchster Wert für einen Zeitabschnitt bei „frustriert") als „unpleasant" klassifiziert. Die Abschnitte, in denen die Teilnehmer den höchsten Wert einem positiven Attribut zugeordnet hatten, werden als „pleasant" klassifiziert. Bei einer solchen Vorgehensweise spielt es keine Rolle, ob Teilnehmer die Gefühlsskala vollständig nutzen oder ob Gefühle vorwiegend mithilfe eines bestimmten Bereichs angegeben werden. Nutzt Person A beispielsweise die Skala nur von 3 bis 5, Person B aber von 1 bis 6, kommt es durch die Ermittlung des Maximums zu keiner Verzerrung des Ergebnisses. Ist eine kategorische Einteilung der Phasen nach „angenehmen" und „unangenehmen" Zeitabschnitten erfolgt, wird für jeden Teilnehmer der U-Index als der Zeitanteil bestimmt, der in einem „unangenehmen Gefühl" oder Zustand verbracht wurde. Daraus lässt sich anschließend ein durchschnittlicher U-Index für alle Teilnehmer berechnen. Zwar lässt sich so das Problem der unterschiedlichen subjektiven Skalierung beheben, doch die Methode hat auch Nachteile. Denn durch die Indexierung gehen viele Informationen über die Intensität des Gefühls je nach Situation verloren.

Die Erlebnisstichprobenmethode (ESM) ist ein Instrument zur Ermittlung des Wohlbefindens je nach Situation, Aktivität und Interaktionspartner (Csikszentmihalyi/Larson, 2014). Dabei sollen retrospektive Verzerrungen, die bei einer nachträglichen Befragung (wie z. B. in der DRM) auftreten können, vermieden werden. Den Probanden wird zu diesem Zweck über einen längeren Zeitraum ein Handcomputer oder eine Handy-App zur Verfügung gestellt, die nach dem Zufallsprinzip zu verschiedenen Tageszeiten einen Ton erzeugen. Zu diesen Zeitpunkten sollen die Probanden eingeben, was sie gerade machen und wie sich dabei fühlen. Sie können aus verschiedenen Antwortmöglichkeiten wählen, sodass eine Vergleichbarkeit zwischen den Studienteilnehmern ermöglicht wird. Obwohl eine solche Methode zwar die Problematik der retrospektiven Beurteilung vermeidet, besteht weiterhin das Problem, dass die Stimmung kontextabhängig beeinflusst wird. Auch könnten sich die Probanden durch die Unterbrechung des Handcomputers oder der App gestört fühlen und dadurch verstimmt sein, was wiederum zu einem verzerrten Ergebnis führen könnte.

Erlebnisstichproben-methode (ESM)

Trotz dieser Kritik ist die Abfrage der Glücksempfindung mithilfe von Apps mittlerweile ein zentraler Aspekt, dem sich die Forschung zuwendet. Beispielsweise ist „Track your happiness" eine Erfindung des Harvard Wissenschaftlers Matt Killingsworth. In Zusammenarbeit mit dem Dan Gilberts Lab entwickelte er diese App, um zu untersuchen, welche Faktoren Menschen in welchen Situationen (un)glücklicher machen und zwar in Echtzeit (Killingsworth, 2012). Seit der Einführung im Jahr 2009 konnten Daten von mehreren tausend Teilnehmern gesammelt werden. Die Anwender geben bei ihrer Anmeldung diverse Informationen zu der eigenen Person an (Berufsbranche, Alter, Studium, Hobbies etc.) und beantworten im Folgenden zu willkürlichen Tageszeiten mehrmals täglich eine Abfrage ihrer Gefühlszustände und der zugehörigen Rahmenbedingungen (wo sie sind, was sie tun, mit wem sie zusammen sind etc.). Insgesamt 50 Fragen werden mithilfe der App abgefragt, unter anderem „How do you feel?", „What are you doing?", „Are you thinking about something other than what you are current-

„Track your happiness"

ly doing?". Nach Beantwortung aller Fragen erhalten die Nutzer ihren persönlichen Report auf das Smartphone.

Affekt-Balance-Skala

Die Affekt-Balance-Skala von Bradburn (1969) verfolgt noch einen anderen Ansatz und basiert auf der Annahme, dass sich positive und negative Ereignisse gegeneinander verrechnen lassen, wodurch sich das Maß an Lebenszufriedenheit ergibt. Als Summe entsteht somit eine messbare Balance zwischen positiven und negativen Gefühlen, welche mit Aristipps Idee der Eudaimonie als eine Akkumulation von Lüsten vergleichbar ist (Kapitel 2.2). Bradburns Test erfasst durch Selbsteinschätzung die Stimmung der Probanden über zehn Items. Die Probanden müssen angeben, welche der fünf positiven Stimmungszustände und der fünf negativen sie in einem bestimmten Betrachtungszeitraum erlebten (Tabelle 3.4).

Tab. 3.4: Fragen der Affekt-Balance-Skala nach Bradburn. Quelle: Bradburn, 1969; Bucher, 2009a.

Während den letzten Wochen, haben Sie da jemals folgendes gefühlt:
1. besonders aufgeregt oder interessiert an etwas
2. stolz, weil Ihnen jemand Komplimente für etwas machte, was Sie geleistet haben
3. froh, weil Sie etwas vollendet haben
4. wie im siebten Himmel
5. dass die Dinge ganz in Ihrem Sinne liefen
6. so unruhig, dass Sie nicht lange still sitzen konnten
7. sehr einsam und sehr fern von anderen Menschen
8. schrecklich gelangweilt
9. sehr niedergeschlagen und unglücklich

Die Auswertung erfolgt entsprechend durch die Summierung der Anzahl der positiven Items und der Anzahl der negativen. Hierbei können Werte in der Bandbreite von −5 bis +5 errechnet werden. Die wahrgenommene Lebensqualität der Probanden ergibt sich über die Position entlang der beiden Dimensionen. Bradburns Ergebnisse zeigen, dass die Menschen häufiger positive als negative Gefühle erleben und insbesondere, dass zwischen diesen kein Zusammenhang besteht. Dies bedeutet, dass auch wenn Menschen viele positive Erlebnisse haben, sie nicht weniger häufig Unruhe, Einsamkeit oder Depression erleben können. Die Skala nach Bradburn wird zwar als Glücksmessinstrument eingesetzt, gleichzeitig aber auch kritisiert, da sie nicht die Intensität der Gefühle misst (Bucher, 2009a).

Diese Messinstrumente zeigen, dass Glück auf verschiedenste Weisen erfasst werden kann. Es wurde diskutiert, welche Vor- und Nachteile die Instrumente haben und dass die Auswahl des besten Instruments unter anderem vom Ziel der Analyse abhängt. Retrospektive Befragungen sind dabei anfälliger für Verzerrungen als digitalgestützte „just in time" Befragungen. Weiterhin steigt die Verlässlichkeit mit zunehmender Zahl von Items und viele der Messinstrumente sind zeitbeständig bei erneuter Befragung.

4 Biologische Voraussetzungen von Glück

Die „Subjektivierung des Glücks" führt dazu, dass Individuen den Glücksbegriff selbst und für sich persönlich befüllen können und müssen. Doch wie frei ist man darin wirklich? Da es sich beim Glück um ein körperliches Gefühl handelt, spielen physische Prozesse eine Rolle. Das folgende Kapitel beschäftigt sich mit einigen dieser Prozesse im menschlichen Gehirn und geht der Frage nach, welche Rolle die Gene für das Glück spielen. Ist Glück womöglich angeboren?

4.1 Wie entsteht Glücksempfinden?

„Eine emotionale Reaktion ist immer auch eine körperliche Reaktion" (Hüther, 2018). Das bedeutet, dass jedes Gefühl – wie auch Glücksempfinden – mit Körperlichkeit verbunden ist. Angesichts dieser Tatsache drängt sich die Frage auf, ob Glück nicht auch ausschließlich ein körperliches Gefühl sein könnte, das biologischen Prozessen und der genetischen Vererbung unterworfen ist. Damit würde ein Großteil der philosophischen, soziologischen oder ökonomischen Betrachtung der Lebenszufriedenheit hinfällig.

Glückszentren im Gehirn — Das menschliche Gehirn verfügt über verschiedene Regionen, in denen jeweils unterschiedliche Aufgaben abgearbeitet und Prozesse angeregt werden. Um festzustellen, in welchem Teil des Gehirns Glück oder Freude entsteht, versuchen Forscher mehr über die Stoffe, die Glücksempfindungen auslösen können, herauszufinden. Die Ausschüttung bestimmter Botenstoffen, sogenannter Opioide, zu denen auch die Endorphine gehören, ist dabei unter anderem von Bedeutung. Der Botenstoff Dopamin wird oft als chemische Grundlage der Freude genannt. Er ist besonders im sogenannten Belohnungszentrum des Gehirns vorzufinden, welches immer dann aktiv ist, wenn Menschen etwas genießen. Dabei kann es sich um gutes Essen, Musik, Sex und vieles mehr handeln. Generell sind die Rezeptoren (Andockstellen) für Opioide nicht in einer bestimmten Region angesiedelt, sondern verteilen sich über das gesamte menschliche Gehirn. Dementsprechend wird auch die Quelle der Glücksgefühle in mehreren Bereichen des Gehirns vermutet.

Besonders mithilfe von Tierversuchen bzw. Rattenexperimenten konnten Wissenschaftler viele Erkenntnisse über die Glücksgefühle im Gehirn erlangen (Burke et al., 2008). Bereits Ende der 1950er Jahre fand man heraus, dass Ratten auf die elektrische Stimulation eines be-

https://doi.org/10.1515/9783110557626-004

stimmten Gehirnareals reagieren (Olds, 1956). In diesem viel zitierten Experiment waren die Tiere mithilfe der eingesetzten Elektroden in der Lage, per Knopfdruck die eigenen Neuronen zu stimulieren. Diese Stimulation rief eine Hormonausschüttung hervor, über die manche Tiere sogar die Nahrungsaufnahme vergaßen. Einige Ratten starben, weil sie sich ausschließlich auf die permanente Erzeugung von Lust durch Stimulation der hierfür zuständigen Gehirnzentren konzentrierten. Anhand der Ergebnisse dieses und weiterer Experimente lokalisierten Forscher den linken Stirnlappen, den sogenannten orbitofrontalen Kortex hinter den Augen, als einen Teil des Gehirns, der vor allem bei positiven Gefühlen aktiviert wird. Hier werden verstärkt Neurotransmitter (Botenstoffe) ausgeschüttet, die Nerven sind besonders aktiv und es lassen sich viele Rezeptoren (Andockstellen) finden.

Neben der Untersuchung von Botenstoffen ist das Prüfen der Hirnaktivität mithilfe von Magnetresonanztomographen (MRT) eine mögliche Methode zur Messung des Glücks im Gehirn. Durch das Messen der Reaktion des Gehirns auf bestimmte Reize versuchen Forscher Gehirnregionen zu lokalisieren, die für positive Gefühle verantwortlich sind. Auf MRT Bildern zeichnet sich in eben diesen Gehirnregionen eine erhöhte Aktivität ab, nachdem Probanden positiven Reizen ausgesetzt wurden (Vogelmann, 2003; Imgrund/Schwalb, 2006). In verschiedenen Experimenten wurden den Versuchspersonen zum Beispiel Bilder von geliebten Menschen gezeigt, ein angenehmer Duft versprüht oder schöne Klänge vorgespielt.

Emotionsforscher konnten feststellen, dass bei unterschiedlichen Glücksgefühlen, z. B. ausgelöst durch ästhetische Fotos oder Vanilleduft, auch unterschiedliche Gehirnregionen aktiviert werden. So sind auch die Amygdala – der Mandelkern – und andere Regionen unterhalb der Hirnrinde bei positiven Reizen beteiligt. Ebenso variierten die aktivierten Gehirnbereiche unter den Teilnehmern. Daraus leiten die Forscher ab, dass neben den gefundenen Zentren auch ein Netzwerk von Nervenzellen, die beim Glücksgefühl interagieren, für die emotionale Wahrnehmung sorgt (Donner, 2008).

Bestimmte positive Gefühle, wie die für gute Gerüche oder schöne Klänge, sind dem Menschen angeboren und universell gleich. Jedoch können wir darüber hinaus auch positive Gefühle für andere Dinge erlernen oder vorhandene Gefühle verstärken. Die Vorliebe für einen bestimmten Musikstil oder eine Sportart beispielsweise, wird durch das kulturelle Umfeld geprägt und die Vorgänge im Gehirn nach dem bekannten Muster angelegt (Vogelmann, 2003).

Auch wenn Wissenschaftler über die Existenz von Glückszentren stetig weiterforschen und in Experimenten häufig unterschiedliche Er-

Glücks-Botenstoffe

gebnisse zu Tage kommen, über die große Bedeutung der Neurotransmitter ist man sich weitestgehend einig. Die drei wichtigsten Botenstoffe, die am körperlichen Gefühl des Glücks beteiligt sind, sind Dopamin, körpereigenes Morphium und Serotonin. Sie bilden die wichtigsten Zutaten im Hormon- und Botenstoffcocktail, der Glücksgefühle auslöst. Forscher gehen davon aus, dass sich diese Botenstoffe in der Evolution ausgeprägt haben, um den Menschen für stressabbauendes Verhalten zu belohnen (Donner, 2008). Sie bilden also gewissermaßen einen Antagonisten zu Stresshormonen.

Dopamin und körpereigenes Morphium

Die Freisetzung von Dopamin geht mit der Vorfreude einher. Je größer die Vorfreude auf ein Ereignis, eine Aktivität usw. und je größer die Herausforderung, die damit einhergeht, desto mehr Dopamin produziert das Gehirn. Vom Mittelhirn wird dieses in zwei Hirnregionen, den Nucleus Accumbens und das Frontalhirn geschleust. Es macht den Menschen aufmerksamer und konzentrierter und sorgt dafür, dass neue Aufgaben besser bewältigt werden können. Wenn die Anspannung nachlässt, wird das viele Dopamin im Gehirn in körpereigenes Morphium umgewandelt. Diese beiden Stoffe sorgen dafür, dass wir uns glücklicher und entspannter fühlen. Durch das Andocken des Dopamins an bestimmte Rezeptoren und durch deren Aktivierung wird wiederum Stickstoffmonoxid ausgeschüttet, welches die Ausschüttung von Stresshormonen (z. B. Adrenalin) unterdrückt. Es löst neben den vorhandenen Glücksgefühlen körperliche Entspannung aus. Die Blutgefäße weiten sich und führen zu einem ruhigeren Puls, der Kreislauf und das Magen-Darm-System werden auf Normallevel reguliert. Was Stickstoffmonoxid für den Körper leistet, verantwortet das Serotonin, der dritte der drei wichtigsten Glücksbotenstoffe. Es schafft die Voraussetzungen für Glücksempfinden im Gehirn, indem es das Gemüt ausgleicht. Angst, Sorgen und Wut werden gemindert und so die Glücksempfindung zugelassen. Die Ausschüttung dieser Botenstoffe führt letztlich zu einem für den Menschen sehr wichtigen, veränderten Körpergefühl. Es macht einen entscheidenden Teil des ganzheitlichen Wohlbefindens aus. Erst durch das körpereigene „Belohnungssystem" spüren wir, wann wir glücklich sind (Donner, 2008).

Serotonin

Auch bei zwischenmenschlichen Beziehungen mischen körpereigene Stoffe mit. Partner, Freunde oder Mutter und Kind werden emotional durch das Hormon Oxytocin aneinander gebunden. Dieses Hormon wird bei angenehmen Begegnungen, bei der Mutter nach der Geburt oder bei frisch Verliebten ausgeschüttet und sorgt für ein Bindungsgefühl. Die unterstützenden Prozesse im Gehirn werden hierbei wiederum vom Stickstoffmonoxid geschaffen, das durch eine erhöhte Menge Oxytozin ausgeschüttet wird und die Aktivität der kritisch beurteilen-

den Bereiche des Gehirns vermindert. Dadurch prüfen wir unser Gegenüber weniger kritisch und reduzieren soziale Distanz (Donner, 2008;
Bucher, 2009a).

Wohlbefinden und die Ausschüttung des Stresshormons Kortisol
Forschern zufolge trägt das Wohlbefinden zur Funktionsfähigkeit der biologischen Systeme im Körper eines Menschen bei. Ryff und sein Forscherteam (2004)
untersuchten, inwiefern das subjektive Wohlbefinden mit den physiologischen
Systemen im Körper zusammenhängt, genauer, inwiefern sich das eudämonisti-
sche bzw. das hedonistische Wohlbefinden biologisch auswirken. Hierzu unter-
suchten sie Daten von 125 Frauen im Alter von 61 bis 91 Jahren.
Die Untersuchungen fokussierten sich auf das Stresshormon Kortisol. Kortisol
aktiviert unter anderem Stoffwechselvorgänge und stellt dem Körper Energie zur
Verfügung. Außerdem hemmt es das Immunsystem und nimmt beispielsweise
Einfluss auf den Blutzucker und den Fettstoffwechsel. Es zeigte sich, dass bei den
Probandinnen, die eine höhere eudämonistische Lebenszufriedenheit angaben
(Streben nach persönlicher Weiterentwicklung), geringere Werte des Hormons
Kortisol gemessen wurden als bei denjenigen, die niedrigere Werte angaben. Eu-
dämonistisches Wohlbefinden senkt also die Ausschüttung des Stresshormons
und hat somit unter anderem zufolge, dass die Frauen mit höherem eudämonistischem Wohlbefinden niedrigere HDL-Cholesterin-Werte und Taille-Hüft-Verhält-
nisse aufwiesen.
Insgesamt hat diese Studie einen sehr kleinen Stichprobenumfang und ist einigen Limitationen unterlegen. Dennoch bietet sie einen Einblick in den Zusammenhang von subjektivem Wohlbefinden mit physiologischen Systemen. Andere
Studien bestätigen im Allgemeinen, dass glückliche Menschen geringere Mengen Kortisol ausschütten und dadurch ein geringeres Risiko für Herzinfarkte,
Bluthochdruck und Diabetes haben.

4.2 Gibt es ein Glücks-Gen?

Die Informationen für den Körper, welche und wie viele Botenstoffe er
produzieren soll, kommen aus den Genen. In der DNA ist der gesamte
Bau- und Funktionsplan des Körpers angelegt. Sie gibt die Anleitung
zur Bildung der Moleküle, die den Körper entwickeln und dessen Prozesse leiten. Die DNA eines Menschen setzt sich aus Teilen der DNA
der Eltern zusammen. Sie ist somit von der Zeugung an vorgegeben
und für jeden Menschen anders. Die Gene können auf das individuelle Glücksempfinden einen entscheidenden Einfluss nehmen, indem sie
etwa die körpereigenen Prozesse wie die Botenstoffproduktion und die
Umwandlung steuern.

Davon ausgehend entstand auch die Theorie des Glücksgens, das
Forscher (Benjamin et al., 1996) Ende der 1990er Jahre entdeckt haben wollen. Sie identifizierten das sogenannte Gen „D4DR", das die In-

Das Gen D4DR

formationen für Dopaminrezeptoren, also die Andockstellen für Dopamin im Gehirn, enthält. Die Menge und Funktionalität der Rezeptoren entscheidet darüber, ob der Botenstoff nach der Ausschüttung an den Synapsen andocken kann und diese den Nervenimpuls anschließend weitertransportieren. Dopamin gilt als Vermittler von Neugier und Risikobereitschaft. Deshalb untersuchten die Forscher das Glücksgen besonders in Bezug auf das Persönlichkeitsmerkmal Neugier bzw. Interesse für Neues. Es zeigte sich, dass eine Störung des Gens zu starken Depressionen führen kann.

Das Gen MAOA   Ein weiteres Gen könnte Erklärungsansätze für Unterschiede im Glücksempfinden von Männern und Frauen liefern: Monoaminoxidase-A (MAOA). Dieses ist am Abbau der Stresshormone Noradrenalin, Serotonin und Dopamin beteiligt und steht in Verbindung mit der Neigung zu aggressivem oder auch antisozialem Verhalten. Eine Langzeitstudie (Chen et al., 2013) über 30 Jahre mit 345 Probanden konnte nachweisen, dass bei Frauen eine geringer ausgeprägte Variante des Gens mit einem höheren Glücksempfinden zusammenhängt. Sie scheinen stärker auf positive Ereignisse in der Umwelt und weniger auf Stressfaktoren zu reagieren. Diese Ergebnisse konnten allerdings nicht für Männer bestätigt werden. Dies führen die Forscher auf die Kompensation des Effektes durch das Hormon Testosteron zurück.

Glücksgefühle sind jedoch nicht von wenigen einzelnen Genen abhängig. Alle Gene, die unter anderem mit den beschriebenen Funktionen des Stoffwechsels, der Gehirnentwicklung oder der Hormonregulierung in Verbindung stehen, sind auch potenzielle „Glücksgene". Es ist also wahrscheinlich, dass eine Reihe von Genen an den biologischen Vorgängen des Glücksempfindens beteiligt ist (Rietveld et al., 2013) und dieses somit zu einem bestimmten Teil durch die Gene prädeterminiert ist.

Eine gewisse „Vererbbarkeit" des Glücks konnte in Zwillingsstudien gefunden werden. Lykken und Tellegen (1996) untersuchten die Daten von mehreren tausend eineiigen und zweieiigen Zwillingspaaren. Sie fanden heraus, dass etwa 50 Prozent der Unterschiede im Wohlbefinden durch die Gene bestimmt wird, während der Bildungsstand, das Geschlecht, der Familienstand und das Einkommen nur etwa fünf Prozent der Lebenszufriedenheit erklären. Damit machen die Autoren deutlich, „dass die angegebene Lebenszufriedenheit des eigenen identischen Zwillings heute oder zehn Jahre zuvor ein besserer Prädiktor für die eigene Lebenszufriedenheit ist als der eigene Bildungsstand, Einkommen oder Status" (Lykken/Tellegen, 1996, 189). In neueren Veröffentlichungen wird dieser Prozentsatz allerdings etwas geringer ausgewiesen. Im Jahr 2015 erschien eine Metaanalyse mit einer Stichprobe von rund 56.000 Personen, in welcher eine durchschnittliche Vererbbarkeit des Wohlbefindens von 36 Prozent ermittelt wurde, die durchschnittliche Vererbbarkeit der Lebenszufriedenheit lag bei 32 Prozent ($n = 47.750$) (Bartels, 2015). Weitere aktuellere Metaanalysen zeigen eine ähnliche durchschnittliche Vererbbarkeit von 32 bis 41 Prozent (Røysamb/Nes, 2018).

Zwillingsforschung
Im Rahmen ihrer Studie befragten Lykken und Tellegen (1996) 2.310 Mitglieder (unter anderem) der sogenannten „Minnesota Twin Registry". Diese umfasst Zwillinge mittleren Alters, die in den Jahren von 1936 bis 1955 in Minnesota geboren wurden. Die Datenbank gibt Auskunft über die Schullaufbahn der Zwillinge, über deren ungefähres Familieneinkommen, ihren Familienstand und ihre Beschäftigung.
Den Zwillingen wurde ein Fragebogen ausgehändigt, der unter anderem Fragen enthielt wie: „Verglichen mit anderen Menschen, wie glücklich sind Sie durchschnittlich in diesem Moment?" Auf einer Skala von 1 bis 5 mussten sich die Teilnehmer im Vergleich zu anderen einschätzen: 1 = die unteren 5 Prozent der Bevölkerung, 2 = die unteren 30 Prozent der Bevölkerung, 3 = die mittleren 30 Prozent, 4 = die oberen 30 Prozent und 5 = die oberen 5 Prozent der Bevölkerung.
In Bezug auf die Gene fanden die Wissenschaftler heraus, dass bei eineiigen, gemeinsam aufgewachsenen Zwillingen 44 Prozent der generellen Zufriedenheit genetisch bedingt zu sein scheinen. Ihre Antworten zur Lebenszufriedenheit stimmten öfter überein als die der zweieiigen, sogar dann, wenn sie getrennt aufgewachsen waren. Wuchsen die Zwillinge getrennt auf, ließen sich 52 Prozent der Zufriedenheit anhand der Gene erklären. Bei zweieiigen Zwillingen, die ihre Kindheit gemeinsam verbrachten, sind es 8 Prozent. Bei jenen zweieiigen Zwillingen, die schon früh getrennt wurden, besteht den Ergebnissen der Studie zufolge keine Korrelation.

Gene bestimmen also scheinbar nicht vollständig, aber doch zu einem wichtigen Anteil über das persönliche Glücksempfinden eines Menschen. Aus der Erkenntnis, dass das Glücksempfinden zum Teil durch Gene und Persönlichkeit prädeterminiert ist, leitet sich die Theorie des „Setpoint" ab (De Neve et al., 2012). Der sogenannte Setpoint beschreibt das Basislevel des individuellen Glücksempfindens jedes Menschen. Demnach schwanke das Glücksempfinden jedes Menschen immer um das genetisch bestimmte Niveau. Auch schwerwiegende Ereignisse, so die Theorie, die auch als Adaptions-Theorie bezeichnet wird, wirken sich langfristig nicht auf dieses Niveau aus. So stellten beispielsweise Fujita und Diener (2005) in einer Studie bei 75 Prozent der 3.608 Befragten über viele Jahre hinweg keine signifikanten Änderungen der durchschnittlichen Lebenszufriedenheit fest. Gemäß der Setpoint-Theorie könnten kurzfristig zwar positive oder negative Erfahrungen gesteigert und gemindert werden. Doch unabhängig von der individu-

Setpoint-Theorie

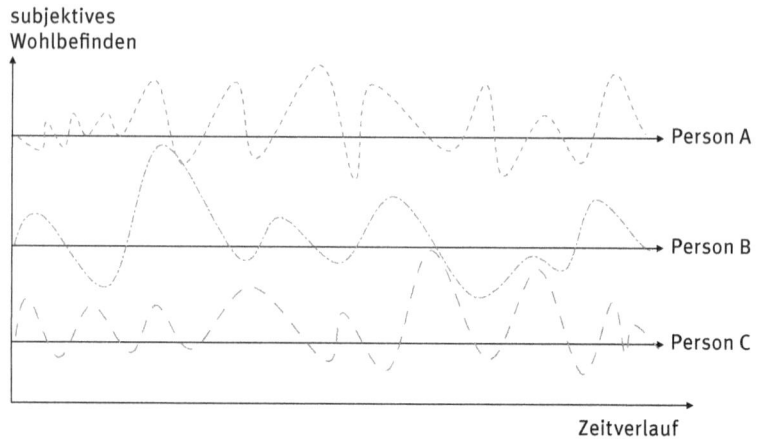

Abb. 4.1: Schematische Darstellung von verschiedenen Glücks-Setpoints und Schwankungen. Quelle: Eigene Darstellung.

ellen Stärke dieser Ausschläge im Glücksniveau, kehre das Empfinden langfristig gesehen immer wieder auf das ursprüngliche Niveau zurück (Abbildung 4.1).

Kritik: Zweifel an der Setpoint-Theorie

Die Setpoint-Theorie ist in der Glücksforschung weit verbreitet und wird von vielen Wissenschaftlern unterstützt (Brickman/Campbell, 1971; Lykken/Tellegen, 1996; Clark et al., 2008). Die Erkenntnisse, die auf ihre Richtigkeit hinweisen, sind vorwiegend aus kurzfristigen Beobachtungen, Persönlichkeitsstudien oder Zwillingsstudien entstanden. Die Verfügbarkeit von langfristigen Panel-Studien brachte neue Daten zur Überprüfung der Theorie. Zum großen Teil widersprechen diese der Annahme eines prädeterminierten Setpoints (Headey et al., 2013). Kritische Stimmen zweifeln daher an einer rigorosen Vorherbestimmtheit und Unveränderlichkeit des Glücksniveaus (Lucas et al., 2003; Diener et al., 2006). Es gäbe durchaus Lebensereignisse und -umstände, so die Ergebnisse einiger Studien, die die Lebenszufriedenheit langfristig beeinflussen können.

Effekt von Heirat auf das Glück

Lucas et al. (2003) untersuchten beispielsweise den Effekt einer Heirat auf das persönliche Glück. Grundsätzlich zeigte sich, dass eine Heirat zunächst zu positiven Veränderungen des Glücksniveaus führte. In der durchschnittlichen Betrachtung kehrten die untersuchten Personen nach einigen Jahren zu ihrem ursprünglichen Zufriedenheitsniveau zurück. Die Adaption war jedoch sehr unterschiedlich. Personen, die auf die Heirat mit einem starken Anstieg der Lebenszufriedenheit reagierten, waren auch nach vielen Jahren noch nicht wieder auf dem Ausgangsniveau.

Tab. 4.1: Der Adaptionseffekt; n = 157.181; Skala von 0 (sehr unzufrieden) bis 10 (sehr zufrieden); SOEP Daten aus Westdeutschland 1984–2003. Quelle: Clark et al., 2006.

	Männer Antizipation	Adaption	**Frauen** Antizipation	Adaption
Arbeitslosigkeit	1 Jahr	keine	1 Jahr	etwas
Heirat	2 Jahre	etwas	keine	etwas
Scheidung	3 Jahre	ganz	4 Jahre	ganz
Witwenstand	2 Jahre	ganz	3 Jahre	ganz
Geburt des ersten Kindes	1 Jahr	ganz	keine	ganz
Entlassung	1 Jahr	ganz	2 Jahre	ganz

Auch Clark et al. (2006) beschäftigten sich mit dem Langzeiteffekt von Heirat auf Glück. Sie fanden eine positive Korrelation von Heirat mit Lebenszufriedenheit und bestätigten, dass im Falle der Eheschließung keine vollständige Gewöhnung des Menschen stattfinde und somit eine Veränderung des Setpoint-Levels möglich sei. In derselben Studie untersuchten die Forscher die Effekte von Langzeitarbeitslosigkeit auf Glück und stellten fest: momentane, aber auch vergangene Arbeitslosigkeit zum Befragungszeitpunkt schmälert die Lebenszufriedenheit. Dieser Effekt sei weitgehend unabhängig von seiner Dauer (Tabelle 4.1).

Frühere Ergebnisse von Lucas et al. (2004) unterstützen diese These: Im Schnitt gewöhnen sich Menschen nicht an den neuen Zustand und kehren auch nach Ende der Arbeitslosigkeit nicht auf ihr vorheriges Glücksniveau zurück, was eine mögliche Veränderung des Setpoints unterstreicht.

Auch Fujita und Diener (2005) stellen die Existenz eines unveränderlichen Setpoints infrage. In einer Untersuchung der Daten des SOEP (Sozio-oekonomisches Panel; größte und am längsten laufende multidisziplinäre Langzeitstudie in Deutschland) entdeckten sie, dass innerhalb eines Zeitraums von 17 Jahren 24 Prozent der Befragten signifikante Veränderungen der Lebenszufriedenheit von den ersten bis hin zu den letzten fünf Jahren aufwiesen. Alle anderen Variablen, die kontrolliert wurden, wie Persönlichkeitszüge, Größe, Body-Mass-Index und Blutdruck, zeigten eine größere Stabilität als die Lebenszufriedenheit. Bei etwa 9 Prozent der Gesamtheit veränderte sich das Glücksniveau um durchschnittlich drei oder mehr Punkte auf einer 10-Punkte-Skala im angegebenen Zeitraum. Bei manchen Individuen seien demnach signifikante Veränderungen des Glücksniveaus möglich. Nichtsdestotrotz sprechen Fujita und Diener von einer erkennba-

Setpoint als „Soft baseline"

ren moderaten Stabilität von Lebenszufriedenheit. Insgesamt könne man vor diesem Hintergrund im Gesamtbild von einer „soft baseline", einem Setpoint der zwar grundsätzlich vorhanden aber nicht vollständig festgelegt ist, sprechen.

Lucas et al. (2004) weisen darauf hin, dass die Untersuchungen niemals zu allgemeingültigen Aussagen führen könnten, die für jeden Menschen gleichermaßen zutreffen. Es gibt erhebliche individuelle Unterschiede in den Reaktionen und Anpassungen beispielsweise auf Arbeitslosigkeit. Äußere Lebensumstände und die Persönlichkeit spielen hier eine Rolle.

Evolutionstheorie

Laut der Evolutionstheorie haben sich bestimmte Gene im Laufe der Zeit menschlicher Entwicklung durchgesetzt, wenn sie einen Überlebens- und Fitnessvorteil für den Menschen gebracht haben. Diejenigen, die über eine bestimmte Fähigkeit verfügten, die ihnen dazu verhalf, länger zu leben, erfolgreicher zu jagen, sich sozial in der Gruppe durchzusetzen oder ihre Nachkommen besser zu schützen, konnten sich eher fortpflanzen, sodass das jeweilige Gen weitergegeben werden konnte (Fetchenhauer/Enste, 2012). Das führt zu der Frage, wieso es genetisch sinnvoll sein soll, Glück oder Unglück zu fühlen. Wäre es aus evolutionspsychologischer Sicht nicht ausreichend, nur ein Gedächtnis negativer Emotionen einzurichten, um Gefahren entgehen zu können und so die Überlebenschancen zu steigern? Diese Frage lässt sich aus Sicht von Evolutionsforschern klar beantworten: Nein, die Ausprägung positiver, wie negativer Emotionen und im weitesten Sinne das Glücksgefühl brachten im Laufe der Evolution erhebliche Vorteile mit sich.

Glück ist im biologischen Sinne nichts anderes als eine Belohnung für fitnessförderndes Verhalten. Die Vorfreude beispielsweise, die ebenfalls zu den Glücksgefühlen zählt, ist evolutionär sehr sinnvoll. Sie führt zu einer intensiven Fokussierung auf das Erreichen eines bestimmten Geschehens oder Ziels (z. B. einen Verdienst, das Wiedersehen des Partners, ein schönes Ereignis). Ist das Ziel erreicht und die eigentliche Freude stellt sich ein, meldet das Gehirn an das Belohnungszentrum, dass die Vorfreude berechtigt war (Bucher, 2009a; Phillips, 2004). Durch das Erleben von Glücksgefühlen wird damit ein Verhalten, das dem Überleben dienlich war, als richtig gekennzeichnet. Der Drang, diese Gefühle zu spüren, motiviert den Menschen, ein Verhaltensmuster zu wiederholen und generiert auf diese Weise einen Fitness-Vorteil.

Das Erleben guter Gefühle ist also wichtig für den Menschen, denn es fokussiert seine Konzentration auf ein Ziel und belohnt ihn für gutes Verhalten. Das Hochgefühl der Belohnung darf aber kein Dauerzustand sein. Dann würde nämlich genau das Gegenteil des scheinbar vorteilhaften Gefühls eintreten und der Mensch wäre aus evolutorischer Sicht kaum überlebensfähig. Er würde nicht mehr danach streben, seine Lebensbedingungen zu verbessern oder sich fortzupflanzen. Auch die Konzentration und Aufmerksamkeit für Gefahren wäre stark beeinträchtigt. Seine reproduktive Fitness würde durch permanentes Glück also sinken. Die negativen Auswirkungen eines permanenten Glückszustands lassen sich in vereinfacher Form in dem oben beschriebenen Rattenexperiment wiederfinden. Der ausschließliche Fokus auf das Hervorrufen von Glücksgefühlen führte dazu, dass die Ratten sogar die Nahrungsaufnahme vergaßen und starben. Um einen solchen Zustand zu vermeiden und um die Konzentration des Individuums darauf auszurichten, die aktuelle Situation zu verbessern und die Gefahren der Umwelt wahrzunehmen, sinkt das Glücksgefühl wieder. Die Vorräte an Botenstoffen im Gehirn erschöpfen und müssen neu produziert werden, gleichzeitig werden mit der Glücksempfindung Stresshormone ausgeschüttet, die das Glücksgefühl wieder eindämmen (Phillips, 2004). Das Streben nach positiven Erlebnissen beginnt von neuem.

Zusammenfassend lässt sich sagen, dass kein menschlicher genetischer Code dem anderen gleicht. Dadurch sind alle Menschen verschieden und auch das persönliche Glücksempfinden kann je nach Ausgangslage der jeweiligen Gene, der erlernten Welt- und Lebensansichten oder der generellen Entwicklung variieren. Diese guten, oder weniger guten Voraussetzungen können durchaus vererbt werden. Gene und Botenstoffe schaffen aber nur die Voraussetzung zum Glücklich sein. Abgesehen von den körperlichen Voraussetzungen zur Bildung von Dopamin und weiterer „Glücksstoffe" sind auch andere Faktoren, die Einfluss auf das Glück haben, genetisch bedingt. Die physischen Kapazitäten aber zu nutzen und in tatsächliches Glück umzuwandeln, ist ein selbstgesteuerter Prozess, der durchaus beeinflussbar ist.

5 Glück und Persönlichkeit

Ähnlich wie die Voraussetzungen für Glücksempfinden ist die Persönlichkeit eines Menschen teilweise genetisch bedingt. Sie wird auch durch Erfahrungen im Laufe des Lebens geprägt, ist jedoch ab einem bestimmten Alter relativ gleichbleibend. Für die Glücksforschung ist daher die Frage interessant, wie Persönlichkeitsmerkmale und die Lebenszufriedenheit zusammenhängen.

5.1 Der Einfluss von Persönlichkeit auf Glück

Ähnlich wie das Wohlbefinden sind auch Persönlichkeitsmerkmale subjektive Informationen, die anhand einer Befragung erhoben werden können. In der Persönlichkeitsforschung hat sich die Messung der Big-Five Persönlichkeitsmerkmale als häufig verwendete Methode durchgesetzt, die sich als äußerst verlässlich erwiesen hat (John/Srivastava, 1999; McCrae/Costa, 1999; Digman, 1990). Mit unterschiedlichen Items werden die folgenden fünf Dimensionen der Persönlichkeitsmerkmale erfasst:

– Offenheit für Erfahrungen (**O**penness)
– Gewissenhaftigkeit/Rigidität (**C**onscientiousness)
– Extraversion (**E**xtraversion)
– Verträglichkeit (**A**greeableness)
– Neurotizismus (**N**euroticism)

Das Konzept der Big-Five-Persönlichkeitsmerkmale

Die fünf Dimensionen können erhoben werden, indem den Befragten bestimmte Szenarien vorgestellt werden, bei denen sie auf einer vorgegebenen Skala ausdrücken können, wie sehr das jeweilige Szenario auf sie selbst zutrifft. Mit gezielten Fragen kann so herausgefunden werden, wie stark die Dimensionen im Charakter der befragten Person ausgeprägt sind. Wie stark die Dimension „Offenheit für Erfahrungen" (O) auf eine Person zutrifft, kann zum Beispiel mit Szenarien wie „eine lebhafte Phantasie haben", „einfallsreich sein" oder „künstlerische Erfahrungen schätzen" erhoben werden. Die Dimension beschreibt, ob sich ein Mensch Veränderungen und Erfahrungen gegenüber verschließt oder ob er für diese offen und daran interessiert ist. Die Dimension „Gewissenhaftigkeit" (C) beschreibt, wie ordentlich und wie systematisch eine Person organisiert ist, ob sie ihren Verpflichtungen gewissenhaft gegenübersteht und wie fleißig sie ist. Sie drückt aber auch aus, ob jemand nach Erfolg strebt und Selbstdisziplin hat. Antworten wie „eher

https://doi.org/10.1515/9783110557626-005

unorganisiert sein", „gründlich arbeiten" oder „bis zum Ende einer Aufgabe durchhalten", können Aufschluss über die Ausprägung dieser Dimension geben. Das Persönlichkeitsmerkmal „Extraversion" (E) gibt wieder, wie sehr eine Person soziale Interaktion genießt, Freundlichkeit ausstrahlt oder wie energetisch sie auftritt. Fragen nach dem „regelmäßigem Besuch von Freunden", „einer zurückhaltenden Art", oder „einem geselligen und kommunikativen Naturell", können die Tendenz dieser Dimension erfassen. „Verträglichkeit" (A) kann mithilfe von Ausdrücken wie „kalt und distanziert sein", „manchmal etwas grob mit anderen sein", „rücksichtsvoll mit anderen umgehen" oder „verzeihen können" erfasst werden. Diese Dimension beschreibt die gesellschaftliche Verträglichkeit eines Menschen mit seinen Mitmenschen, seine Vertrauenswürdigkeit oder auch die Hilfsbereitschaft. Der Grad zu dem eine Person das Merkmal „Neurotizismus" (N) aufweist, indiziert, inwiefern die Persönlichkeit von Angst, Ärger, Frustration, Verbitterung oder Sorge geprägt wird. Sie kann durch Items wie „sich oft Sorgen machen", „angespannt sein" oder „leicht nervös werden" abgefragt werden (Gerlitz/Schupp, 2005).

Die Zusammenhänge zwischen den Big-Five-Persönlichkeitsmerkmalen und dem Glücksempfinden wurden in zahlreichen Studien untersucht. Costa und McCrae (1980), die sich sehr früh damit beschäftigten, fanden einen starken Zusammenhang zwischen Extraversion und Wohlbefinden. Die offene, meist positive Art extrovertierter Menschen scheint sich positiv auf deren Glück auszuwirken. Neurotisch veranlagte Menschen gaben hingegen geringere Werte des Wohlbefindens an. Dieses Ergebnis wurde sinngemäß von darauffolgenden Studien mit unterschiedlicher Methodik bestätigt und erweitert: DeNeve und Cooper (1998) fanden in einer Metaanalyse von 137 Studien heraus, dass Neurotizismus unter den Persönlichkeitsmerkmalen als stärkster Prädiktor für negative Gefühle herangezogen werden kann, während sich die Merkmale Extraversion und Verträglichkeit als Verstärker positiver Gefühle herausstellten. Die Ergebnisse von Gutiérrez et al. (2005) zeigen einen negativen Zusammenhang von Neurotizismus und positiven Affekten (gemessen durch die Affect Balance Skala von Bradburn, Kapitel 3.2) sowie positive Zusammenhänge zwischen positiven Affekten und Extraversion, Offenheit, Verträglichkeit und Gewissenhaftigkeit.

In den durchgeführten Studien zu Persönlichkeit und Wohlbefinden wurden zumeist eindeutige Ergebnisse gefunden. Auch in Auswertungen mit Daten des SOEP konnten die Ergebnisse repliziert werden. Als besonders robust haben sich der positive Einfluss von Extraversion und Verträglichkeit sowie der negative Einfluss von Neurotizismus auf das Wohlbefinden herausgestellt (Chamorro-Premuzic et al., 2007).

The Fear of Happiness
Manche Menschen vermeiden bewusst Erfahrungen, die in ihnen Glück oder allgemein positive Gefühle hervorrufen. Dies geschieht aus der Angst, dass sobald man glücklich ist, darauffolgend wieder ein negatives Ereignis eintreten müsste. Andere haben das Gefühl, sie hätten das Glück nicht verdient oder müssten sich vor Neidern schützen. Anstatt den Erfolg zu genießen wird versucht, die Freude und den Glücksmoment zu dämpfen.
In einer Studie ging eine Forschungsgruppe (Wood et al., 2003) diesem Verhalten nach und fand in einer Untersuchung mit Studierenden heraus, dass diese unterschiedlich mit einem guten Ergebnis in einer Klausur umgingen: Die einen kosteten das Gefühl des Erfolgs aus, die anderen versuchten von dem Ergebnis abzulenken und die Freude zu dämpfen. Dieses Verhalten brachten Wood, Heimpel und Michela mit dem individuellen Selbstwertgefühl in Verbindung. Sie gingen davon aus, dass Menschen mit einem starken Selbstwertgefühl ihre positiven Gefühle eher genießen, während Menschen mit einem geringen Selbstwertgefühl diese eher versuchen zu unterdrücken.

5.2 Die Wirkung von Glück auf Persönlichkeit

Es gibt auch zahlreiche Experimente, die die Wirkung von positiver Stimmung auf Persönlichkeit betrachten (z. B. Lyubomirsky/King et al., 2005; Isen, 1987). So wurde in einem der Experimente den Probanden jeweils auf unterschiedliche Art ein positives Gefühl induziert. Sie fanden zum Beispiel Münzen im Rückgeldfach eines öffentlichen Telefons, ihnen wurden in der Bibliothek während des Lernens Kekse geschenkt oder sie bekamen ein gutes Testergebnis übermittelt. Es zeigte sich, dass diese positiv gestimmten Menschen kooperativer und problemlösungsorientierter waren. Sie waren empfänglicher für überzeugende Argumente und würden sich mit diesen Verhaltensweisen sehr wahrscheinlich als verträglicher in Bezug auf soziale Interaktionen (im Sinne der Big Five) erweisen. Darüber hinaus zeigten sich Menschen, die in gute Laune versetzt wurden, hilfsbereiter. Sie waren zum Beispiel eher dazu bereit einem Fremden beim Aufheben heruntergefallener Bücher zu helfen, oder einem Fremden ohne Gegenleistung einen Gefallen zu tun. Auch das Gefühl für moralische und ethische Angemessenheit nahm mit positiver Stimmung zu (für einen Überblick siehe Isen, 1987). Positiv gestimmte Menschen erleben ihre Umwelt ebenfalls positiver, denn die Stimmung nimmt Einfluss auf die Art, wie der Mensch Informationen aus der Umwelt interpretiert und entsprechend darauf reagiert (Werth/Mayer, 2008).

Gute Laune ist nicht nur für die Mitmenschen angenehm und hilf-
reich. Positive Emotionen können auch das eigene Leben in vieler
Hinsicht leichter machen, denn induzierte positive Stimmung ging in
Experimenten ebenfalls mit Entscheidungsfreudigkeit, Lösungsorien-
tierung und Kreativität einher (Isen et al., 1987; Davis, 2009). In einem
Experiment führten die Versuchsleiter einer Gruppe einen lustigen
Film mit verschiedenen Szenen, die schief gelaufen waren, vor. Dieser
versetzte die Teilnehmer in eine gute Stimmung. Die andere Gruppe
sah einen neutralen kurzen Film über Mathematik. Im Anschluss dar-
an sollten die Teilnehmer beider Gruppen eine kreative Aufgabe lösen.
Diese bestand darin, mit verschiedenen Utensilien eine Kerze so an
der Wand zu befestigen, dass das Wachs beim Abbrennen nicht auf
den Boden tropft. Im Ergebnis konnten diejenigen, die in eine positive
Stimmung versetzt worden waren, die Aufgabe häufiger lösen, als die
Kontrollgruppe (Abbildung 5.1).

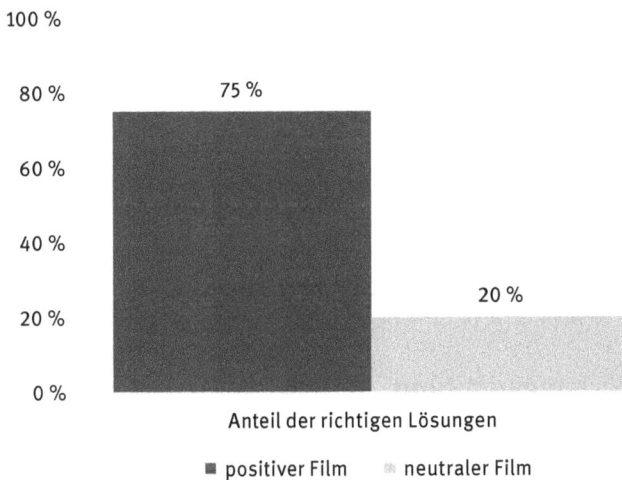

Abb. 5.1: Kreative Problemlösungsfähigkeit nach Stimmung; $n = 27$ (12 positiver
Film, 15 neutraler Film); Angaben in Prozent; Anteil derjenigen, die die Aufgabe
lösen konnten. Quelle: Isen et al., 1987.

Probanden der positiv gestimmten Gruppe neigten im Vergleich zur
Kontrollgruppe eher dazu, Heuristiken (Daumenregeln) bei der Pro-
blemlösung anzuwenden. Deren Gebrauch garantiert zwar keine richtige Antwort oder das Finden einer optimalen Lösung, führt aber zumindest zu einer schnellen Entscheidung und oftmals auch zum richtigen Ergebnis. Lyubomirsky, King und Diener (2005) fanden in einer
Reihe weiterer Untersuchungen bei glücklich gestimmten Probanden

noch mehr Verhaltensweisen, die mit Erfolg einhergehen (z. B. Kommunikationsfähigkeit, Offenheit, analytische Fähigkeiten).

In diesen Experimenten zur Wirkung von Glück wurden jedoch positive Gefühle künstlich induziert. Anstatt tatsächlicher Lebenszufriedenheit wurde hier kurzfristige gute Laune ausgelöst. Man kann dabei davon ausgehen, dass zwar häufige gute Laune und fröhliche Momente einen extrovertierten Charakter unterstützen, jedoch nicht zwangsläufig auch Rückschlüsse auf die generelle Lebenszufriedenheit zulassen.

Eine Herangehensweise, die dieses Problem umgeht, nutzten Harker und Keltner (2001). Sie betrachteten die College Abschlussfotos von Frauen und bewerteten den dort gezeigten Gesichtsausdruck. Zeigten die Frauen einen glücklichen, lächelnden Gesichtsausdruck, der auch die Augenpartie umfasste, wurden sie von anderen als sympathischer und als attraktivere soziale Interaktionspartner eingestuft. Dies würde einen Rückschluss darauf zulassen, dass diese Frauen mehr soziale Interaktion erleben. Gleichzeitig stellte sich heraus, dass die fröhlich aussehenden Frauen 30 Jahre nach der Aufnahme mit höherer Wahrscheinlichkeit verheiratet und glücklicher waren. Das könnte darauf hinweisen, dass ein glückliches Wesen bessere Chancen auf gute soziale Kontakte, förderliche Persönlichkeitsmerkmale und Heirat induziert.

Die vorgestellten Forschungsergebnisse zeigen, dass nicht nur die Persönlichkeit das Glück beeinflusst. Glückliche Menschen weisen auch Persönlichkeitsmerkmale auf, die eher mit positiven Aspekten wie Erfolg und sozialen Kontakten einhergehen.

5.3 Die Wirkungsrichtung

Eine entscheidende Frage in der Untersuchung der Auswirkung individueller Merkmale oder soziodemografischer Faktoren auf die Lebenszufriedenheit ist die nach der kausalen Wirkungsrichtung. Diese stellt sich auch im Hinblick auf die Persönlichkeit und das Glück. Zuvor wurden Studien zu beiden Wirkungsrichtungen vorgestellt. Doch welche Aussage trifft zu: Macht eine extrovertierte Art glücklicher, oder sind glückliche Menschen extrovertierter? Da die Persönlichkeit weite Teile individueller Faktoren abdeckt, wird hier exemplarisch die Diskussion um die Wirkungsrichtung zwischen Glück und Persönlichkeit dargestellt, welche auch in Bezug auf andere Merkmale und Wirkungsfaktoren geführt werden kann.

Durch die Betrachtung von Korrelationen kann über den bedingenden Faktor des Wirkungszusammenhangs keine Information abgeleitet werden. Daher muss mit Blick auf Aussagen kausaler Richtungen zwischen Wohlbefinden und Persönlichkeit auf Basis von Korrelationsergebnissen Vorsicht gelten (Diener et al., 2003). Ein möglicher Ansatzpunkt zur Feststellung der Wirkungsrichtung ist es, das stabilere der beiden betrachteten Merkmale zu identifizieren. In vielen Studien zeigt sich eine nur sehr geringe Veränderung der Persönlichkeit ab einem bestimmten Alter (z. B. Costa/McCrae, 1997), was auf eine hohe Stabilität von Persönlichkeitsmerkmalen hinweist. Die Setpoint-Theorie hingegen würde von langfristig stabilem Wohlbefinden ausgehen. Da in der Forschung mittlerweile sowohl die Theorie stabiler Persönlichkeitsmerkmale angefochten (Adelt, 2000), als auch die Setpoint-Theorie teilweise kritisiert und abgeschwächt wird (Lucas, 2007; Diener et al., 2006), ist eine eindeutige Identifikation des stabileren Merkmals ohne weitere Forschung schwer möglich.

Hinsichtlich der Wirkungsrichtungen zwischen Glück und Persönlichkeit gibt es drei mögliche Modelle (Headey/Wearing, 1992), die Anwendung finden können: Persönlichkeit wirkt auf Glück, Glück wirkt auf die Persönlichkeit oder beide Merkmale bedingen sich im Rahmen einer Feedbackschleife gegenseitig.

Eine häufig zunächst intuitive Ansicht der Wirkungsrichtung ist, dass eine identifizierte Variable (z. B. Arbeitszufriedenheit, soziale Kontakte) auf das Wohlbefinden wirkt. Viele Forscher nehmen diese Richtung implizit an (z. B. Headey/Wearing, 1992). In Bezug auf die Persönlichkeit wird sie insofern unterstützt, dass viele Studien den Charakter bereits als zuverlässige Erklärung für Unterschiede zwischen Individuen gefunden haben (z. B. in Bezug auf beruflichen Erfolg: Judge et al., 1999). Man könnte also von einem direkten Effekt ausgehen, nach dem zum Beispiel extrovertierte Menschen schlichtweg eher positive Emotionen haben und positivere Reaktionen auf neue Erfahrungen zeigen. Darüber hinaus ist aber auch ein indirekter Effekt der Persönlichkeit auf das Wohlbefinden plausibel. Das bedeutet, dass die Persönlichkeit andere Faktoren beeinflusst, die sich wiederum auf die Lebenszufriedenheit auswirken. Beispielsweise ist es möglich, dass extrovertierte Personen eher einen Partner finden, bessere Kontakte im beruflichen Kontext haben und durch die damit steigende Wahrscheinlichkeit verschiedener Ereignisse (Heirat, höhere Arbeitserfolge) im Durchschnitt wiederum glücklicher sind.

Ein weiteres Argument für diese Wirkungsrichtung liefert die Biologie. Zwillingsstudien zeigen, dass zwischen 40 und 46 Prozent der Unterschiede in Persönlichkeiten auf genetische Faktoren zurückzuführen sind (Bouchard, 1994; Kapitel 4.2). Das bedeutet, dass auch die Persönlichkeit zu erheblichen Teilen durch die Gene bestimmt ist, was

Persönlichkeit wirkt auf Glück

auf die Persönlichkeit als Glücksdeterminante schließen lässt. Headey und Wearing (1992) gehen sogar davon aus, dass die „Baseline-Level" der Lebenszufriedenheit durch die Persönlichkeit determiniert sind. In ihrem „Dynamic Equilibrium Model" argumentieren sie analog zur Logik der Setpoint-Theorie, dass die Persönlichkeit das Ausgangsniveau festlegt, um das die Lebenszufriedenheit schwankt.

Glück wirkt auf Persönlichkeit

Bei der gegenläufigen Ansicht der Wirkungsrichtung wird davon ausgegangen, dass glückliche Menschen durch ihre fröhliche Art besser Kontakte schließen können und sich daher als extrovertierter herausstellen. Auch für diese Wirkungsrichtung wurden bereits früh Hinweise gefunden (z. B. Emmons/Diener, 1986; Isen, 1987). Demzufolge hat eine gutgelaunte Person (durch einen vorausgehenden positiven Reiz) einen stärkeren Drang nach sozialer Interaktion, was letztlich zu extrovertierterem Verhalten führt. Dementsprechend argumentieren Harker und Keltner (2001), dass ein glücklicher Mensch mimische Signale aussendet, die andere dazu einladen, mit der Person in Kontakt zu treten. Sie identifizieren zahlreiche weitere förderliche Effekte von positiven Emotionen, zum Beispiel auf Kreativität, Erholung von negativen Emotionen, prosoziales Verhalten und Kooperation. Erfährt und zeigt ein Mensch wiederholt positive Emotionen, hilft ihm das, langanhaltende und gute Beziehungen zu anderen zu entwickeln.

Unterschiedlicher und gegenseitiger Einfluss

Nicht zuletzt bleibt auch die Möglichkeit, dass die Wirkungsrichtung je nach betrachtetem Faktor unterschiedlich ist. Headey und Wearing (1992) fanden in ihrer Studie, dass einige soziodemografische Faktoren Auslöser von Glück sind, dieses also bedingen, und andere eine Konsequenz daraus sind. Der Richtungseffekt könnte dadurch moderiert werden, wie weitreichend ein Lebensbereich ist und wie kritisch er für die Lebensgestaltung ist (Lance et al., 1995). In Bezug auf Persönlichkeitsmerkmale findet eine weitere Studie Hinweise darauf, dass sowohl Persönlichkeitsmerkmale das Wohlbefinden formen als auch andersherum das Niveau des Wohlbefindens auf die Persönlichkeitsmerkmale wirkt (Soto, 2015).

6 Glück in der Gesellschaft

Die vorangegangenen Kapitel haben sich mit den individuellen Faktoren der Lebenszufriedenheit beschäftigt. Sowohl diese internen Faktoren als auch die äußeren Einflussfaktoren verändern sich jedoch im Laufe der Zeit. Neue Erfahrungen, Erlebnisse und Begegnungen mit anderen Menschen prägen die Einstellungen, die Gefühle und Handlungen. Die Umwelt verändert sich durch technischen, sozialen oder demografischen Wandel. Dadurch ist der Mensch gezwungen, sich immer wieder an neue Gegebenheiten anzupassen. Daraus stellt sich die Frage: Was passiert mit dem Glück, wenn sich der Mensch oder sein Umfeld verändern? Ist Glück möglicherweise phasen-, alters- oder kontextabhängig?

6.1 Glück im persönlichen Lebensverlauf

Die stereotypische Einschätzung des Glücksverlaufs ist meist linear fallend. Während eine unbeschwerte Kindheit mit besonders hohem Glück assoziiert wird, verknüpfen wir mit dem Eintritt in die Pubertät und dem sich anschließenden Erwachsenenalter, das von Verantwortung und Verpflichtungen geprägt ist, weniger Glück. Beispielsweise schätzten sowohl ältere als auch jüngere Menschen, dass ein 30-Jähriger sehr viel glücklicher ist, als ein 70-Jähriger (Lacey et al., 2006). Diese Einschätzung stimmt jedoch nicht mit den tatsächlichen Lebenszufriedenheitsangaben jeweils älterer oder jüngerer Personen überein. Eine eindeutige Antwort auf die Frage nach den glücklichen Lebensphasen ist, wenn überhaupt, nur schwer zu finden. Die Sozialisationstheorie versucht diese Zusammenhänge zu erklären.

> **Sozialisationstheorie**
> Sozialisation bedeutet die Übernahme gesellschaftlicher Werte und Normen und die Anpassung an die soziale Umwelt. Es wird angenommen, dass sich die menschliche Persönlichkeit dynamisch entwickelt und als eine ständige Interaktion zwischen der individuellen Entwicklung und den sozialen Einflüssen gesehen werden kann (Hurrelmann/Bauer, 2015). Bereits im frühen Kindesalter werden durch das Verständnis sozialer Normen, Werte und Verhaltensweisen soziale Beziehungen aufgebaut und eine Eingliederung in die Gesellschaft findet statt. Der Mensch wird sich im Sozialisationsprozess bewusst, dass er ein Teil einer Gesellschaft und kein von allen anderen unabhängiges Individuum ist, das seine Wünsche und Bedürfnisse nach Belieben – ohne Sanktionen – durchsetzen kann (Fischer/Wiswede, 2009).

https://doi.org/10.1515/9783110557626-006

Der Glücksverlauf Der Verlauf der Glückskurve über die Lebensspanne hinweg wird in verschiedenen Studien unterschiedlich gezeichnet. Einige sehen kaum Veränderungen im Wohlbefinden über die Jahre hinweg und zeichnen fast eine Gerade, (z. B. Myers, 2000), andere nehmen einen u-förmigen Verlauf der Glückskurve (z. B. Blanchflower/Oswald, 2007a) an. Wieder andere meinen, das Glück verliefe eher parabolisch mit der Lebensmitte als der glücklichsten Zeit (z. B. Easterlin, 2006).

Betrachtet man Berechnungen auf Grundlage der Daten des SOEP zeigt sich, dass in Deutschland junge und ältere Menschen glücklicher sind als die mittlere Generation zwischen 45 und 65. Außerdem sind Frauen im Alter zwischen 20 und 40 zunächst leicht glücklicher als Männer, danach ist es andersherum. Entsprechend zeigen die Ergebnisse des SOEP für Deutschland folgenden Verlauf (Abbildung 6.1):

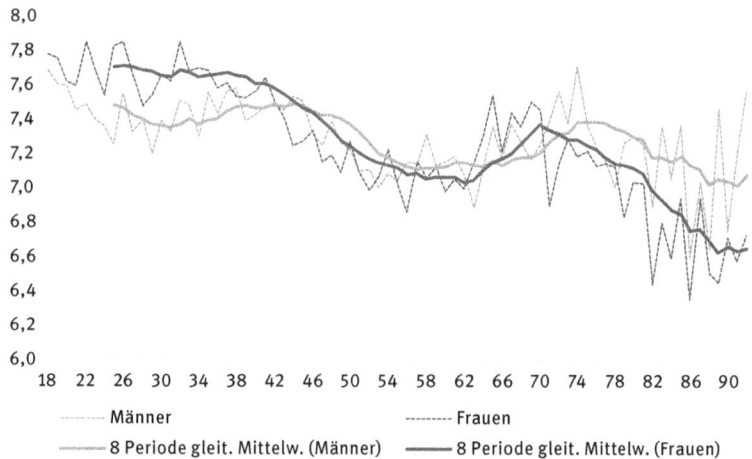

Abb. 6.1: Subjektive Lebenszufriedenheit nach Alter und Geschlecht; n = 29.003; Skala von 0 (ganz und gar unzufrieden) bis 10 (ganz und gar zufrieden). Quelle: Eigene Berechnung auf Basis des SOEP 2016.

Einen ähnlichen „s-förmigen" Verlauf fanden auch Wunder et al. (2009), nachdem sie den Einfluss wesentlicher Variablen kontrollierten. Die Ansicht, dass die Zufriedenheit zur Lebensmitte sinkt, danach jedoch mit steigendem Alter wieder zunimmt, ist unter den empirischen Glücksforschern mittlerweile weit verbreitet (Blanchflower/Oswald, 2007a; Gerdtham/Johannesson, 2001). Aus einer Metastudie über Alter und Lebenszufriedenheit geht hervor, dass die meisten empirischen Befunde einen u-förmigen Verlauf der Lebenszufriedenheit im Zeitverlauf zeichnen (López Ulloa et al., 2013). Weniger Studien finden einen umgekehrt-u-förmigen oder parabolischen Verlauf.

Glück im Tagesverlauf
Glücksgefühle schwanken auch im Tagesverlauf. Bei Menschen unter 50 Jahren
steigt das Niveau von morgens bis mittags zunächst an. Danach sinkt es wieder
ab, bis es um etwa zwei Uhr mittags den Tiefpunkt erreicht hat. Ab diesem Zeitpunkt geht es aber wieder kontinuierlich bergauf, bis um acht Uhr abends der
Tageshöchststand erreicht wird.
Bei Menschen über 50 Jahren sieht die Entwicklung etwas anders aus. Diese haben zunächst ein morgendliches Tief. Danach steigt das Niveau ebenfalls an, allerdings höher als bei Personen unter 50 Jahren, bis sie gegen drei Uhr mittags
an den Tiefpunkt gelangen. Der restliche Verlauf ist ähnlich.
(Beck/Prinz, 2017)

Die oben genannten Studien beginnen ihre Untersuchungen meist ab einem jungen Erwachsenenalter von etwa 20 Jahren. Doch auch davor unterliegt das Glück bereits Schwankungen. Säuglinge entwickeln erste Emotionen. Auch das Verständnis von Glück entsteht sehr früh. Bereits Kinder im Alter von zwei Jahren reagieren auf den Ausdruck „happy" mit einem fröhlichen Gesicht (Schmidt-Atzert, 1996). Doch was bedeutet „Glück" für Kinder? In einer Studie von Bucher (2009b) wurde erhoben, in welchen Situationen Kinder besonders glücklich sind. Befragt wurden 1.239 Kinder im Alter zwischen sechs und 13 Jahren. Etwa 40 Prozent der Kinder bezeichneten zunächst ihre Kindheit insgesamt als „total glücklich", 44 Prozent als „glücklich". Als „unglücklich" oder „sehr unglücklich" bezeichneten sich ungefähr ein Prozent bzw. 0,2 Prozent. Den weiteren Angaben zufolge war das Glücksempfinden der Kinder in den Ferien, an Weihnachten, bei Freunden, bei der Mutter sowie draußen im Freien am höchsten. In diesen Items zeigt sich, dass sich das Wohlbefinden der Kinder besonders an Aktivitäten orientiert. Soziodemografische Faktoren haben im Gegensatz zu Tätigkeitsvariablen nur einen geringen Einfluss auf das Kinderglück. Aktivitäten mit der Familie erklärten in Buchers Studie doppelt so viel Varianz in der Lebenszufriedenheit der Kinder wie soziodemografische Faktoren. Die Glückserfahrungen für Kinder sind meist körperlicher Natur (z. B. das „Kribbeln im Bauch") und werden durch unerwartete, für sie außergewöhnliche Ereignisse ausgelöst (Hettlage, 2002).

Im internationalen Vergleich liegt die Zufriedenheit mit „dem Leben als Ganzes" bei Kindern im Alter von 12 Jahren in Deutschland bei etwa 8,6 von 10 Punkten. Spitzenreiter der Studie ist Rumänien mit 9,5 Punkten, gefolgt von Kolumbien mit 9,3 Punkten und Israel mit 9,2 Punkten. Südkorea bildet mit 7,6 Punkten das Schlusslicht (Rees/Main, 2015). Diese und andere Studien betrachten jedoch zumeist ein Durchschnittsalter bzw. eine einzelne Altersgruppe. Allerdings ergeben sich wesentliche Unterschiede im Altersverlauf von Kindern.

Kindheit und Jugendalter

Bucher (2009a) befragte hierzu zwei Gruppen von Erziehern ($n = 275$ und $n = 228$) und ließ diese die Glückskurven ihres bisherigen Lebens aufzeichnen. Die Kurve zeigt einen starken Abfall im frühen Jugendalter (Abbildung 6.2). Rees und Main (2015) bestätigen ebenfalls, dass bei Kindern zwischen 10 und 12 Jahren eine Absenkung des Zufriedenheitsniveaus auszumachen ist. Im Alter von etwa 16 Jahren machten Csikszentmihalyi und Hunter (2003) den Tiefpunkt der Zufriedenheit von Jugendlichen aus.

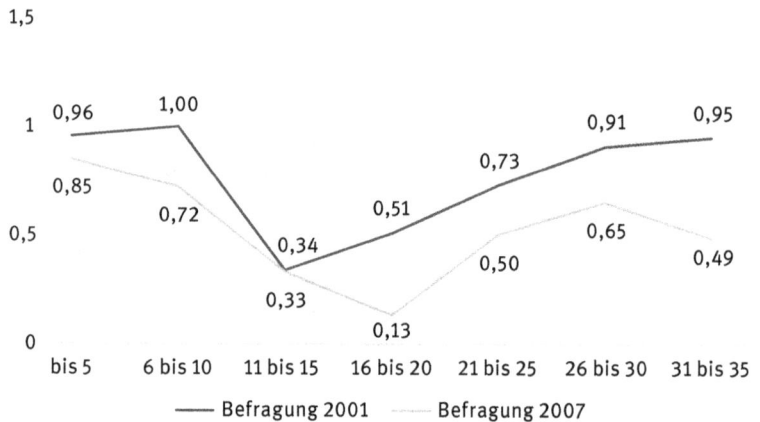

1,5

1   0,96   1,00   0,91   0,95
                                            0,73
    0,85
        0,72   0,51
0,5   0,34   0,65
                                                  0,50   0,49
            0,33
                            0,13

0
    bis 5   6 bis 10   11 bis 15   16 bis 20   21 bis 25   26 bis 30   31 bis 35

——— Befragung 2001   ········· Befragung 2007

Abb. 6.2: Glücksverlauf in Kindheit und Jugendalter. $n = 275$ und $n = 228$; Skala von −1,5 (unglücklich) bis 1,5 (glücklich). Quelle: Bucher, 2009a.

Mit etwa 11 bis 12 Jahren, dem Zeitabschnitt, in dem das Zufriedenheitsniveau der Kinder sinkt, beginnt die Pubertät. In dieser Zeit entstehen neue Entwicklungsaufgaben, die bewältigt werden müssen. Dazu gehören unter anderem die Entwicklung eigener Wertesysteme, Identifikation mit den Geschlechterrollen, die Loslösung von den Eltern und die Suche nach Unabhängigkeit und Autonomie, wodurch eine gewisse Orientierungslosigkeit entstehen kann (Opp, 2011). Jugendliche sind am glücklichsten, wenn sie sich frei ausleben können, in Gesellschaft von Gleichaltrigen sind und sich Flow-Aktivitäten widmen können, die ihre Fähigkeiten ausweiten (Csikszentmihalyi/Hunter, 2003). Daher hängt das sinkende Glücksempfinden häufig mit sich verändernden oder steigenden Erwartungen an das Kind bzw. den Jugendlichen zusammen. Sie müssen Eigenverantwortung übernehmen, sehen sich schulisch oder familiär dem Druck ausgesetzt, bestimmte Leistungen erbringen zu müssen und fühlen sich diesem teilweise nicht gewachsen. Die unbeschwerte Kindheit findet mit zunehmender Fokussierung auf das eigenständige, selbstverantwortliche und losgelöste „Ich" ein Ende (Hettlage, 2002; Bucher, 2009a). Nun müssen die Kinder ihre eigenen Wünsche und Vorstellungen mit denen der Eltern und der Gesellschaft in Einklang bringen, wodurch ihre Freiheit eingeschränkt wird. Es kommt zu einem Konflikt von psychologischem und hedonistischem Wohlbefinden.

Darüber hinaus werden Kinder bzw. Jugendliche in der Pubertät mit körperlichen Beschwerden und Veränderungen konfrontiert. Sweeting und West (2003) zeigten in einer Studie zur allgemeinen Gesundheit von Schülern im Alter von 11, 13 und 15 Jahren, dass ab dem Alter von 11 die Gesundheitsprobleme zunehmen – bei Mädchen mehr als bei Jungen. Dies gilt insbesondere in Bezug auf Depressionen, Unwohlsein, Kopf- und Bauchschmerzen sowie Schwindel. Diese körperlichen Symptome werden bis ins Alter von etwa 15 Jahren stärker.

Eltern, Institutionen wie Kindergärten und Schulen, Gleichaltrige, aber auch Medien können die Persönlichkeitsentwicklung sowie den Sozialisationsprozess prägen. Die Familie nimmt dabei einen besonderen Stellenwert ein. Forscher sprechen von einer „Transmission", einem Weiterreichen von Werten und Einstellungen, Verhaltensweisen aber auch Lebenschancen von Eltern an ihre Kinder. Die Politik hat bereits erkannt, dass beispielsweise Kinder von Langzeitarbeitslosen mit einer höheren Wahrscheinlichkeit später selbst langfristig arbeitslos werden. Oder, dass der Bildungsgrad der Eltern ebenfalls ein Prädiktor für die schulische Entwicklung des Kindes sein kann. Wie wirken sich also familiäre Voraussetzungen auf das Glück der Kinder aus?

Einige Studien beschäftigen sich mit den Auswirkungen der Familienstruktur auf das Wohlbefinden der darin lebenden Kinder. Häufig kommt das Ergebnis zutage, dass Kinder höhere Werte im Wohlbefinden aufzeigen, wenn sie in Familien leben, in denen beide biologischen Eltern zusammenleben, als in Stieffamilien und bei Alleinerziehenden (Brown, 2010). Eine Studie des US Census Bureau mit Daten aus 2011 kommt zu dem Ergebnis, dass Kinder, die bei einem alleinerziehenden Elternteil leben, geringere Werte bei Indikatoren von Kindeswohl wie „vorgelesen bekommen" und „Fernsehregeln" haben als Kinder, die bei verheirateten biologischen Eltern oder nicht verheirateten Eltern leben (Laughlin, 2014). Die Unterschiede zwischen den Familienstrukturen waren jedoch gering.

Die Bedeutung der Familienstruktur

Andere Forscher unterstützen ebenfalls die These, dass Scheidungen (indirekt) glücksmindernde Wirkung haben bzw. negative Folgen für die Kinder mit sich bringen können. Sie leiden dann unter größeren emotionalen und verhaltensbezogenen Problemen und weisen ein geringeres Selbstbewusstsein sowie weniger Sozialkompetenz auf als Kinder aus Familien, in denen keine Scheidung stattgefunden hat bzw. zwei Elternteile vorhanden sind (Amato/Keith, 1991; Hetherington et al., 1992). Die Auswirkung von Scheidungen auf die Gesundheit der Kinder belegte ebenfalls Dawson (1991) in einer Studie mit 17.110 Kindern unter 18 Jahren. Sie fand heraus, dass Kinder mit alleinerziehenden Müttern oder Stiefmüttern/-vätern unter einem höheren Gesundheitsrisiko leiden. Sie tendieren zu mehr psychologischen und emotionalen Problemen. Des Weiteren ist bei ihnen die Wahrscheinlichkeit höher, eine Schulklasse wiederholen zu müssen. Furstenberg und Kiernan (2001) bestätigten in einer Untersuchung von 11.409 britischen Kindern, geboren im Jahre 1958 und begleitet bis ins Jahr 1991, dass eine Scheidung bei Kindern zwischen sieben und 16 Jahren glücksmindernde Wirkung haben kann. Sie erreichen in der Regel einen geringeren Bildungsgrad und sind armutsgefährdeter. Außerdem unterliegen Scheidungskinder selbst auch einem erhöhten Scheidungsrisiko in einer späteren Ehe (Schulz, 2009).

Feldhaus und Timm (2015) untersuchten den Einfluss der elterlichen Trennung auf Depressivität bei Jugendlichen. Sie beschrieben depressive Symptome dabei durch das Gefühl von Traurigkeit, Niedergeschlagenheit, Lustlosigkeit, Antriebsmangel und sozialem Rückzug. Die Depressivität ist ein wichtiger Indikator für das subjektive Wohlbefinden und korreliert beispielsweise mit im Jugendalter wichtigen Aspekten wie Schulleistungen, Identitätsbildung und Freundschaftsbeziehungen. Für ihre Analyse nutzten die Forscher Daten des Beziehungs- und Familienpanels pairfam aus dem Jahr 2008 mit einer Ausgangsstichprobe von 12.402 Befragten. Die relevante Stichprobe bezog sich schließlich auf 1.771 Jugendliche im Alter zwischen 16 und 19 Jahren, die zwischen 1991 und 1993 geboren wurden. Untersucht wurde, ob die Trennung der Eltern als negativer Stressor die Entwicklung von Depressionen bei Jugendlichen begünstigt. Das Ergebnis der Modellrechnung bestätigte diesen Zusammenhang. In weiteren Modellen wurden ökonomische Einflüsse sowie der Einfluss der Bildung der Eltern betrachtet und als nicht signifikant bewertet. Walper und Beckh (2006) unterstützen die Aussage, dass Jugendliche aus stabilen Familienformen weniger Symptome von Depressivität zeigen als Jugendliche, die eine elterliche Trennung erlebt haben.

Ein stabiles Familienleben begünstigt für Kinder und Jugendliche die Bedingungen, unter denen Herausforderungen leichter bewältigt werden können. Bucher (2009b) führt aus, dass Kinder von Alleinerziehenden im Vergleich zu Patchwork-Familien oder Kindern, die bei ihren beiden leiblichen Eltern leben zwar grundsätzlich weniger glücklich sind, aber insgesamt mehr von ihnen grundsätzlich glücklich als traurig sind. Die Stabilität der Familienform spielt hier eine große Rolle. Jugendliche aus stabilen Familienformen zeigen ein steigendes Selbstwertgefühl mit zunehmendem Alter, unabhängig davon, ob die Sozialisation in der Kernfamilie oder einer Patchwork-Familie stattfindet. Darüber hinaus seien Einzelkinder nicht unglücklicher als Kinder mit Geschwistern.

Zwar hat das Bildungsniveau der Eltern keinen signifikanten Einfluss auf die generelle Zufriedenheit der Kinder. Die berufliche Situation hingegen scheint einen gewissen Zusammenhang aufzuweisen. Im Rahmen einer Studie stuften sich die Kinder am glücklichsten ein, deren Mütter einer Teilzeitbeschäftigung nachgingen („total glücklich": 46 Prozent). Gingen ihre Mütter keiner beruflichen Tätigkeit nach und waren ganztägig zu Hause, stuften sich 38 Prozent als „total glücklich" ein. Dagegen waren es 33 Prozent der Kinder, bei denen die Mutter ganztätig außer Haus war (Bucher, 2009b).

Die Menge der Zeit, die mit schulbezogenen Aktivitäten unter der Woche verbracht wird, ist ebenfalls positiv mit Glück verbunden. Dies kommt unter anderem durch den sozialen Aspekt der Schule (Csikszentmihalyi/Hunter, 2003). Vor allem dort verbringen Kinder und Jugendliche Zeit mit Gleichaltrigen und Freunden. Laut Untersuchungen der OECD (2017b) haben Kinder, die sich in der Schule als Außenseiter fühlen, eine niedrigere Lebenszufriedenheit: durchschnittlich 4 von 10 Punkten. Die Schule ist einer der relevanten Lebensbereiche, in denen Kinder Zugehörigkeit und Gemeinschaft, aber auch Ablehnung erleben können. Die Erfahrungen, die Kinder und Jugendliche dort sammeln, haben einen hohen prognostischen Wert für die weitere Entwicklung (OECD, 2017b; Opp, 2011).

Schule

Im weltweiten Vergleich (OECD- und Partnerländer) liegt die durchschnittliche Lebenszufriedenheit von Schülern bei 7,3 von 10 Punkten. Deutschland liegt mit 7,4 knapp über dem OECD Durchschnitt (Abbildung 6.3). Schüler in der Dominikanischen Republik weisen in der OECD-Untersuchung die höchsten Zufriedenheitswerte aus, Schüler in der Türkei die niedrigsten. Bei dem Vergleich ist allerdings zu beachten, dass unterschiedliche Interpretationen von Glück und Lebenszufriedenheit in verschiedenen Kulturen bestehen und die Angaben der Schüler beeinflussen. Im Geschlechtervergleich gaben 39 Prozent der Jungen, jedoch nur 29 Prozent der Mädchen an, sehr zufrieden zu sein. 14 Prozent der Mädchen und nur 9 Prozent der Jungen gaben eine niedrige Zufriedenheit (weniger als 4 von 10 Punkten) an (OECD, 2017b).

Kinder, die gerne in die Schule gehen, dort mitmachen und keine Lernschwierigkeiten haben, sind signifikant glücklicher (Bucher,

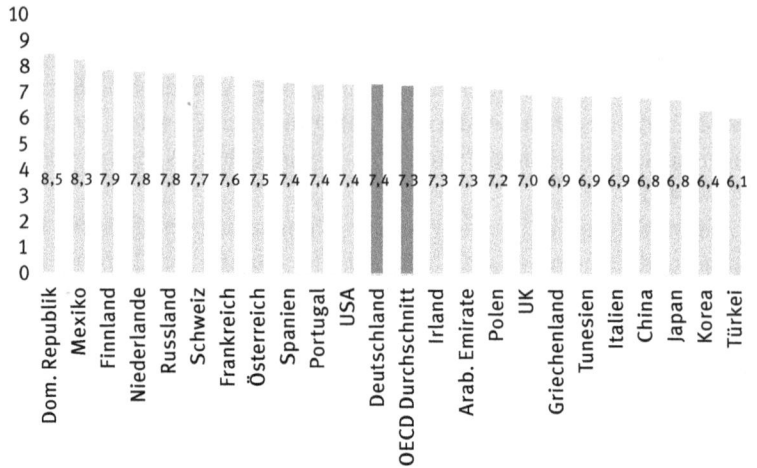

Abb. 6.3: Durchschnittliche Lebenszufriedenheit im Jahr 2015 von Schülern im Alter von 15 Jahren, weltweit; *n* = ca. 540.000; Skala von 0 (nicht zufrieden) bis 10 (sehr zufrieden); Eigene Länderauswahl. Quelle: OECD, 2017b.

2009b). Die Schulleistungen spielen laut Untersuchungen der OECD (2017b) keine große Rolle in Bezug auf die Zufriedenheit der Schüler: Die oberen 10 Prozent sowie die unteren 10 Prozent der Leistungsbetrachtung weisen eine ähnliche Lebenszufriedenheit auf. Den Unterschied macht die Angst vor schlechten Noten. Der Druck, gute Noten bekommen zu müssen, ist ein Stressor, durch welchen Schüler oft angespannt oder nervös sind und sich Sorgen machen. Schüler, die ein hohes Angstniveau aufweisen, geben eine um durchschnittlich 1,2 Punkte niedrigere Lebenszufriedenheit an als Schüler mit geringer Angst. Das Umfeld, in dem die Kinder und Jugendlichen lernen, ist daher bedeutend für die Lebenszufriedenheit.

Erwachsenen-
alter – unglück-
liches „Midlife"

Neben einem ersten Absinken des Zufriedenheitsniveaus im Jugendalter zeigen diverse empirische Studien, dass die Lebenszufriedenheit im mittleren Alter sinkt. Der Zeitpunkt der Wende variiert jedoch auf Länderebene und nach Wohlstandsverteilung (Graham/Ruiz Pozuelo, 2017). Eine Studie von Brockmann (2009), die auf Daten des SOEP basiert, untersucht die Lebenszufriedenheit in Westdeutschland in den Jahren 1984 bis 2005. Sie zeigt, dass in Deutschland der Tiefpunkt der Zufriedenheit bei Männern im Alter von 52 Jahren und bei Frauen im Alter von 55 Jahren liegt. Blanchflower und Oswald (2008) untersuchten für 72 Länder, in welchem Alter die Lebenszufriedenheit an ihrem Tiefpunkt angelangt. Sie konnten ebenfalls zeigen, dass im mittleren Lebensalter die Zufriedenheit ihr Minimum erreicht, sowohl bei Männern als auch bei Frauen (Abbildung 6.4). In Deutschland liegt

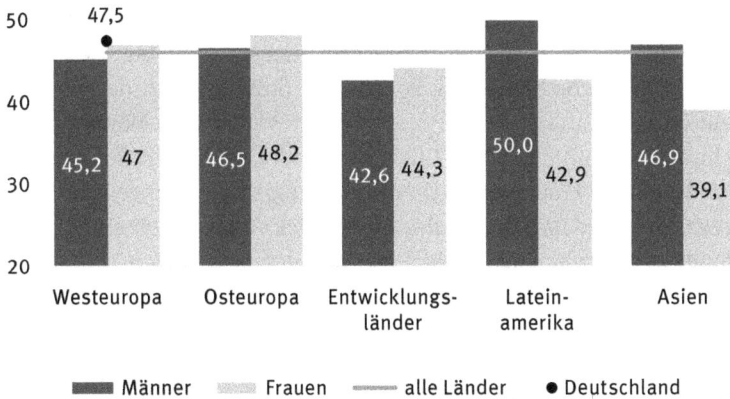

Abb. 6.4: Durchschnittliches Alter, in welchem das Minimum der Lebenszufriedenheit erreicht wird, weltweit; n = 5.025 bis 54.128; Skala von 1 (unzufrieden) bis 10 (zufrieden); World Values Survey Data 1981–2004. Quelle: Blanchflower/Oswald, 2008.

bei dieser Untersuchung der Tiefpunkt bei etwa 47,5 Jahren. Für alle untersuchten Länder lag der Durchschnitt bei 46,1 Jahren. Weiterhin fanden sie eine hohe Wahrscheinlichkeit für Depressionen im Alter von 44 Jahren.

Eine Erklärung für das Phänomen der unglücklicheren Lebensmitte ist laut Brockmann (2009): Langfristige Investitionen mit erheblichen Auswirkungen auf die Zukunft, wie etwa in die Partnerschaft, Kinder oder die Karriere, stellen sich vorwiegend in der Midlife-Crisis als mögliche Fehlinvestitionen heraus bzw. werden als solche empfunden. Eine Änderung in diesen Bereichen ist aber mit sehr hohen Kosten verbunden. Vor allem im jungen Erwachsenenalter werden langfristige berufliche oder soziale Investitionen getätigt, die weitreichende Auswirkungen in die Zukunft haben. Die Anfangsinvestitionen in das Leben, wie ein Studium, eine Ausbildung, Familiengründung, Bausparvertrag und vieles mehr werden aufgenommen, damit sie sich im Laufe des Lebens auszahlen und zu persönlichem Glück führen. Die Lebensmitte ist das Alter, in dem die Rentabilität der Investitionen überprüft wird. Dabei kommt es nicht selten zu Sinnkrisen, die infrage stellen, ob der Job, das Haus, der Partner oder die Lebensart immer noch erfüllend sind. Ein Zusammenhang mit der Tatsache, dass im mittleren Alter die höchste Scheidungsrate vorherrscht, kann dazu durchaus bestehen. Hinzu kommt, dass im mittleren Alter die Wahrscheinlichkeit, im Job aufzusteigen, sinkt (Brockmann, 2009). Die abnehmenden Aussichten und Zielsetzungen könnten vor dem Hintergrund des Flow-Grow-Konzepts zu sinkendem kognitivem Wohlbefinden führen, welches durch ein erhöhtes Streben nach Flow Momenten zu kompensieren versucht wird. Mangelnde Zukunftsperspektiven, bereits erreichte Ziele und keine persönliche Steigerung können die Sinnhaftigkeit der eigenen Bemühungen infrage stellen. Stereotypisch kaufen sich Männer dann in ihrer sogenannten Midlife-Crisis Motorräder, schnelle Autos, suchen sich eine junge Frau oder machen andere, für ihr Alter ungewöhnliche Dinge, die eher im Bereich des Flow-Glücks angesiedelt sind. Auch Frauen suchen nach neuen Herausforderungen und Zielen.

Hohes Erwachsenen-alter/Rentenalter   Nach der Lebensmitte bzw. der Midlife-Crisis steigt die Lebenszufriedenheit wieder an. Dies zeigt sich in vielen empirischen Studien (z. B. Blanchflower/Oswald, 2007a; Brockmann, 2009; Köcher/Raffelhüschen, 2011). Dennoch erscheint diese Entwicklung auf den ersten Blick für viele überraschend. Denn in der Regel hängt mit dem Renteneintritt ein geringeres Einkommen zusammen, die Gesundheit wird im Alter schlechter und je älter man wird, desto mehr Menschen im eigenen Umfeld kämpfen mit Krankheit oder Tod. Eine Erklärung für die dennoch positive Entwicklung der Lebenszufriedenheit ist die Fähigkeit zur Adaption, durch welche der Mensch sich mit zunehmendem Alter seiner Stärken und Schwächen bewusster wird. Die dabei entstehende innere Ausgeglichenheit und Akzeptanz der eigenen Umstände können nach einer Sinnkrise zu mehr kognitivem Wohlbefinden führen und gleichzeitig auch mehr Energie für „Flow"-Momente bereitstellen. Mroczek und Kolarz (1998) fanden, dass sich Menschen im hohen Erwachsenenalter anders der Zukunft zuwenden. Während junge Leute die Zukunft als einen Raum unendlicher Möglichkeiten betrachten, werden sich Ältere ihrer (zeitlichen, monetären oder menschlichen) Grenzen bewusster, versuchen negative Affekte zu vermeiden und Positives zu maximieren. Das wiederum führt dazu, dass sie vor allem ihr soziales Leben neu ausrichten. Häufig suchen sich ältere Menschen Hobbies, denen sie immer schon nachgehen wollten und für die sie zuvor keine Zeit hatten, wodurch das kognitive Wohlbefinden steigt.

Weiterhin ist im hohen Alter insbesondere die Gesundheit ein glücksbringender oder -mindernder Faktor. Einen starken Zusammenhang von Lebenszufriedenheit im Alter und der Gesundheit betonen auch Köcher und Raffelhüschen (2011). Anhand des SOEP schätzen sie, dass Personen, die mit ihrem Gesundheitszustand weniger zufrieden sind oder ihn als schlecht empfinden eine um 0,51 beziehungsweise 1,43 Punkte geringere Lebenszufriedenheit (auf einer Skala von 0 bis 10) angeben, als Personen mit einem zufriedenstellenden Gesundheitszustand (Tabelle 6.1). Empfinden die Befragten ihren Gesundheitszustand hingegen als gut oder sehr gut, ergibt sich eine durchschnittlich um 0,4 bzw. 0,72 Punkte höhere Lebenszufriedenheit. Der Zusammenhang

Tab. 6.1: Subjektiver Gesundheitszustand und Lebenszufriedenheit; n = 29.576; Skala von 0 (gar nicht zufrieden) bis 10 (vollkommen zufrieden); Effekt gegenüber der „normalen", zufriedenstellenden Gesundheitssituation; Schätzung auf Basis des SOEP 1992 bis 2009. Quelle: Köcher/Raffelhüschen, 2011.

Gesundheitszustand (subjektiv)	Effektstärke
Sehr gut	0,72
Gut	0,40
Weniger zufrieden	−0,51
schlecht	−1,43

zwischen Gesundheit und Lebenszufriedenheit kann auch deshalb so stark sein, da sich ein schlechter Gesundheitszustand auf zahlreiche Lebensbereiche auswirkt. Unter anderem ist man weniger in der Lage, Aktivitäten wahrzunehmen, hat weniger soziale Kontakte und ist auch sonst kognitiv weniger gefordert.

Der Eintritt ins Rentenalter kann daher mit einem Abfall der Lebenszufriedenheit einhergehen, wenn er mit schlechterer Gesundheit einhergeht. Das bestätigen auch Kunzmann, Little und Smith (2000). In einer Studie mit Daten der Berliner Altersstudie untersuchten sie die Auswirkungen von Alter auf das Wohlbefinden bei Menschen im Alter von 70 bis 103 Jahren und zogen ähnliche Schlüsse: Mit einer Verschlechterung des Gesundheitszustands im Alter geht in der Regel ein niedrigerer Glückslevel einher. Überdies stellten die Forscher eine generelle negative Korrelation von Alter und positiven Affekten fest. Ein statistisch signifikanter Zusammenhang mit negativen Affekten konnte hingegen nicht festgestellt werden.

Die Generali Altersstudien (Köcher et al., 2012; Generali Deutschland, 2017) zeigen darüber hinaus: abgesehen vom tatsächlichen Alter wirkt auch das gefühlte Alter auf die Zufriedenheit von Menschen. Die heutigen älteren Generationen wuchsen zwar in Zeiten von vergleichsweise größerer materieller Entbehrung auf, doch heute profitieren sie von den Errungenschaften des (technologischen) Fortschritts. Neue Medikamente, bessere Behandlungsmethoden sowie ein zunehmender Fokus auf die Bedürfnisse älterer Menschen erleichtern ihr Leben maßgeblich. Die durchschnittliche Lebenszeit der Menschen nimmt daher immer weiter zu. Diese Fortschritte in Medizin und Technik ermöglichen dem Menschen ein längeres, gesünderes und damit offenbar ein zufriedeneres Leben. Die meisten Älteren sind heutzutage außerdem sehr aktiv. Für die Altersstudien hat das Institut für Demoskopie Allensbach jeweils 4.000 Deutsche im Alter zwischen 65 und 85 Jahren ausführlich interviewt. Es zeigte sich, dass die Befragten ihrem derzeitigen Lebensabschnitt viel Positives abgewinnen können. Sie sehen die Verlangsamung des Lebensrhythmus, die Abnahme von Stress und Zwängen sowie die Möglichkeit zu mehr Ruhe als Altersvorteil. Im Durchschnitt fühlen sich die befragten 65–85-Jährigen im Jahr 2017 7,5 Jahre jünger als ihr biologisches Alter. Diese Entwicklungen können eine Erklärung liefern, warum heutige Ältere zufriedener sind als Menschen, die jeweils in den Jahren von 1990 bis 2011 zur Gruppe der Älteren gehörten.

6.2 Megatrends und Glück

Aktuelle Megatrends

Der Mensch muss im Laufe des Lebens Glücksschwankungen hinnehmen, sich Entwicklungsprozessen unterziehen und sich den neuen Lebensabschnitten innerlich anpassen. Welchen Einfluss haben dabei Umwelteinflüsse auf das Glück? Wie verändert sich die Zufriedenheit in Bezug auf aktuelle Megatrends und den gesellschaftlichen Wandel?

Megatrends sind Entwicklungen, die das gesellschaftliche Leben und deren Rahmenbedingungen nachhaltig verändern. Die Liste großer Megatrends ist umfangreich. Zu den in Deutschland am meisten diskutierten Megatrends gehören derzeit die Globalisierung, der demografische Wandel sowie die Digitalisierung. Aus diesen Megatrends entstehen weitere gesellschaftliche Entwicklungen wie beispielsweise ein verändertes Konsumverhalten, Materialismus, Individualisierung oder Urbanisierung, die Auswirkungen auf die Lebenszufriedenheit der Menschen haben.

Drei aktuelle Megatrends
Demografischer Wandel: Der demografische Wandel schlägt sich in Deutschland insbesondere durch eine insgesamt schrumpfende Bevölkerungszahl bei zunehmender Zahl älterer Menschen nieder. Die Geburtenraten sind überwiegend gesunken und die Lebenserwartung steigt, wodurch eine Verschiebung der Altersstrukturen erkennbar wird. Die Zahl der Personen im erwerbsfähigen Alter zwischen 20 und 64 Jahren wird dabei geringer. Was dies für die Entwicklung Deutschlands bedeutet, stellt Politik und Wirtschaft vor Herausforderungen. Derzeit ist die Beschäftigung auf Rekordniveau, die Arbeitslosigkeit somit auf einem Tiefstand und die Zahl offener Stellen wiederum hoch. Öffentliche Haushalte erzielen Überschüsse, die Staatsverschuldung ist rückläufig und Sozialversicherungen generieren Einnahmerekorde. Doch durch den Wandel der Bevölkerungszahl sowie altersstruktureller und qualifikatorischer Zusammensetzung der Gesellschaft ist dieser Status quo und damit der ökonomische Wohlstand langfristig gefährdet (Bardt/Klös, 2017).
Globalisierung: In den letzten 20 Jahren ist insbesondere die Globalisierung diskursbestimmend, da sie weitreichende Auswirkungen auf den gesellschaftlichen

Wandel hat. Durch technische Entwicklungen ergeben sich neue Kommunikationsmöglichkeiten und eine erhöhte Mobilität, wodurch sich Personen und Wirtschaftsräume international eng verflechten. Die Globalisierung kann dazu beitragen, der Gefahr des demografiebedingten sinkenden Wirtschaftswachstums entgegenzuwirken. Die Offenheit einer Volkswirtschaft führt zu einer Steigerung des Bruttoinlandsproduktes, da durch Handel und die globale Nutzung von Spezialisierungsvorteilen Kosten innerhalb der Wertschöpfung reduziert werden. Für Konsumenten ergeben sich dadurch eine größere Produktauswahl und niedrigere Güterpreise (Kolev/Matthes, 2017).

Digitalisierung: Die Digitalisierung, durch die die Nutzung von Technologien rasant steigt und eine weltweite mediale Vernetzung stattfindet, verändert die Gesellschaft spürbar. Für Privatpersonen verändern sich Lebens- und Arbeitsumgebungen, die soziale Interaktion und auch die schulische und berufliche Bildung. Unternehmen entwickeln sich zur „Industrie 4.0", die sich durch eine Vernetzung von sich selbst steuernden Maschinen auszeichnet. Dies ist insbesondere vor dem Hintergrund des demografischen Wandels von hoher Bedeutung, da dieser dämpfende Effekte auf Wachstum und Wohlstand hat, die möglicherweise durch die Digitalisierung abgefedert werden können. Für die Arbeitswelt bedeutet die Digitalisierung außerdem Flexibilität und Gestaltungsfreiraum: Arbeitnehmer bekommen zunehmend Möglichkeiten, zeitlich flexibel und ortsunabhängig zu arbeiten (Enste et al., 2016; Demary/Klös, 2017).

Der weltweite Austausch von Gütern, umfangreiche Möglichkeiten der Bezugswege, niedrige Preise sowie die ständige Verfügbarkeit von Informationen führen zu einer Veränderung des Konsums: Kaffee aus Nicaragua, Erdnussbutter aus den USA, Kleidung – günstig hergestellt – aus Südostasien. Menschen in entwickelten Nationen sehen sich heute mit immer mehr Konsumgütern und Optionen konfrontiert. Konsum ist erschwinglich und die Auswahlmöglichkeiten sind für viele Güter grenzenlos. Diese Entwicklung stellt aus wirtschaftlicher und sozialer Sicht einen großen Fortschritt dar. Zweifelsfrei ist es besser für die Gesellschaft, auf Güter wie Nahrung, Kleidung, Transport, Unterhaltung in großen Mengen zugreifen zu können als mit mühsamen Tauschgeschäften zur gewünschten Bedürfnisbefriedigung zu kommen. Hat man sich erst einmal für ein bestimmtes Produkt zwischen hunderten Substituten entschieden, ist dieses zumeist noch in vielen Varianten und mit verschiedenen Merkmalen erhältlich.

Konsum und Konsumüberfluss

Konsumgüter: Die Qual der Wahl
Wollte man vor 50 Jahren eine Flasche Cola kaufen, so ging man in den Supermarkt und griff zu einer Flasche Coca Cola – der einzigen in dem Geschäft verfügbaren Marke. Heute ist diese Entscheidung weit weniger trivial. Zunächst muss man zwischen verschiedenen Geschmacksrichtungen auswählen, zum Beispiel Kirsche oder Zitrone. Dann muss man sich für eine Cola mit oder ohne Koffein entscheiden. Schließlich muss man bestimmen, ob die Cola mit Zucker oder mit

Süßstoff gesüßt sein soll. Bei Letzterem stehen zudem Cola Light oder die Cola Zero zur Auswahl. Hat man all diese Entscheidungen getroffen, ist die Frage der Flaschengröße zu klären: 0,5 Liter, 1 Liter, 1,25 Liter, 1,5 Liter oder 2 Liter. Plastikflasche oder Glas? Oder doch eine Dose? Man mag dieses Beispiel belächeln, aber es beschreibt nur einige von unendlich vielen Auswahlentscheidungen, die wir als Konsument jeden Tag treffen müssen. In einem großen deutschen Supermarkt mit Vollsortiment werden dem Konsumenten zwischen 14.000 und 60.000 verschiedene Produkte angeboten.

Diese Entwicklung geht zwar mit deutlich höherem Wohlstand einher, überfordert unter Umständen die Konsumenten aber auch und macht sie so weder vor dem Kauf noch bei der darauffolgenden Entscheidungsbeurteilung glücklicher. Schwartz (2004a) beschreibt diese „Qual der Wahl" in der heutigen Gesellschaft. Die negativen Gefühle wie Verlustangst oder Risikoaversion, die durch die Entscheidung hervorgerufen werden, können die positiven Gefühle durch den zusätzlichen Nutzen und Freiheitsgewinn übersteigen (Abbildung 6.5).

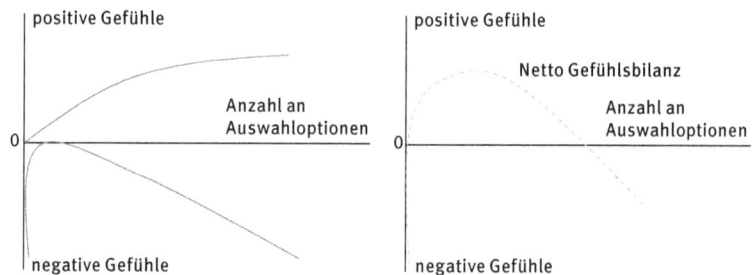

Abb. 6.5: Schematische Abbildung positiver und negativer Gefühle sowie Gefühlsbilanz in Reaktion auf steigende Auswahl. Quelle: Eigene Darstellung in Anlehnung an Schwartz, 2004b.

Der Grund ist, dass mit einer großen Auswahl sowohl Transaktions- als auch Opportunitätskosten steigen. Transaktionskosten sind die Kosten der Nutzung des Marktes (Voigt, 2002): Die Suche nach Produkten, Informationen, Preisen und Alternativen kostet monetäre und zeitliche Ressourcen. Je größer die Auswahl, desto mehr solcher Kosten fallen an. Ebenso steigen die Opportunitätskosten, also der Wert, der einem entgeht, wenn man sich für etwas anderes entscheidet (Frank, 2010). Eine größere Auswahl führt dazu, dass die Zeit steigt, die mit der Suche nach dem richtigen Produkt verbracht wird (Transaktionskosten) und dadurch in derselben Zeit etwas anderes nicht gemacht werden kann (Opportunitätskosten). Darüber hinaus kommen psychologische

Tab. 6.2: Korrelationen von Materialismus mit verschiedenen Variablen; > (−.10 sind signifikant bei $p < .05$; > (−).13 sind signifikant bei $p < .01$. Quelle: Burroughs/Rindfleisch, 2002.

Variable	Korrelation
Glück (Happiness)	−.15
Lebenszufriedenheit	−.25
Gemeinschaftswerte (Community values)	−.17
Familienwerte (Family values)	−.19
Depression	.18
Neurotizismus	.19
Stress	.20

Effekte zum Tragen: Kann aus sehr vielen Alternativen gewählt werden, nimmt der subjektive Wert der Alternative, für die man sich letztlich entscheidet, ab. Es besteht Unsicherheit darüber, ob die gewählte Alternative die richtige war und ob es nicht noch eine bessere gegeben hätte. Derartige „Bereuungs-Effekte" und abnehmender Nutzen der Wahlalternative wurden in zahlreichen Experimenten bestätigt (Carmon et al., 2003; Iyengar/Lepper, 2000). Freiheit, auch Wahlfreiheit, kann sich also negativ auf die Zufriedenheit mit der Entscheidung auswirken.

Konsum hat mittlerweile nicht nur den Zweck der Bedürfnisbefriedigung, sondern auch eine soziale Komponente. Er drückt aus, wo man in der Gesellschaft positioniert ist (Tully, 2017). Diese Form von Materialismus wird definiert als die Wichtigkeit, die ein Individuum dem Kauf oder dem Besitz von Einkommen, Wohlstand sowie von materiellen Gütern beimisst (Sirgy, 1998). Mehr Güter tragen dazu bei, mehr Bedürfnisse zu stillen und steigern somit in der Theorie die Lebensqualität. Ist allerdings eine Sättigungsgrenze erreicht und sind die Grundbedürfnisse befriedigt, führt mehr materieller Besitz nicht zu mehr Lebenszufriedenheit.

Durch ein Experiment fanden Burroughs und Rindfleisch (2002), dass Materialismus negativ mit der Lebenszufriedenheit sowie kollektivistischen Werten korreliert ist (Tabelle 6.2). Materialistische Menschen seien nachweislich unglücklicher und einem höheren Risiko ausgesetzt, an psychologischen Störungen zu erkranken als Menschen, die weniger materialistisch denken. Dies bestätigen auch Headey und Wagner (2018): Wer nach stark materiellen Werten strebt, mehr arbeitet und mehr verdienen will als andere ist oft unzufriedener als Vergleichsgruppen.

In umfangreichen Langzeitstudien bestätigten Kasser et al. (2014) den negativen Zusammenhang zwischen Materialismus und Lebens-

Materialismus

zufriedenheit im Zeitablauf. Verringerte sich die Wertschätzung materialistischer Aspekte bei Individuen im Zeitablauf, stieg die subjektive Lebenszufriedenheit. Erhöhte sich die materialistische Einstellung, sank die Zufriedenheit. Die Autoren untersuchten die Zeiträume von sechs Monaten, zwei Jahren und 12 Jahren. In einem zusätzlichen Experiment konnte gezeigt werden, dass eine Intervention hin zu weniger materialistischen Werten bei US-amerikanischen Jugendlichen nicht nur die Lebenszufriedenheit, sondern auch die Selbstwertschätzung steigerte.

DeVoe und House (2012) erforschten die Einflüsse von Materialismus, indem sie die Zeit eines Menschen materialisierten, ihr also einen Wert beimaßen. Sie untersuchten, inwiefern das Bewusstmachen des monetären Werts von Zeit die Fähigkeit der Probanden beeinflusst, ein erfreuliches Erlebnis zu genießen. Anhand von drei verschiedenen Experimenten kamen sie zu folgenden Ergebnissen:

- Wenn Menschen an den ökonomischen, monetären Wert ihrer Zeit erinnert werden, verliert eine zeitgleiche oder kurz darauf folgende Freizeitaktivität an hedonistischem Wert und hat nicht die übliche glückssteigernde Wirkung.
- Das Nachdenken über Zeit gemessen in Geldeinheiten kann Einfluss darauf nehmen, wie Menschen positive Erlebnisse wahrnehmen. Wird Zeit ohne explizite wirtschaftliche Rendite verbracht, kann diese trotz angenehmer Reize als „verlorene" Zeit angesehen werden.

Das Lenken der Aufmerksamkeit auf materielle Werte beeinflusst die Wahrnehmung und schmälert das Zufriedenheitslevel. Der Kauf von Erlebnissen wie etwa von Ausflügen, Reisen oder Wellness ist ab einem gewissen materiellen Versorgungsniveau beglückender als der Kauf materieller Dinge, wie van Boven und Gilovich (2003) herausfanden. Dies erklären die Autoren unter anderem dadurch, dass Erlebnisse mehr Freiraum zu positiver Re-Interpretation liefern. Bei materiellen Besitztümern tritt schnell ein Gewöhnungseffekt ein. Erlebnisse hingegen bleiben retrospektiv besser in Erinnerung, da diese noch über lange Zeit positive Emotionen hervorrufen und Gesprächsstoff bei sozialen Kontakten bieten, während ein neu angeschaffter Gegenstand nur eine Zeit lang zusätzlich beglückt, dann jedoch zum normalen Gebrauchsbestand wird.

Oft sind es also Erlebnisse, die Flow-Gefühle auslösen. Während eines Sportevents oder einer Reise verspüren wir hedonistisches Wohlbefinden. Zudem generiert der Mensch über Erfahrungen langfristiges Glück, Grow-Wohlbefinden, da Erlebnisse zumeist eher intrinsische

Ziele ansprechen und somit Komponenten der Selbstverwirklichung beinhalten.

Glücklicker durch mehr Zeit?

Whillans et al. (2017) verfolgten noch einen anderen Ansatz und untersuchten die Auswirkungen des Kaufs von Freizeit. Sie stellen dies nicht in den Zusammenhang mit dem Kauf von Erlebnissen, sondern mit zeitsparenden Dienstleistungen. Ihrer Ansicht nach führt steigender Wohlstand zu einem verstärkten Gefühl der Zeitknappheit. Für viele Länder gilt: Menschen mit höherem Einkommen geben gleichzeitig eine höhere Zeitknappheit an. Dies produziert Stress, der sich negativ auf das Glück auswirkt. Ihre Studienergebnisse zeigen, dass Menschen, die ihr Geld in Dienstleistungen investieren, die ihnen selbst Zeit ersparen, eine höhere Lebenszufriedenheit haben. Derartige Dienstleistungen können Haushaltshilfen, Steuerberater oder auch Restaurantbesuche sein, durch welche sie unangenehme Aufgaben abgeben und sich somit Freizeit „erkaufen". Der Zeitdruck zum Ende des Tages sinkt und die Stimmung bessert sich.

Die Stanford University startete aus diesem Grund ein Pilotprojekt. Doktoren werden dort mit Gutscheinen für zeitsparende Dienstleistungen belohnt. Diejenigen, die diese Gutscheine erhielten, berichteten auch tatsächlich von einer besseren Work-Life-Balance. Auch die Bindung an den Arbeitsplatz erhöhte sich.

Auch Enste und Orth (2018) untersuchten diesen Effekt in Deutschland. Mithilfe umfassender Datenanalysen von mehr als 20.000 Personen stellten sie heraus, dass Haushaltshilfen Zeitstress reduzieren und dazu die Lebenszufriedenheit signifikant steigern können. Dies könnte insbesondere Frauen entlasten und dazu führen, dass mehr Frauen entsprechend ihrer Qualifikationen arbeiten.

Zu viel Freizeit scheint einer Studie von Sharif, Mogilner und Hershfield (2018) zufolge jedoch auch nicht glücklicher zu machen. Untersucht wurden zwei Datensätze, die insgesamt 35.375 US-Amerikaner umfassten. In Studie 1 griffen sie auf eine Befragung von 13.639 Personen zurück, die zwischen 1992 und 2008 befragt wurden. Innerhalb eines umfassenden Surveys wurde unter anderem nach der Freizeit gefragt: „Wie viele Stunden [Minuten] verbringen Sie an Arbeitstagen durchschnittlich mit ihren eigenen Freizeitaktivitäten?". Das Ergebnis: Bis zu einer bestimmten Menge gaben die Probanden mit steigender Freizeit höhere Lebenszufriedenheitswerte an. Dieses Ergebnis wurde in Studie 2 repliziert, in der eine Zeitverwendungserhebung genutzt wurde. Verschiedene angegebene Aktivitäten wurden zu Freizeitaktivitäten kategorisiert und der Effekt auf die Lebenszufriedenheit untersucht. Ab etwa zwei Stunden (in Studie 1) beziehungsweise 3,4 Stunden (in Studie 2), die mit Freizeitaktivitäten verbracht wurden, stieg die Lebenszufriedenheit nicht weiter an, sondern sank sogar.

Der steigende Wohlstand in westlichen Industrieländern führt laut Ronald Inglehart, einem US-amerikanischen Politologen, außerdem zu einer Abwendung von materialistischen hin zu postmaterialistischen Werten, die sich insbesondere auf Selbstverwirklichung und Bürgerbeteiligung beziehen. Inglehart (1977) begründete die „Postmaterialismus-These", die insbesondere in den 1970er Jahren in den

Postmaterialismus

Sozialwissenschaften kontrovers diskutiert wurde. Seine These stützt er auf zwei Grundannahmen: Menschen halten diejenigen Dinge für besonders wertvoll, die knapp sind (Knappheits-Hypothese) und die Entwicklungsjahre sind besonders prägend für die Wertprioritäten (Sozialisationshypothese). Daraus ergibt sich, dass Menschen, die in materiellem Wohlstand aufgewachsen sind, diesem weniger Bedeutung zusprechen.

Ingleharts Hypothese wird von vielen Seiten kritisiert, da nicht klar wird, wodurch materialistische Werte genau ersetzt werden. Auf der anderen Seite findet seine Theorie auch heute noch Anklang. Insbesondere in reichen Ländern, in denen relativ wenig existenzielle Ängste herrschen, sind es post-materialistische Werte, die Lebenszufriedenheit stiften (Delhey, 2010). Seit 1980 wird in Deutschland regelmäßig der „Inglehart-Index" erhoben. Dieser untersucht, welche Werteprioritäten in Ost- und Westdeutschland bestehen. Abgefragt werden die Bedeutung der materialistischen Ziele „Aufrechterhaltung von Ruhe und Ordnung" und „Kampf gegen steigende Preise" sowie die postmaterialistischen Werte „Mehr Einfluss der Bürger auf Entscheidungen der Regierung" und „Schutz des Rechtes auf freie Meinungsäußerung" (Tabelle 6.3). Während in Westdeutschland 1980 noch 48 Prozent der Befragten die Aufrechterhaltung von Ruhe und Ordnung am wichtigsten empfanden, sind es 2014 nur noch 29 Prozent. Hingegen bewerteten zur selben Zeit die Befragten den Einfluss auf Entscheidungen der Regierung mit 16 Prozent am wichtigsten, 2014 bereits 36 Prozent. Das Verhältnis der Prioritäten verschob sich in Westdeutschland von rund 70:30 bezüglich materialistischer Werte (1980) zu einem Verhältnis von 40:60 zu postmaterialistischen Werten (2014) (Scheuer, 2016).

Dass ein Wertewandel in unserer Gesellschaft stattfindet bzw. seit den 50er bis 60er Jahren vor allem auch in Deutschland stattgefunden hat, postulieren auch Demoskopen (z. B. Noelle-Neumann/Petersen, 2001; Noelle-Neumann, 1978). Demnach sind eine fundamentale Verschiebung der Erziehungsziele und eine abnehmende Kongruenz mit den Wertvorstellungen der Eltern während der letzten 30 Jahre zu beobachten. Ausgehend von einem Wertewandel und der steigenden Bedeutung postmaterialistischer Werte in industrialisierten, wohlhabenden Nationen, könnten die Vorteile, die eine fortschrittlich-moderne Gesellschaft bietet, glücksbringend genutzt werden. Ist die Existenz monetär gesichert, bringen Autonomie und die Freiheit, sein Leben nach eigenen Vorstellungen gestalten zu können, mehr Lebenszufriedenheit.

Individualisierung   Ein besonders starker kultureller Wandel zeigt sich zum Beispiel in Ländern, die durch eine Revolution oder einen Regimewechsel abrup-

Tab. 6.3: Entwicklung der Bedeutung von materialistischen und postmaterialistischen Zielen; Angaben in Prozent; Befragungsergebnisse ALLBUS 1880–2014. Quelle: Scheuer, 2016.

	Materialistische Ziele				Postmaterialistische Ziele			
	Aufrecht-erhaltung von Ruhe und Ordnung		Kampf gegen steigende Preise		Mehr Einfluss der Bürger auf Entscheidungen der Regierung		Schutz des Rechtes auf freie Meinungs-äußerung	
	West	Ost	West	Ost	West	Ost	West	Ost
1980	48	–	22	–	16	–	15	–
1982	51	–	19	–	16	–	14	–
1984	39	–	18	–	24	–	19	–
1986	46	–	8	–	26	–	21	–
1988	42	–	9	–	24	–	25	–
1990	37	–	8	–	34	–	22	–
1991	36	52	8	9	33	32	24	8
1992	37	50	14	11	31	35	19	5
1994	41	55	9	7	34	34	17	5
1996	40	54	7	6	31	33	23	7
1998	42	47	12	12	27	33	20	9
2000	39	39	7	11	36	40	19	10
2002	31	37	15	15	31	36	23	11
2004	32	29	15	14	37	46	17	11
2006	34	31	16	15	33	42	18	12
2008	27	27	24	28	30	35	21	10
2010	28	27	10	12	42	46	21	15
2012	30	32	9	13	34	40	27	15
2014	29	32	10	9	36	45	26	14

te starke Veränderungen der Gesellschaftsform erfahren. Hier lassen sich die Auswirkungen von Wandel und die inkrementelle Tendenz zur Individualisierung auch sehr gut wissenschaftlich beobachten. Ein Wechsel von einem kommunistischen Regime hin zu einer demokratischen, marktwirtschaftlichen Ordnung vollzog sich beispielsweise in der Tschechischen Republik ab dem Jahr 1989. Soziologen beobachteten hier deutliche Werteverschiebungen und demografische Veränderungen. Eine abnehmende Geburtenrate, pluralisierte Lebensformen wie das Führen unehelicher Partnerschaften, die Zunahme unehelicher Geburten oder eine steigende Zahl an Single-Haushalten sind nur einige Indikatoren für den gesellschaftlichen Wandel. Lag das durchschnittliche Alter einer Frau bei der ersten Geburt im Jahr 1992 bei 22,5 Jahren, waren Frauen im Jahr 1999 bei ihrer ersten Geburt 24,6 Jahre alt. Der Anteil außerehelicher Geburten stieg von Beginn der

Neunziger bis zum Beginn der 2000er Jahre von ca. 10 Prozent auf über 25 Prozent an (Sobotka et al., 2003).

Die grundsätzlichen Trends, die im Zuge dieser Individualisierung innerhalb eines Landes beobachtet werden können, sind eine zunehmende Risikoaversion bei lebenslangen Entscheidungen, steigende Toleranz gegenüber Minderheiten, höhere Erwartungen an Partnerschaften, abnehmende Konformität und Ablehnung von Autoritäten sowie auch Misstrauen gegenüber politischen Institutionen (Sobotka et al., 2003). Gleichzeitig steigen der Wunsch nach individueller Autonomie und die Geltendmachung individueller Selbsterfüllungsrechte. Auch „höhere" Bedürfnisse kommen zum Ausdruck. So ist es nicht überraschend, dass der Anteil an Männern und Frauen, die höhere Bildung in Anspruch nehmen, wächst und die Emanzipation und Teilhabe von Frauen im Berufsleben steigen.

Risikofreude – Wer wagt, gewinnt
Auch Risikofreude oder -aversion beeinflusst die Menschen in fast allen Lebensbereichen. Die Bereitschaft, Risiken einzugehen, lässt jedoch im Laufe des Lebens immer weiter nach. Dabei sind risikobereitere Menschen zufriedener als andere wie eine Studie (Dohmen et al., 2011) zeigt, die Befragungsdaten von mehr als 20.000 Personen aus dem SOEP analysierte. Grund hierfür könnte sein, dass risikofreudige Menschen möglicherweise mehr Erfolg im Beruf sowie Privatleben haben und sich somit ihre Erwartungen häufiger erfüllen. Die Deutschen geben auf einer Skala von 1 (gar nicht risikobereit) bis 10 (sehr risikobereit) durchschnittlich einen Wert von 5 an.

Individualität zum Ausdruck bringen und in der Lebensgestaltung autonom sein zu können, macht Menschen glücklicher. 65 Prozent der Befragten einer Studie in der Tschechischen Republik (Hnilicova/Hnilica, 2011, 107) gaben an, „ihr Leben sei jetzt [nach dem politischen und ideologischen Wechsel] besser", nur 12 Prozent „empfanden ihre Lebensqualität als schlechter". Die besseren Lebensumstände, wie zum Beispiel bessere Aufstiegschancen im Beruf und größere Autonomie in der Marktwirtschaft, wirkten sich vor allem auf die Männer positiv aus und machten diese glücklicher. Gleichzeitig schätzten die Befragten aber die Qualität der zwischenmenschlichen Beziehungen schlechter ein. Die gesellschaftliche Verschiebung weg von sozialen Werten hin zu individualistischen führte bei Frauen besonders zu größerer Unzufriedenheit.

Größere Freiheit und gute Güter- und Dienstleistungsverfügbarkeit führen dazu, dass ein Individuum weniger auf Familie, Nachbarschaft oder soziale Netzwerke angewiesen ist. Stattdessen können bezahlte Dienstleister für verschiedenste Arbeiten herangezogen werden.

Gleichzeitig sieht sich das Individuum mit weniger gesellschaftlichen Verpflichtungen konfrontiert. Es muss nun weniger Energie in die Erfüllung der sozialen Werte und in die Aufrechterhaltung der sozialen Zugehörigkeit investieren und kann sich stattdessen dem Streben nach individueller Erfüllung hingeben (Ahuvia, 2002). Dies führt letztendlich zu mehr Wohlbefinden, geht aber auch mit Veränderungen der sozialen Struktur einher. Denn individualistische Werte sind schwer mit den traditionellen sozialen Werten einer Kultur vereinbar. So sehen es zumindest 35 Prozent der befragten tschechischen Studenten, die in einer Studie angaben, dass „Liebe" und „Selbstbestimmung" am wenigsten kompatibel seien (Hnilicova/Hnilica, 2011).

Obwohl kulturelle Werte sehr tief verwurzelt sind und sich nur langsam verändern, sind sie dennoch nicht absolut starr. Es kann durchaus zu tiefgreifenden Veränderungen im Kulturgut kommen (Inglehart, 1990). „Jede menschliche Gesellschaft akzeptiert Veränderungen in ihrem eigenen Tempo" (Tiliouine, 2011, 48). Die Stabilität einer Gesellschaft hängt dabei jedoch auch von der konstanten Weitergabe von Werten an Kinder durch ihre Eltern ab. Abgesehen von den typischen Generationenkonflikten, stimmen Alt und Jung dann nicht länger über zentrale Werte überein. „Solange die junge Generation sich in ihren Wertvorstellungen deutlich von der Generation der Eltern unterscheidet, ist die Dynamik eines Wertewandels nicht gebrochen" (Noelle-Neumann/Petersen, 2001, 18).

Immer mehr Menschen wählen als Lebensraum eine Stadt. Hier sind wirtschaftliche und kulturelle Aktivitäten gebündelt, Universitäten, Firmen und Institutionen sind in der Regel in der Nähe von Ballungsräumen angesiedelt. Daher erscheint es für viele Menschen attraktiver, in der Stadt zu leben. Jedoch macht das städtische Leben nicht unbedingt glücklicher. Gerdtham und Johannesson (2001) beobachteten, dass das Leben in einer großen Stadt negativ mit der Lebenszufriedenheit korrelieren kann. Die Korrelation mit dem Leben in einer kleinen Stadt war in der Studie dagegen positiv. Eine mögliche Begründung hierfür wäre, dass die Anonymität in Großstädten oftmals höher und die Qualität sozialer Beziehungen schlechter ist. Die Bedeutung von sozialen Beziehungen und deren Gestaltung wird im nächsten Kapitel näher betrachtet. Ob aber das Leben in ländlichen Regionen oder in Ballungszentren zu bevorzugen ist, ist häufig sehr subjektiv. Neben sozialen Faktoren gibt es auch Umweltfaktoren, die zunehmend in das Interesse von Wissenschaftlern rücken. Um zu prüfen, ob Menschen in natürlichen Lebensräumen glücklicher sind, entwickelten Forscher (MacKerron/Mourato, 2013) in Großbritannien eine Smartphone-App als Datenerhebungstool. Rund 20.000 Teilnehmer

Urbanisierung

wurden zu zufälligen Zeitpunkten per App aufgefordert, verschiedene Fragen zu beantworten. Gleichzeitig wurde mit Hilfe von Satellitenortung ihr geografischer Standort ermittelt. Durchschnittlich waren die Teilnehmer im Freien, in grünen und natürlichen Lebensraumtypen, glücklicher als im städtischen Umfeld. Dieses Ergebnis zeigte sich als robust, auch unter Kontrolle von Effekten wie Wetter, Tageslicht, Aktivität, Gesellschaft, Zeit, Tag und Reaktionstrend. Eine weitere Studie deutet ebenfalls darauf hin, dass ein Leben in der Nähe von städtischen Grünflächen, wie beispielsweise Parkanlagen, mit geringeren psychischen Belastungen und einem höheren Wohlbefinden verbunden ist, auch wenn die individuellen Auswirkungen eher gering sind (White et al., 2013).

Auswertungen von Daten aus 2006 bis 2010 zeigten für Deutschland hingegen folgendes Bild: Menschen, die in der Stadt leben, sind tendenziell etwas glücklicher als die, die auf dem Land leben (Abbildung 6.6). Doch die Lebenszufriedenheit von Bewohnern in Städten mit beispielsweise bis zu 20.000 Einwohnern und Großstädten mit über 500.000 Einwohnern unterscheiden sich nur geringfügig. Die Zufriedenheit der Stadt- und Landbevölkerung kann weiterhin nach Alter differenziert werden. Menschen zwischen 20 und 30 Jahren sowie im hohen Alter sind in größeren Städten mit mehr als 100.000 Einwohnern am zufriedensten. Im mittleren Alter sind die Menschen in Gemeinden mit 20.000 bis 100.000 Einwohnern am zufriedensten (Raffelhüschen/Schöppner, 2012).

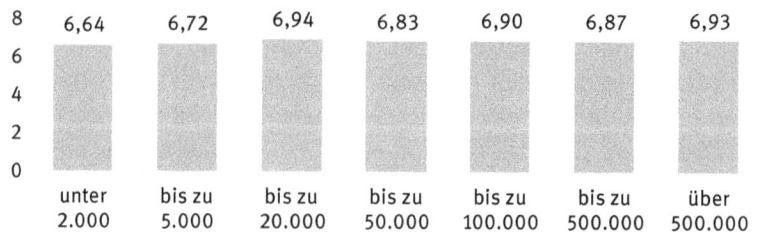

	unter 2.000	bis zu 5.000	bis zu 20.000	bis zu 50.000	bis zu 100.000	bis zu 500.000	über 500.000
	6,64	6,72	6,94	6,83	6,90	6,87	6,93

Abb. 6.6: Lebenszufriedenheit und Gemeindegröße; Skala von 0 (ganz und gar unzufrieden) bis 10 (ganz und gar zufrieden); Berechnung auf Basis des SOEP. Quelle: Raffelhüschen/Schöppner, 2012.

Welche Faktoren die Zufriedenheit mit dem Leben in der Stadt prägen, wurde ebenfalls untersucht. So waren die deutschen Städter zum Beispiel mit der Haushalts- und Finanzlage ihrer Stadt generell recht unzufrieden, auf ihre allgemeine Zufriedenheit mit der Stadt hatte dies aber wenig Auswirkung. Das Zusammengehörigkeitsgefühl hingegen macht einen relativ großen Teil der Zufriedenheit mit der Stadt aus. Dieses empfanden die Städter als mittelmäßig. Betrachtet man den Sieger Hamburg im Ranking der in den Jahren 2011 und 2012 erhobenen Städtezufriedenheit, zeigt sich ein deutliches Bild. Die Bewohner der Hansestadt waren besonders mit den kulturellen Angeboten (8,1 Punkte von 10,0), dem Angebot an Sportveranstaltungen (7,8), der Verkehrsinfrastruktur (7,8) und der Attraktivität der Stadt als Wirtschaftsstandort (7,7) zufrieden. Auch die Naherholungsmöglichkeiten (7,7), die unmittelbare Nachbarschaft (7,7) und die Qualität von Luft und Wasser (7,5) empfanden die Hamburger als zufriedenstellend. Somit rücken in Deutschland besonders Freizeitangebote, Mobilität, wirtschaftliche Attraktivität und Lebensraumqualität in den Vordergrund. Weniger zufrieden waren die Bewohner mit dem Angebot für ältere Menschen, der Qualität der öffentlichen Verwaltung sowie der Haushalts- und Finanzlage (Raffelhüschen/Schöppner, 2012).

Doch auch ländlichere Regionen gewinnen in Deutschland an Attraktivität. Im jährlichen Regionenvergleich stand von 2013 bis 2018 Schleswig-Holstein durchgehend auf Platz 1 (7,4 Punkte von 10). Hier sind die Menschen im Vergleich zum deutschen Durchschnitt insbesondere zufrieden mit ihrer Wohn- und Freizeitsituation (7,8), mit ihrer Arbeit (7,1) und ihrem Haushaltseinkommen (7,0) (Raffelhüschen/Schlinkert, 2018).

Global ist jedoch der Trend zur Urbanisierung zu erkennen. Mit dem Bevölkerungswachstum verändert sich auch das Verhältnis zwischen Stadt- und Landbevölkerung. Prognosen zufolge wird der Anteil der Stadtbevölkerung bis 2050 auf 66 Prozent ansteigen. Im Jahr 2015 liegt er bei etwas mehr als der Hälfte der Bevölkerung (Bundeszentrale für politische Bildung, 2017; United Nations, 2014). In entwickelten Ländern wird der Anteil – aufgrund des höheren Ausgangsniveaus – noch höher sein. Dort werden laut Prognose 78 Prozent der Bevölkerung im Jahr 2050 in Städten leben. In sich entwickelnden Ländern demgegenüber 63 Prozent und in ökonomisch am wenigsten entwickelten Ländern 50 Prozent. Besonders in den Entwicklungsländern ist der Anstieg damit sehr hoch. Dort ziehen die Menschen in Ballungsräume, da die wirtschaftliche und industrielle Aktivität dort gebündelt ist. Der Zugang zu Wasser-, Strom- und Gesundheitsversorgung – wenn auch nicht ausnahmslos – ist sicherer und Zugang zu Bildung leichter. Erfolgt die Urbanisierung in diesen Staaten jedoch zu schnell, resultiert durch das schnelle Bevölkerungswachstum eine Überforderung der Infrastruktur. Infolgedessen bilden sich Slums mit schlechter Versorgung, dürftigen Gesundheitsbedingungen und unzureichend staatlichem Schutz. Der Trend der Urbanisierung hat in unterschiedlichen

Gebieten unterschiedliche Auswirkungen auf die Lebensbedingungen und somit die Lebenszufriedenheit.

Die Auswirkungen der Digitalisierung auf die Lebenszufriedenheit sind bisher im Vergleich zu anderen Faktoren wenig erforscht. Da digitale Technologien in fast allen Lebensbereichen eingesetzt werden, sind ihre Auswirkungen vielfältig. Der generelle Zugang zu Informationstechnologien (Handys, Fernsehen, Internet), ist laut einer Studie von Graham und Nikolova (2013) positiv mit subjektivem Wohlbefinden verbunden. Der zusätzliche Nutzen der Technologie für die Zufriedenheit ist jedoch bei bereits hoher Verfügbarkeit gering. Insbesondere für Kohorten, denen diese Technologien neu sind, steigt durch den Technologiezugang jedoch auch die Stressbelastung.

Generell verändert die Digitalisierung Lebensbereiche und Tätigkeiten, die in enger Verbindung zur Lebenszufriedenheit stehen: z. B. Zeitverwendung und soziale Kontakte.

Das Bundesministerium für Familie, Senioren, Frauen und Jugend gab eine Studie (McKinsey & Company, 2016) in Auftrag, die Digitalisierung in deutschen Haushalten untersuchte. Zentrales Thema war, wie Familien mehr Qualitätszeit gewinnen können. Wie bereits in den Ausführungen zum Materialismus beschrieben wurde, kann mehr (Frei-)Zeit glücklicher beziehungsweise Zeitknappheit unglücklicher machen. Die Digitalisierung bietet vielfältige Möglichkeiten die Menschen zu entlasten. Innerhalb der Studie wurden Personen befragt, inwiefern sie digitale Technologien für zeitfressende haushaltsnahe Tätigkeiten nutzen würden. Insbesondere beim Putzen, Aufräumen, Waschen, Bügeln, dem Lebensmitteleinkauf sowie Behördengängen würden die Befragten gerne mithilfe neuer Technologien Zeit sparen. Dazu gehören beispielsweise Haushaltsroboter (Saugen, Wischen, Rasenmähen), Onlinevereinbarung von Terminen, Onlinesprechstunden beim Arzt oder Onlinebestelldienste mit flexiblen Lieferzeiten, genauso wie Software zur verkehrsabhängigen Routenoptimierung in Echtzeit. Auch zunehmende Smart-Home Lösungen als Assistenzsysteme stehen für ein komfortables Leben zuhause. Durch den Einsatz derartiger Technologien wird Zeit gespart, die etwa in Aktivitäten mit der Familie investiert werden kann, wodurch positive Effekte auf das Wohlbefinden möglich sind.

Damit die Technologie die potenzielle positive Wirkung auf die Lebensqualität entfalten kann, ist es notwendig, dass sich die Nutzer mit dem Einsatz auch wohlfühlen und ihr vertrauen. Noch fühlen sich die Menschen im Umgang mit intelligenten Produkten, Maschinen, Software und Robotern in einigen Bereichen eher unwohl (Initiative D21,

2019). Bei elektronischen Geräten, die zuhause vernetzt sind und zentral gesteuert werden, geben 21 Prozent an, sich wohlzufühlen, 47 Prozent unwohl. Der Unterstützung durch einen Assistenzroboter zuhause, im Pflegeheim oder im Krankenhaus stehen nur 11 Prozent positiv gegenüber, 57 Prozent fühlen sich bei dem Gedanken unwohl. Das größte Unbehagen bereitet den Menschen das autonome Fahren. Bei Implantaten hingegen, die chronische Krankheiten überwachen und bei Bedarf Medikamente verabreichen, geben 41 Prozent der Befragten an, sich eher wohlzufühlen, 25 Prozent eher unwohl.

Betrachtet man die Nutzung von Smartphones und dem mobilen Internet, gibt es zahlreiche unterschiedliche theoretische Effekte. Die Technologie soll die Effizienz und Bequemlichkeit von alltäglichen Prozessen erhöhen, sie stellt die Möglichkeit zu sozialer Interaktion (auch über Entfernungen) und gibt Zugang zu positiven Erfahrungen wie Spielen, Unterhaltung und Information. Gleichzeitig können die Angebote des Smartphones Stress auslösen und die Menschen von wichtigen und glücksbringenden Dingen ablenken. Sie können Minderwertigkeitsgefühle verstärken und negative Informationen übermitteln.

Die Nutzung von digitalen Medien führt in vielen Fällen dazu, dass persönliche zwischenmenschliche Kontakte ersetzt werden – zum Beispiel eine Konversation mit einem Ortsansässigen, um nach dem Weg zu fragen, oder mit einem Verkäufer, um nach der passenden Kleidungsgröße zu fragen. Einige Experimente zeigen, dass dadurch das Sozialkapital und das Vertrauen in fremde Personen abnehmen (Kushlev, 2018). Personen, die bei verschiedenen „Aufgaben" gebeten wurden, ihr Smartphone nicht zu benutzen, sondern durch soziale Interaktion die notwendigen Informationen zu erhalten, berichteten später über ein höheres Gefühl der sozialen Eingebundenheit.

Ein großer Teil der Nutzung digitaler Medien besteht in Aktivitäten in Sozialen Medien. Portale wir Facebook, Instagram, Twitter, Snapchat usw. bieten Möglichkeiten zur Vernetzung und Interaktion mit anderen Menschen. Theoretisch sollten sie also eine Chance für die Befriedigung von psychologischen Bedürfnissen der sozialen Eingebundenheit sein. Studien zeigen jedoch, dass eine hohe Nutzungsfrequenz sozialer Medien das Wohlbefinden der Nutzer mindert (z. B. Brooks, 2015). Die Autoren Kross et al. (2013) kontaktierten 82 Studienteilnehmer an einer US-amerikanischen Universität 5 mal täglich per Textnachricht und befragten sie über einen verlinkten Fragebogen über ihre derzeitige Stimmung, ihre Facebook Nutzungsfrequenz seit der letzten Nachricht und ihre direkten persönlichen oder Telefonkontakte mit anderen seit der letzten Nachricht. Im Ergebnis führte eine höhere Nutzungsfrequenz des sozialen Mediums zu geringeren Werten bei kognitivem und emotionalem Wohlbefinden. Mehr direkte soziale Kontakte hatten keinen Einfluss auf das kognitive aber einen positiven Einfluss auf das emotionale Wohlbefinden. Ein Grund für diesen Effekt von sozialen Medien könnte in den verstärkten sozialen Vergleichsprozessen liegen (vgl. Kapitel 7.3).

Entscheidend für die Wirkung von sozialen Medien auf das Wohlbefinden ist, wie bei vielen anderen Einflussfaktoren auch, Art, Häufigkeit und Dauer der Nutzung. In Situationen, in denen Menschen digitale Technologien nutzen, um ihre nichtmedialen oder offline-Aktivitäten zu unterstützen, können die Medien förderlich für das Wohlbefinden sein. Wenn die Nutzung jedoch diese Aktivitäten verdrängt oder ersetzt, besteht eine höhere Gefahr, dass die Zufriedenheit darunter leidet. Eine exzessive Dauer oder häufige Frequenz der Nutzung digitaler Medien kann negative Auswirkungen auf Gesundheitsaspekte und soziale Kontakte haben. Kushlev (2018) schlägt daher eine umgedrehte U-Funktion vor, um eine potenzielle Wirkung von Medien zu beschreiben. Eine moderate Nutzung könne das Wohlbefinden erhöhen, eine exzessive Nutzung hingegen zu einer Minderung führen.

Entwicklung der Lebenszufriedenheit der Deutschen

Wie sich globale und regionale Entwicklungen im Einzelnen auf die Lebenszufriedenheit auswirken, ist schwer zu differenzieren, da die großen Trends das allgemeine gesellschaftliche Leben formen und verändern. Daher kann am besten die Entwicklung der allgemeinen Lebenszufriedenheit der Deutschen innerhalb der letzten Jahre analysiert werden. Im Zeitverlauf zeichnet sich eine tendenziell steigende Zufriedenheit seit 2004 ab (Abbildung 6.7).

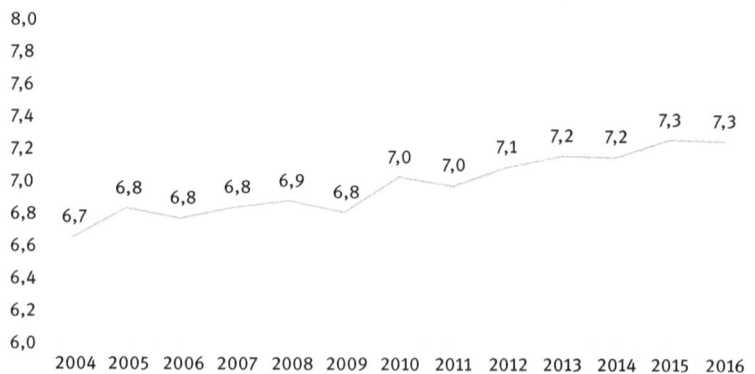

Abb. 6.7: Lebenszufriedenheit im Zeitverlauf; Skala von 0 (ganz und gar nicht zufrieden) bis 10 (ganz und gar zufrieden). Quelle: Eigene Berechnung auf Basis des SOEP 2016.

Auf einer Skala von 0 (ganz und gar nicht zufrieden) bis 10 (ganz und gar zufrieden) gaben die Befragten im Jahr 2017 durchschnittlich einen Wert von 7,1 an. Insgesamt bezifferten 82 Prozent der Befragten ihre Zufriedenheit als besser als sechs. Damit bleibt die Lebenszufriedenheit der Deutschen auf einem hohen Niveau. Im Europaranking (Gesamtdurchschnitt 6,7) bedeuten diese Ergebnisse Platz 9 (von 33), hinter Ländern wie Dänemark, den Niederlanden, Schweden und Irland. Im regionalen Vergleich gibt es deutliche Unterschiede zwischen Ost- und Westdeutschland. Die Menschen in den neuen Bundesländern bewerten ihre Lebenszufriedenheit geringer als die Menschen in den alten Bundesländern. Positiv anzumerken ist dabei, dass der Abstand zwischen der glücklichsten und der unglücklichsten Region kontinuierlich rückläufig ist. Die Deutschen sind insbesondere in den Lebensbereichen Familie, Wohnen und Freizeit zufrieden. Dagegen sind viele mit ihrem persönlichen Einkommen am wenigsten zufrieden. Der wichtigste Faktor, der das Glück der Deutschen positiv beeinflusst, sind die wirtschaftlichen Entwicklungen. Hierzu gehören unter anderem die sinkende Arbeitslosigkeit und steigende Löhne (Krieg/Raffelhüschen, 2017).

Insgesamt scheinen sich die gesellschaftlichen Entwicklungen, die mit den Megatrends und materiellem Wohlstand einhergehen, positiv auf die Lebenszufriedenheit auszuwirken. Insbesondere Entwicklungs- und Schwellenländer werden von der Wohlstandsentwicklung weiter profitieren, da sich durch infrastrukturelle Verbesserungen und medizinische Versorgung Chancen bieten (Grömling/Haß, 2009). Wie sich Wachstum und Wohlstand konkret auf die Lebenszufriedenheit auswirken, wird in Kapitel 8 detaillierter analysiert.

6.3 Kultur und Glück

Sind die fröhlich lächelnden Japaner tatsächlich so glücklich wie sie aussehen? Und müssten die Skandinavier mit ihren kalten und dunklen Wintern nicht sehr unglücklich sein? Beim Glück weisen solche stereotypischen Vorstellungen und Vorurteile nicht in die richtige Richtung. Japaner geben im Vergleich zu ähnlich entwickelten Industrienationen keine besonders hohe Lebenszufriedenheit an, während die skandinavischen Länder kontinuierlich die internationalen Glücksrankings anführen. Selbst innerhalb Europas gibt es erhebliche Unterschiede in den Zufriedenheitswerten. Kann dementsprechend die Kultur auf das Individuum und seine persönliche Lebenszufriedenheit Einfluss nehmen?

Die Kultur beeinflusst die Persönlichkeit und das Wesen eines Menschen z. B. in Bezug auf Verhaltensmuster oder Problemlösungsstrategien. Die Sozialisierung ist wegweisend für die spätere Persönlichkeit (Kapitel 6.1). Sie findet im Familienkreis und im direkten sozialen Umfeld (z. B. der Schule, der Gemeinde) statt, aber auch auf einer übergeordneten, gesellschaftsgebundenen Ebene.

In der Kultur eines Landes sind Werte, Verhaltensweisen und Ansichten verankert, sodass sie das Gedanken- und Wertegerüst der in dieser Kultur aufgewachsenen und lebenden Menschen prägt. Dadurch hat die Kultur auch Einfluss auf die Lebenszufriedenheit. So ist zum Beispiel in individualistischen Kulturen die Selbstachtung stark mit der Lebenszufriedenheit korreliert. In kollektivistischen Ländern besteht dieser Zusammenhang in geringerem Ausmaß (Diener/Suh et al., 1995).

Nationale Glücksniveaus

Ergebnisse internationaler Surveys, wie zum Beispiel des Eurobarometers, zeigen, dass die durchschnittlichen Zufriedenheitsniveaus zwischen Ländern große Varianzen aufzeigen können. Gaben im Frühjahr 2018 ca. 72 Prozent der Dänen an „sehr zufrieden" zu sein, so fiel diese Antwort in Portugal nur bei rund fünf Prozent (European Commission, 2018). Angaben zur Zufriedenheit können selbstverständlich durch aktuelle Einflüsse, wie die wirtschaftliche Lage oder die politische Stimmung beeinflusst werden. Jedoch zeigt sich, dass sich die Werte im Zeitablauf auf einem ähnlichen Niveau halten (Abbildung 6.8). Die Zufriedenheitswerte einzelner Länder schwanken, ähnlich wie die einer Person, um ein bestimmtes Glückslevel.

Über den hier betrachteten Zeitraum von 45 beziehungsweise 35 Jahren schwankten die Anteile derjenigen, die angaben „sehr zufrieden" zu sein zwar. Es gab aber keine grundsätzliche Veränderung im Niveau. Innerhalb der einzelnen Länder waren die Antworten über die Jahre relativ ähnlich. Daraus lässt sich schließen, dass auch Länder beziehungsweise Kulturen ein ungefähres Glücksniveau haben. Dieses wird durch Faktoren wie Wohlstand, sozialen Frieden oder politische Stabilität beeinflusst, jedoch können diese Faktoren alleine nicht ausschlaggebend für die Unterschiede sein. Zumal sich diese Rahmenbedingungen zwischen einigen Ländern, wie zum Beispiel Spanien und Portugal, nicht außerordentlich unterscheiden. Inglehart und Klingemann (2000) halten einen Zusammenhang des nationalen Glücksniveaus mit der historischen Vergangenheit für möglich. So zeigen zum Beispiel alle historisch protestantisch geprägten Nationen ein relativ hohes Niveau an subjektivem Wohlbefinden, während im Gegensatz dazu kommunistisch geprägte Länder eher geringere Werte erzielen. Darüber hinaus ist es möglich, dass der Umgang mit den Begriffen Lebenszufriedenheit und Glück in den Ländern unterschiedlich

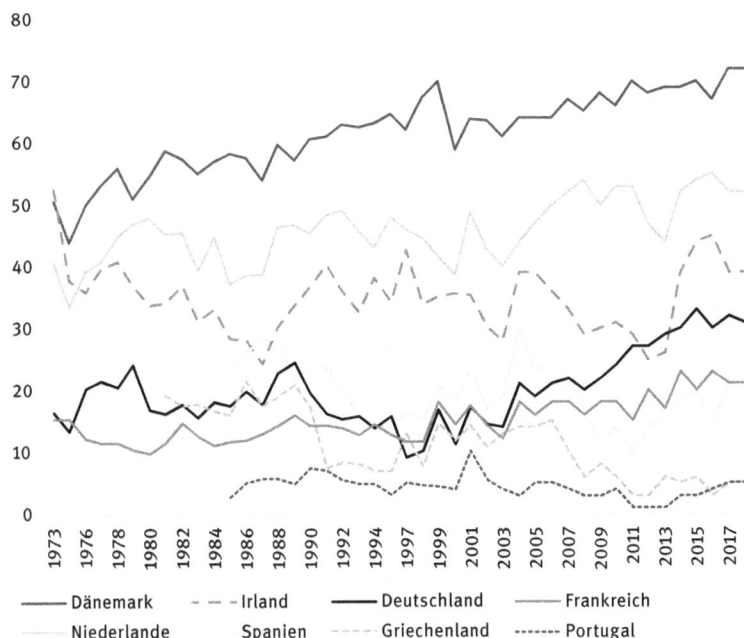

Abb. 6.8: Nationale Unterschiede in der Zufriedenheit im Zeitablauf; $n > 700.000$; Prozentuale Anteile der Befragten, die sich als „sehr zufrieden" beschreiben; Daten aus dem Eurobarometer von 1973 bis 2018. Quelle: Eigene Darstellung auf Basis des Eurobarometer, 2018 und andere Jahre.

ist. Die eigene Situation eher zurückhaltend und pessimistischer zu bewerten, ist in einigen Ländern üblicher als in anderen. Dies kann unter anderem auf psychologische Verzerrungen und Handlungsweisen zurückgeführt werden, die kulturellen Unterschieden unterliegen. Der sogenannte „Self-serving bias" besagt zum Beispiel, dass Menschen sich gerne in einem besseren Licht darstellen und sich im Vergleich mit anderen oft besser bewerten. Ein solches „self-enhancement" (Selbstaufwertung) tritt in einigen Kulturkreisen häufiger auf als in anderen. In ostasiatischen Kulturen ist es zum Beispiel unüblich sich zu überschätzen und aufzuwerten, während Nordamerikaner dieser Verzerrung in höherem Maße unterliegen (Diener et al., 2003; Heine, 2004).

Die Werte und Normen einer Nation können sich auf das Glück ihrer Mitglieder auswirken. Kulturelle Unterschiede zeigen sich nicht nur in der Selbstdarstellung, sondern darüber hinaus auch in den übergeordneten Werten eines Kulturkreises. So streben zum Beispiel einige Kulturkreise mehr nach eudämonistischem Glück, während andere stärker hedonistische Ziele verfolgen. Diesen besonderen Un-

Nationale Mentalitäten und Werte

terschied in der Priorisierung langfristiger Ziele untersuchten Asakawa und Csikszentmihalyi (1998, 2000). Sie fanden mithilfe der Experience Sampling Methode (Kapitel 3.2) heraus, dass Amerikaner asiatischer Herkunft mehr Freude bei der Verfolgung langfristiger Ziele (z. B. des Studiums) empfanden und harte Arbeit eher favorisierten als Amerikaner europäischer Herkunft. Zukünftigen Zielen und guter Leistung wird seitens asiatischer Studierender eine sehr viel größere Bedeutung beigemessen als kurzfristigem Vergnügen. Gleichzeitig sind sie während universitärer Aktivitäten glücklicher als Amerikaner europäischer Herkunft. Die Forscher schließen daraus, dass asiatische Familien harter Arbeit, Bildung, Disziplin und Erfolgen einen hohen Stellenwert beimessen. Die Internalisierung dieser Werte während der frühen Sozialisierung führt dazu, dass sie auch mit dem empfundenen Glücksgefühl einhergehen. Schon in jungen Jahren werden die Kinder mit den Ansichten und Verhaltensweisen ihrer Kultur konfrontiert. Sie transformieren diese nach und nach in eigene Ziele und Ansichten. Von der Kultur gelebte Werte werden zu eigenen Werten internalisiert. Führen Menschen später ein Leben, das in Harmonie mit diesen Ansichten steht, so empfinden sie eine größere Zufriedenheit. Laut der Ergebnisse von Asakawa und Csikszentmihalyi (1998) empfanden asiatische Amerikaner bei all jenen Aktivitäten, die den oben beschriebenen Werten entsprachen, sehr viel mehr Freude als die europäischen Amerikaner der Kontrollgruppe. Die Bedeutung der Weltanschauung, die in Kapitel 2 aufgezeigt wurde, wird an dieser Stelle nochmals deutlich. Es ist aber anzunehmen, dass kognitives Wohlbefinden nur dann erreicht wird, wenn das längerfristige Ziel (z. B. persönlicher Fortschritt) auch tatsächlich intrinsisch gewollt ist. Ein Ziel zu erreichen, alleine weil es sozial erwünscht ist, macht nicht nachhaltig glücklich. Aus diesem Grund ist die Internalisierung der kulturellen Werte, also deren Übernahme in die eigenen Wertvorstellungen, wichtig (Ahuvia, 2002).

Individualismus versus Kollektivismus

Bei internationalen Surveys sticht das starke Gefälle in den Zufriedenheitswerten zwischen individualistischen und kollektivistischen Ländern hervor (Abbildung 6.9). Studien bestätigen, dass Menschen aus individualistisch geprägten Ländern durchschnittlich höhere Zufriedenheitswerte angeben als in kollektivistischen Gesellschaften, auch wenn für andere Faktoren wie Einkommen kontrolliert wird (Diener/Diener et al., 1995; Ahuvia, 2002).

Diese Unterschiede könnten einerseits auf den oben benannten „Self-serving bias" zurückzuführen sein. Andererseits ist es jedoch unwahrscheinlich, dass es sich bei den Wertunterschieden nur um kulturelle „Übersetzungsfehler" und Bescheidenheit handelt. Stattdessen muss es fundamentale Unterschiede im Umgang mit Glück

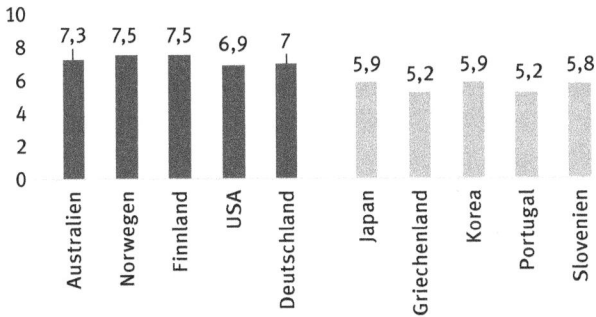

Abb. 6.9: Lebenszufriedenheit in verschiedenen Ländern (mit eher individualistischer oder kollektivistischer Tendenz); Skala von 1 (niedrig) bis 10 (hoch). Quelle: OECD, 2017a.

zwischen den Kulturen geben. Ein Unterschied besteht etwa in dem vergleichsmäßig geringen Stellenwert, der dem Streben nach persönlichem Glück in kollektivistischen Kulturen beigemessen wird. Anstelle des persönlichen Glücks steht die Realisierung sozialer Harmonie im Vordergrund (Ahuvia, 2002; Uchida et al., 2004). So liegt auch die Vermutung nahe, dass in individualistischen Kulturen wie den USA eine deutlich höhere Tendenz existiert, aktiv nach persönlichem Glück zu streben als in kollektivistischen Kulturen (Delle Fave et al., 2013).

Da viele dieser Studien jedoch schon älter sind, muss beachtet werden, dass Länder wie China in den vergangenen Jahrzehnten einen starken ökonomischen und sozialen Wandel durchgemacht haben. Die Bedeutung individualistischer Werte für die Lebenszufriedenheit nimmt hier zu (Steele/Lynch, 2013).

Ein weiterer Unterschied besteht in der grundsätzlichen Definition von Glück. Während Menschen in individualistischen Kulturen positive und negative Gefühle eher als Gegensätze ansehen, werden diese im asiatischen Raum vielmehr als Komplementäre beschrieben. Bagozzi, Wong und Yi (1999) fanden heraus, dass in den USA zwischen angenehmen und unangenehmen Gefühlen eine negative Korrelation besteht, während diese in China und Korea eine positive Korrelation aufweisen. In kollektivistischen Kulturen werden positive und negative Gefühle daher nicht als Gegenteile angesehen. Vielmehr gilt es, statt der Maximierung von angenehmen und der Minimierung von unangenehmen Emotionen, eine Balance zwischen beiden Extremen anzustreben (Uchida et al., 2013). Die Forscher Lu und Gilmour (2004, 269) analysierten Essays über Glück von amerikanischen und chinesischen Studierenden. Aus dem Aufsatz eines amerikanischen Studenten zitieren sie: „To me happiness is doing and being who I want to be without being

Die Bedeutung sozialen Glücks in unterschiedlichen Kulturkreisen held back by the restrictions of society. Happiness is a reward for all the hard work you employ". Im Gegensatz dazu wird ein chinesischer Student wie folgt zitiert: "For me, happiness can be defined in four aspects: (1) free of physical sufferings, illnesses or disabilities; (2) being socially acceptable, getting along well with other people, being respected and cared for, not being isolated; (3) free of worries and hardships, being able to live a carefree and joyful life; and (4) possessing a healthy, normal mind, being accepted by the society". Hier zeigt sich exemplarisch die unterschiedliche Auffassung des Glücksbegriffs in grundlegend verschiedenen Kulturen.

Des Weiteren stellten Suh, Diener, Oishi und Triandis (1998) große kulturelle Unterschiede fest, wenn es darum geht, sich auf die eigenen Gefühle zu verlassen, um eine Beurteilung der persönlichen Lebenszufriedenheit vorzunehmen. Sie führten eine umfangreiche länderübergreifende Studie mit Daten aus 61 Ländern von insgesamt 62.446 Teilnehmern durch. Das Ergebnis weist darauf hin, dass es in individualistischen Kulturen für Menschen selbstverständlich ist, die eigenen Emotionen und Gemütszustände als Maßstab für die individuelle Lebenszufriedenheit heranzuziehen. In kollektivistischen Kulturen hingegen orientieren sich Menschen des Öfteren an den gesellschaftlichen Normen beziehungsweise daran, ob bestimmte Lebensumstände sie zufrieden machen sollten, anstatt an ihrer tatsächlich vorliegenden Zufriedenheit. Nicht nur die Vorgaben der Gesellschaft, sondern auch die Meinung von Freunden und Familien spielt hier eine wichtige Rolle. Damit einher geht auch die Feststellung, dass die kulturell bedingte Erwünschtheit von Glück das berichtete Wohlergehen in unterschiedlichen Kulturen prägt. Denn nicht nur die Definition von Glück variiert in verschiedenen Gesellschaften. Auch die Annahme, dass das individuelle Glück ein wünschenswerter Zustand ist, ist ausschlaggebend. So kann es sein, dass in grundsätzlich optimistischeren Gesellschaften mehr Menschen angeben zufrieden zu sein, weil eben dieses Gefühl als wünschenswertes Attribut gilt. In manchen kollektivistischen Kulturen wird Gefühlen weniger Wert beigemessen, sodass zum Beispiel Chinesen Zufriedenheit als weniger wichtig im Vergleich zu anderen Lebenszielen einordnen und weniger über ihr persönliches Glück nachdenken (Diener/Suh et al., 1995).

Einige Ansätze gehen davon aus, dass individualistisches Kulturgut zu mehr Wohlbefinden befähigt, indem es kognitive Harmonie erzeugt. Ahuvia (2002) erläutert diese Herangehensweise mit folgendem theoretischen Gerüst: Es gibt extrinsische und intrinsische Ziele. Intrinsische Ziele entsprechen unseren psychologischen Grundbedürfnissen wie der persönlichen Entwicklung, erfüllenden sozialen Kontakten oder Autonomie. Extrinsische Ziele hingegen werden in der Regel angestrebt, um den eigenen Wert in den Augen anderer zu erhöhen. Soziales Ansehen, finanzieller Erfolg oder ein attraktives Äußeres gehören hierzu. Die Erfüllung intrinsischer Ziele führt zu größerem subjektivem Wohlbefinden als das Erreichen extrinsischer Ziele. Werden diese Ziele noch dazu aus intrinsischer anstatt aus extrinsischer Motivation (z. B. aufgrund von äußerem Druck oder Schuldgefühlen) verfolgt, steigern sie in hohem Maße das Wohlbefinden. Strebt ein Schulabsolvent zum Beispiel eine bestimmte Ausbildung an, weil er sich von sich aus für die Themen interessiert und sich auf einen Beruf in diesem Bereich freut, wird er mit dem Abschluss eher zufrieden sein als mit dem Abschluss einer Ausbildung, zu der ihm seine Eltern geraten haben ohne dass persönliches Interesse dafür besteht. Aufgrund der zunehmenden Individualisierung, so Ahuvia, können Lebensstile, die mit den intrinsischen Zielen übereinstimmen, besser verfolgt werden. Weniger soziale Verpflichtung und freiere Gestaltungsspielräume ermöglichen ein Handeln nach den eigenen Vorstellungen ohne äußeren Druck. Das Sozialkapital einer Gesellschaft verringert sich dadurch zwar, jedoch wird es dem Menschen ermöglicht, befreit von sozialer Obligation, ein Leben entsprechend der eigenen Präferenzen zu führen.

Eine mögliche sich daraus ableitende Vermutung für das Verhältnis von Grow und Flow ist Folgende: Kollektivistische Kulturen sind in ihrem Glücksstreben vorwiegend durch die Suche nach dem „Grow" geprägt. Sie sind eher langfristig orientiert. Ein erfülltes Leben wird eher in Grow-Momenten gesehen. Kognitives Wohlbefinden definiert sich daher in erster Linie über die Erfüllung akzeptierter sozialer Erwartungen sowie durch Investitionen in die Zukunft. Sozialen Netzwerken wird insofern eine hohe Wichtigkeit beigemessen, als dass diese Sicherheit und Rückhalt bieten, damit langfristig das persönliche Glück fördern und gegebenenfalls bei der Bewältigung diverser Schicksalsschläge Hilfestellung leisten können. Grow und Flow

Individualistische Kulturen hingegen streben mehr nach hedonistischem Glück. Die Qualität von Freundschaften ist hier dem bloßen Netzwerk übergeordnet, auch wenn diese Freundschaften eventuell nicht von Dauer sind. Selbst bei Familienmitgliedern kann dieser Faktor eine Rolle spielen. Nicht jeder hat einen guten Kontakt zum Onkel, zur Schwester oder zum Vater, wenn man nicht gerne mit ihnen zusammen ist. Die eigenen Interessen werden der Aufrechterhaltung von kollektivistischen Werten übergeordnet.

Es bleibt jedoch zu beachten, dass Glücksunterschiede zwischen Nationen zusätzlich durch andere Faktoren beeinflusst werden. So zum Beispiel durch den wirtschaftlichen Erfolg, das Maß an sozialer

Gleichheit, Sicherheit, Stabilität, Korruption oder die Regulierung. Angesichts der zunehmenden medialen und physischen Vernetzung von Kulturkreisen stellt sich zudem die Frage, wie sich die Konfrontation mit anderen Werten und Lebensmodellen auf die Präferenzen und Glücksvorstellungen der Menschen ausprägen.

6.4 Schönheit und Glück

Schönheit spielt in unserer Gesellschaft eine große Rolle und ist allgegenwärtiges Thema. Menschen nehmen große Mühen und Kosten auf sich, um attraktiver zu erscheinen. Ist Schönheit für Lebenszufriedenheit überhaupt wichtig?

Studien bestätigten, dass die Attraktivität des Gesichts einer Person Einfluss auf die Lebenszufriedenheit haben kann (Datta Gupta et al., 2016). Die Psychologin Rita Freedman (1986) vertritt sogar die These, dass bereits Babys von Schönheit beeinflusst werden. Mütter würden stärker auf hübsche Babys reagieren und sie öfter liebkosen. Durch diese Zuwendung würde das Wohlbefinden der Babys gesteigert.

Schönheit beeinflusst das Glück sowohl direkt als auch indirekt, also zum Beispiel durch positive Effekte von Schönheit auf soziale Kontakte, welche wiederum die Lebenszufriedenheit fördern. In einer Studie von Hamermesh (2011) in den USA wurde gezeigt, dass die 30 Prozent der Frauen, die als „ausgesprochen schön" oder „gutaussehend" eingeschätzt wurden, im Durchschnitt ein etwa acht Prozent höheres Einkommen erhielten, als diejenigen, die in Bezug auf ihr Äußeres als „durchschnittlich", „unterdurchschnittlich" oder gar „unattraktiv" befunden wurden. Bei Männern war diese Positivwirkung von Schönheit auf das Einkommen weniger deutlich erkennbar (4 Prozent). Umso auffälliger ist jedoch, dass in der Studie „unterdurchschnittlich aussehende" oder „unattraktive" Männer im Durchschnitt 13 Prozent weniger Lohn verdienten. Bei den Frauen lag dieser Wert bei 4 Prozent. Diese Wirkung könnte man mit dem Halo-Effekt erklären, durch den attraktive Menschen als kompetenter, selbstbewusster und sozialer als unattraktivere Menschen wahrgenommen werden. Für den Arbeitsmarkt könnte dies beispielsweise bedeuten, dass attraktive Menschen eher gefördert werden, da ihnen bestimmte Eigenschaften zugesprochen werden.

Der indirekte Einfluss der Schönheit auf Zufriedenheit durch beruflichen Erfolg wird auch an andere Stelle sichtbar. Stockemer und Praino (2015) befassten sich mit der physischen Attraktivität im Zusammenhang mit der Kandidatenauswahl im US-Repräsentantenhaus

2008. Die Attraktivität spielt insbesondere bei dem Entscheidungsprozess uninformierter Wähler eine Rolle, bei politisch Informierten dagegen weniger. In einem Experiment befragten die Forscher 100 Probanden zunächst nach der Attraktivität verschiedener Kandidaten für das Repräsentantenhaus. Im nächsten Schritt wurden 1.200 Studierende ausgesucht, die eine Wahlentscheidung abgeben sollten. Die erste Gruppe musste ihre Entscheidung zwischen zwei Kandidaten auf Grundlage der Bilder der Kandidaten treffen. Die zweite Gruppe erhielt zusätzlich weitere Informationen zur politischen und fachlichen Kompetenz. Die uninformierten Probanden bevorzugten bei ihrer Entscheidung häufiger die Kandidaten mit einer höheren Attraktivität. Die Attraktivität einer Person scheint demnach karrierefördernd zu wirken.

Attraktivität von Dozenten
Die Forscher Rosar und Klein (2006) untersuchten in einer Studie den Einfluss der physischen Attraktivität von Dozenten auf die Evaluation ihrer Lehrveranstaltungen durch Studenten. Seit 1999 ist es an vielen Universitäten üblich, in jedem Semester die Professoren sowie deren Vorlesung durch die Studenten mithilfe eines Fragebogens bewerten zu lassen. Seit dem Wintersemester 2001/2002 veröffentlicht das Institut für Wirtschafts- und Sozialpsychologie der Universität zu Köln regelmäßig das arithmetische Mittel dieser Gesamtbeurteilung für jede bewertete Veranstaltung. Diese Daten aus insgesamt neun Semestern für eine Gesamtzahl von 1.004 Lehrveranstaltungen nutzen Rosar und Klein bis einschließlich des Wintersemesters 2005/2006.
Um den Zusammenhang zwischen der Attraktivität der Dozenten und deren Einfluss auf die Bewertung ihrer Vorlesungen untersuchen zu können, wurde zunächst die physische Attraktivität der Professoren ermittelt. Anhand von Portraitfotos in schwarz-weiß, die für 206 Dozenten und damit für 717 Lehrveranstaltungen vorlagen, beurteilten durchschnittlich 36 und mindestens 25 Probanden die Attraktivität der Professoren. Die Einzelurteile wurden zu einem Mittelwert verrechnet. Die Attraktivitätsbewertung erfolgte auf einer Skala von 0 („unattraktiv") bis 6 („attraktiv"). Des Weiteren sollten die Studenten die Professoren anhand der Fotos auf derselben Skala in den Kategorien Intelligenz, Kreativität, Fleiß und Sympathie bewerten. Die Attraktivität aller Dozenten betrug im Durchschnitt 2,2 Punkte. Professorinnen erhielten eine um einen Skalenpunkt bessere Bewertung als ihre männlichen Kollegen (3,0).
Im Anschluss wurden die Attraktivitätswerte mit den anderen Eigenschaften, die auf fachliche oder didaktische Kompetenz schließen lassen, korreliert. Die Attraktivität der Dozenten wies einen statistisch signifikanten Einfluss auf die Bewertung ihrer Lehrveranstaltungen aus. Zwischen den Geschlechtern zeigten sich keine wesentlichen Unterschiede.

Heutzutage wird unter anderem durch die Medien zunehmend die Vorstellung verbreitet, dass schöne Menschen, seien es Models oder andere Berühmtheiten, glücklicher und erfolgreicher seien. Eine Studie hat sich mit diesem Thema befasst und belegt, dass weibliche Models häufig allerdings weniger glücklich sind als „normale Frauen". Oftmals leiden sie unter persönlichen Problemen und sind misstrauischer, überaus emotional, zwischenmenschlich entfremdet, exzentrisch und egozentrisch. Ein gutes Aussehen befriedigt eben nicht grundlegende menschliche Bedürfnisse wie etwa Wertschätzung und Anerkennung von Fähigkeiten und Kompetenzen. Ganz im Gegenteil: Models müssen meist ihre eigenen Wünsche hinter denen der Kunden anstellen (Meyer et al., 2007).

Bezüglich der Körpermaße zeigten Barry, Pietrzak und Petry (2008), dass mit steigendem BMI (Body-Mass-Index) das Risiko einer Depression steigt, insbesondere bei Frauen. Datta Gupta, Etcoff und Jaeger (2016) bestätigten dies ebenfalls. Sie fanden in einer Studie heraus, dass der BMI direkte und indirekte Auswirkungen sowohl auf das Wohlbefinden als auch Depression haben kann. Die Auswirkungen der Attraktivität auf das Wohlbefinden sowie auf Depressionen sind in ihrem Ausmaß außerdem vergleichbar. Dies könne dadurch hervorgerufen werden, dass übergewichtige Menschen aufgrund von Stereotypen stigmatisiert und somit auch benachteiligt werden.

Die Auswirkung von Stereotypen auf die soziale Interaktion untersuchten bereits in den 70er Jahren Snyder, Tanke und Berscheid genauer (1977). In einem Experiment wurden Telefongespräche zwischen jeweils einem Mann und einer Frau arrangiert. Neben groben Informationen über die andere Person erhielten die Männer Bilder ihrer vermeintlichen Gesprächspartnerinnen. Diese zeigten attraktive oder weniger attraktive Frauen, die jedoch alle ähnlich gekleidet waren und lächelten. Die Frauen auf den Fotos stimmten allerdings nicht mit der jeweiligen Gesprächspartnerin überein. Über einen Fragebogen mussten die Männer zunächst ihren Eindruck über ihre Gesprächspartnerinnen bezüglich unterschiedlicher Charaktereigenschaften bewerten. Es zeigte sich, dass die Frauen, die unwissentlich als attraktiv bewertet wurden, von den Männern gleichzeitig als aufgeschlossener, geselliger und herzlicher wahrgenommen wurden. Neutrale Beobachter wiederum bewerteten die Männer als aufgeschlossener, humorvoller und sozial versierter, die mit vermeintlich attraktiven Frauen sprachen. Die Männer veränderten je nach Attraktivität der Frauen ihren Kommunikationsstil, welcher wiederum das Verhalten des Gesprächspartners beeinflusst. Somit ergibt sich eine selbsterfüllende Prophezeiung, durch welche man darauf schließt, dass attraktivere Menschen humorvoller und sozial kompetenter seien. Dieses Experiment zeigt, dass die Attraktivität eines Menschen die soziale Interaktion beeinflusst, welche eng mit der Lebenszufriedenheit verknüpft ist (Kapitel 7).

Andere Studien zeigen einen möglichen Zusammenhang von Attraktivität und der Dauer von Beziehungen. Ein Forscherteam aus Harvard (Ma-Kellams et al., 2017) ließ dazu das Aussehen von Männern auf alten Jahrbuchfotos bewerten. Zu diesem Zeitpunkt waren die Männer etwa 18 bis 19 Jahre alt, zum Zeitpunkt der Untersuchung 30 Jahre älter. Daraufhin untersuchten sie die Partnerschaften derjenigen, die geheiratet hatten. Die Männer, die auf den Jahrbuchfotos als besonders attraktiv eingestuft wurden, hatten eine höhere Wahrscheinlichkeit für Scheidung und kürzere Ehen.

7 Glück durch soziale Beziehungen

Trotz aller Unterschiede und Veränderungen des Glücksempfindens im Laufe der Zeit ist ein wichtiger glücksbedingender Faktor bei Betrachtung der Mehrheit der Menschen konstant und kulturübergreifend gültig: soziale Beziehungen. Gute soziale Beziehungen zu anderen Menschen sind einer der stärksten Faktoren für Lebenszufriedenheit. Soziale Vergleiche hingegen – ein fast unausweichlicher Vorgang im Kontakt mit anderen Menschen – können sich negativ auf die Lebenszufriedenheit auswirken. Gilt also der Satz, den Albert Schweizer (1875–1965) gesagt haben soll: „Das Glück kann man nur multiplizieren, indem man es teilt"?

7.1 Soziale Beziehungen

Soziale Beziehungen sind vielfältig. Täglich interagiert man mit Freunden, Familienmitgliedern, Partnern, Nachbarn, Bekannten, Kollegen, Lehrern und vielen mehr. Evolutionär gesehen war es schon immer notwendig, sich mit anderen zu verbünden. Diejenigen unserer Vorfahren, die sich in gut funktionierende Gruppen zusammenschlossen, hatten zahlreiche Fitness- und Überlebensvorteile: Sie waren erfolgreicher beim Jagen, konnten sich gegenseitig beschützen, pflegen und durch Arbeitsteilung einen höheren Lebensstandard generieren. Diese Faktoren wiederum begünstigten die Fortpflanzung und die Weitergabe der eigenen Gene an die nächste Generation. Doch nicht nur angeborenes Überlebenskalkül macht den Menschen zu einem sozialen Wesen. Auch Aristoteles wies auf den tief verwurzelten Wunsch des Menschen nach Anbindung und sozialen Kontakten hin (Myers, 2000).

Qualität statt Quantität
Es ist nicht verwunderlich, dass soziale Kontakte einen starken positiven Einfluss auf die Lebenszufriedenheit haben. Dabei kommt es mehr auf die Qualität der Beziehungen als auf die Anzahl der sozialen Kontakte an: „The quality of social contacts shows stronger associations with SWB [Social Well-Being] than does the quantity of social contacts" (Pinquart/Sörensen, 2000, 187). Diejenigen, die generell qualitativ hochwertigere Beziehungen pflegen, weisen also ein größeres Wohlbefinden auf.

Doch das Pflegen sozialer Beziehungen wird durch den Trend zum individualistischen Lebensstil sowie die steigende Mobilität zunehmend erschwert. Forscher bestätigen zwar, dass Beziehungen und das Gefühl von Verbundenheit als grundsätzliche Bedürfnisse essenziell

https://doi.org/10.1515/9783110557626-007

für die menschliche Zufriedenheit sind (Baumeister/Leary, 1995). Myers (2000) kritisiert jedoch, dass die Bedeutung sozialer Beziehungen oftmals unterschätzt wird. Ratgeber und Lebensansichten des modernen Individualismus würden enge soziale Beziehungen zum Teil als Gefahr für die Selbstverwirklichung sehen. Demzufolge könne die Abhängigkeit von anderen im Zweifelsfall zu Lasten der eigenen Zielverfolgung und der eigenen Individualität gehen.

Zufriedenheit durch zufriedene und nahe Kontakte
Nicht nur die bloße Gesellschaft anderer macht uns glücklich. Besonders die Anwesenheit glücklicher Menschen steigert die persönliche Zufriedenheit. Das fanden Forscher in einer großen Langzeitstudie, der sogenannten Framingham Study (Fowler/Christakis, 2008) heraus. Durchschnittlich 4.739 Personen wurden in dieser Studie in den Jahren 1983 bis 2003 untersucht. Die Studie gliedert sich in mehrere Kohorten, wovon die „Offspring Cohort" mit 5.124 Personen beginnend im Jahr 1971 von besonderer Relevanz für die hier erwähnten Erkenntnisse ist. Bei einer generellen Bandbreite von 21 bis zu 70 Jahren betrug das durchschnittliche Alter der Studienteilnehmer 28 Jahre; 53 Prozent waren Frauen. Bezogen auf das Bildungsniveau besuchten die Teilnehmer durchschnittlich 1,6 Jahre die Universität/Hochschule. Die Bandbreite der Hochschulzeit betrug zwischen 0 und 17 Jahren.
Im Laufe der Studie stellte man Verbindungen zwischen 12.067 Individuen und damit 53.228 soziale Bindungen fest. Von allen Teilnehmern sammelten die Forscher vollständige Informationen von allen Verwandten ersten Grades (hier definiert als Eltern, Ehepartnern, Geschwistern, Kindern) und mindestens einem engen Freund. 45 Prozent der 5.124 Teilnehmer waren freundschaftlich mit anderen Personen innerhalb der Studie verbunden.
1983 wurde zum ersten Mal das Glücksniveau aller Teilnehmer gemessen. Hierzu bedienten sich die Forscher der sogenannten CESD, der Center for Epidemiological Studies Depression Scale. Darin wurden die folgenden vier Items abgefragt: 1.) „I felt hopeful about the future"; 2.) „I was happy"; 3.) „I felt that I was just as good as other people"; 4.) „I enjoyed life". Auf einer Skala von null (selten bis gar nicht) bis drei (meistens bis immer) sollten die Teilnehmer bewerten, inwiefern sie die genannten Gefühle für die vergangene Woche bestätigen können. Die Forscher definierten vollkommenes Glück als den höchstmöglichen Wert bei all diesen vier Fragen. Zur Untersuchung der Veränderung der Zufriedenheitswerte verglichen die Forscher die Werte zu verschiedenen Erhebungszeitpunkten.
Es zeigte sich: Die Wahrscheinlichkeit, dass eine Person glücklich ist, steigt mit der Zufriedenheit der Menschen in der direkten Umgebung. Das gilt besonders für enge Freunde und direkte Nachbarn. Bei Freunden hingegen, die über eine Meile weit wegwohnen („distant friends"), konnten die Forscher keinen signifikanten Einfluss auf das Glück der jeweiligen Teilnehmer feststellen. So liegt die Vermutung nahe, dass räumliche Distanz einen entscheidenden Faktor für das Ausmaß des Einflusses sozialer Beziehungen auf das persönliche Glück darstellt.
Vor dem Hintergrund der Digitalisierung ist es vorstellbar, dass sich diese Erkenntnisse bei einem erneuten Versuch in der heutigen Zeit verändern. Noch

vor 12 Jahren, kurz nachdem das erste iPhone im Jahr 2007 auf den Markt kam, wurde anders kommuniziert. Messengerdienste und Plattformen gab es damals zwar vereinzelt schon, die Nutzung war allerdings noch eher stationär an einen Computer gebunden. Durch neue Kommunikationswege werden nun räumliche Distanzen immer weiter minimiert. Dies legt nahe, dass die Definition von „distant friends" heute eine andere ist.

Ein positiver Nebeneffekt qualitativ hochwertiger sozialer Beziehungen besteht im Einfluss auf die Gesundheit. Bei einer Datenanalyse von über 300.000 Personen über durchschnittlich 7,5 Jahre fanden Forscher heraus, dass soziale Beziehungen nicht nur glücklich machen. Menschen mit „gesunden", adäquaten sozialen Kontakten haben eine bis zu 50 Prozent geringe Sterblichkeitsrate als Befragte mit schlechten oder (zu) wenigen Beziehungen. Dieser Effekt sei gleichzusetzen mit der Rauchentwöhnung und übersteige Risikofaktoren für Mortalität wie etwa Fettleibigkeit oder körperliche Inaktivität (Holt-Lunstad et al., 2010).

Theorie des Sozialkapitals

Das soziale Netzwerk eines Menschen wird oftmals als „soziales Kapital" bezeichnet (Putnam et al., 1993). Dieser Begriff wurde vor allem durch Pierre Bourdieu geprägt. Demnach wird unter Sozialkapital die Gesamtheit aktueller sowie potenzieller Ressourcen verstanden, die auf Zugehörigkeit zu einer Gruppe beruhen. Die Zugehörigkeit zu einer Gruppe bringt materielle Profite, etwa in Form von Gefälligkeiten von anderen oder auch symbolische Profite wie exklusive Mitgliedschaften mit sich (Bourdieu, 1983). Menschen mit ausgeprägtem Sozialkapital verfügen über mehr Sicherheit und Vertrauen. Durch die engen Bande entsteht dabei ein Umfeld, in dem es ihnen leichter fällt, ein glückliches und zufriedenes Leben aufzubauen.

So fassen Diener und Seligman (2004) aus verschiedenen Studien zusammen, dass ein höheres Sozialkapital, also höheres gegenseitiges Vertrauen und Hilfsbereitschaft, Engagement, Kirchen- und Gruppenzugehörigkeit innerhalb einer Gesellschaft zu höherem Wohlbefinden führt. Vertrauen macht glücklich. Dieser Zusammenhang wird von anderen Forschern bestätigt. Menschen, die ihre Umgebung als „hightrust environment", als vertrauensvoll beschreiben, geben auch eine höhere Lebenszufriedenheit an (Helliwell/Putnam, 2004). Schwankungen bezüglich der Zufriedenheitsniveaus können zu einem großen Teil durch Unterschiede im gewährten Vertrauen erklärt werden. Dieser positive Zusammenhang zwischen dem Vertrauen und der Lebenszufriedenheit von Menschen findet sich auch in der wirtschaftlichen Stärke eines Landes wieder. Grundsätzlich gilt: Menschen profitieren von Vertrauen. Nicht nur Individuen, sondern auch Unternehmen und

Staaten, in denen Vertrauen herrscht, sind erfolgreicher (La Porta et al., 1997; Zak/Knack, 2001).

Der Mensch ist von Grund auf ein soziales Wesen. Daher macht es uns glücklicher, wenn wir mit Menschen in Kontakt treten und unsere Beziehungen zu anderen verbessern – auch durch den Einsatz von Geld. Geld scheint einen direkten Einfluss auf soziale Beziehungen zu haben. Dunn, Aknin und Norton (2008) zeigten, dass diejenigen, die einen Teil ihres Geldes in Geschenke für andere investieren oder spenden unabhängig von ihrer Einkommensklasse wesentlich glücklicher sind, als diejenigen, die ihr Geld für persönliche Wünsche ausgeben. Unter anderem lässt sich dieser Zusammenhang mithilfe der Wirkung und Bedeutung von Geschenken für den Menschen und auf dessen soziale Beziehungen erklären. Forscher stellten fest, dass ein Geschenk eines romantischen Partners beispielsweise den Glauben an die Beziehung zum anderen und an deren langfristiges Bestehen bis hin zur Wahrscheinlichkeit einer Ehe maßgeblich beeinflussen kann. Abgesehen davon sind Spenden und Geschenke oftmals eine Möglichkeit zu positiver Selbstdarstellung. Es macht glücklich, wenn andere eine positive Meinung von einem selbst haben und – zunächst unabhängig von den dahinterliegenden Gründen – Wertschätzung entgegenbringen (Dunn et al., 2007).

Der Einfluss von Geld auf soziale Beziehungen

Der umgangssprachliche Ausspruch: „Bei Geld hört die Freundschaft auf" passt – in etwas anderer Bedeutung – zu Befunden zum Zusammenhang von Wohlstand und sozialen Kontakten. Der Besitz von mehr Geld kann eine Abnahme der Hilfsbereitschaft eines Menschen zur Folge haben und somit unter Umständen die Qualität und Quantität der sozialen Kontakte schmälern. Menschen, die mehr Geld besitzen, sind weniger auf die Gunst ihrer Mitmenschen angewiesen. Sie verhalten sich daher oft egoistischer und unsozialer (Kast, 2012). Dieses Verhalten wirkt sich dann wiederum negativ auf die persönlichen Beziehungen und sozialen Kontakte und somit auf das persönliche Glück eines Menschen aus.

7.2 Beglückende Kontakte

In Bezug auf Glück und Zufriedenheit gehören Freundschaften zu den wichtigsten sozialen Beziehungen eines Menschen. Zahlreiche Studien stellten ausnahmslos fest, dass Menschen, die einige gute Freundschaften haben, glücklicher sind als solche mit weniger oder qualitativ schlechteren Freundschaften (Argyle, 2001; Myers, 2000). Denn wirkliche Freunde wirken sich positiv auf das kognitive und emotio-

Freundschaft

Tab. 7.1: Netto-Effekt von positiven und negative Gefühlen während verschiedener sozialer Kontakte; n = 909; Glücksempfinden auf einer Skala von 0 (gar nicht) bis 6 (sehr). Quelle: Kahneman et al., 2004.

Kontakt	durchschnittliches Netto-Glücksempfinden (Skala 0–6)	durchschnittliche Dauer pro Tag (in Std.)
Freunde	3,7	2,6
Verwandte	3,4	1,0
Partner	3,3	2,7
eigene Kinder	3,3	2,3
Klienten/Kunden	2,8	4,5
Kollegen	2,8	5,7
allein	2,7	3,4
Vorgesetzte	2,4	2,4

nale Wohlbefinden aus. Durch sie wird unser Bedürfnis nach sozialer Zugehörigkeit und Sicherheit befriedigt und wir erfahren mehr positive Affekte. Umfragen zufolge haben die Deutschen durchschnittlich sechs Freunde, von denen drei wahre Freunde sind. Die Anzahl der wahren Freunde bleibt über das Leben hin im Durchschnitt konstant, während die Zahl der Freunde zwischen acht (junges Erwachsenenalter) und fünf (mittleres Alter) schwankt (Splendid Research GmbH, 2017).

Eine ESM Untersuchung von 909 berufstätigen Frauen zeigte, mit wem diese das Zusammensein am meisten genossen und wie viel Zeit sie im Durchschnitt mit diesen Personen verbrachten (Tabelle 7.1).

Die Ergebnisse zeigen deutlich, dass das Zusammensein mit Freunden bei den Befragten zum höchsten Wohlbefinden (3,7 auf einer Skala von 0 bis 6) führte und sie dementsprechend auch relativ viel ihrer freien Zeit mit ihnen verbrachten (durchschnittlich 2,6 Stunden am Tag). In einer Studie fanden Diener und Seligman (2002), dass die Personen, die in die glücklichste Gruppe ihrer Umfrage fielen, exzellente soziale Beziehungen hatten und wenig Zeit allein verbrachten. Diese Selbstauskunft wurde von peer-ratings Außenstehender bestätigt.

Segrin und Taylor (2007) belegen in einer Studie mit 703 Probanden im Alter von 18 bis 87 Jahren, dass Freundschaften das Wohlbefinden begünstigen (Tabelle 7.2). Beispielsweise korrelieren diese signifikant positiv mit Lebenszufriedenheit, Selbstwirksamkeit, Hoffnung, Glück und Lebensqualität. Darüber hinaus korrelieren Freundschaften mit sozialen Kompetenzen ($r = .53$). Wie bei allen Befunden sagt die Korrelation jedoch nichts über die Kausalität aus. Das bedeutet, dass die Erklärung auch andersherum lauten könnte, dass glückliche Menschen positivere Beziehungen mit anderen haben.

Tab. 7.2: Korrelationen zwischen Freundschaften und Wohlbefinden sowie sozialen Kompetenzen. Quelle: Segrin/Taylor, 2007.

	Positive Beziehungen mit anderen
Lebenszufriedenheit	$r = .42$
mit Umwelt zurechtkommen („Environmental mastery")	$r = .55$
Selbstwirksamkeit	$r = .59$
Hoffnung	$r = .53$
Glück	$r = .55$
Lebensqualität	$r = .58$

Wieso aber machen uns Freundschaften glücklicher? Zum einen erfahren Menschen in engen Beziehungen positive Wertschätzung und positive Rückmeldungen auf das eigene Verhalten. Diese Art von Feedback steigert das subjektive Wohlbefinden. Hinzukommt die positive Wirkung guter Beziehungen auf den Umgang mit Stress. Menschen, die sich in einem starken sozialen Netzwerk wiederfinden, können besser mit Stress und unerwarteten Problemsituationen, wie Arbeitslosigkeit oder Krankheit umgehen (Perlman/Rook, 1987). So gesehen kann das Gefühl der sozialen Zugehörigkeit Ängste und Stressfaktoren abschwächen und damit zum Wohlbefinden beitragen. Schlechte soziale Beziehungen hingegen mindern das Wohlbefinden. Also hat nicht nur der Mangel an sozialer Nähe negative Konsequenzen. Auch vorhandene schlechte Beziehungen können glücksmindernd wirken (Pinquart/Sörensen, 2000).

Isolation

Ein intaktes soziales Netzwerk kann nicht nur glücklich, sondern Einsamkeit und Isolation können umgekehrt auch unglücklich machen. Craig Haney, Psychologieprofessor an der Universität in Kalifornien, Santa Cruz, gelangt zu diesem Schluss in einer Studie (2003) mit Insassen des Staatsgefängnisses California Pelican Bay supermax. Nach einigen Jahren der kompletten Isolierung von anderen – so Haney – verlieren Gefängnisinsassen die Fähigkeit zu sonst selbstverständlichen Handlungen. Sie seien nicht länger in der Lage, ihr Leben selbstständig zu regulieren und zu organisieren. In der Regel resultiere aus einer Isolationshaft chronische Apartheit, Lethargie oder Depression. In extremen Fällen seien die Insassen buchstäblich nicht zu (sonst selbstverständlichen) menschlichen Verhaltensweisen fähig.

Freundschaften zeichnen sich nicht nur durch Gespräche, sondern auch durch gemeinsame Aktivitäten aus. Bucher (2009a) stellt daher in erster Linie die beglückenden Freizeitaktivitäten, die mit festen Freundschaften einhergehen, heraus. Eine schöne Aktivität macht mehr Spaß, wenn wir sie gemeinsam mit jemandem erleben. Freundschaften steigern nicht nur Flow-Gefühle, sondern führen auch längerfristig zu Grow-Erlebnissen und nachhaltigem Glücksempfinden. Durch Aktivitäten mit Freunden wird nicht nur in die Freundschaften investiert, sondern im Rahmen geteilter Interessen die eigene Individualität ausgelebt und besonders den Dingen nachgegangen, die persönliche Freude bereiten.

Die Persönlichkeit im Sinne der Big Five hat ebenfalls Einfluss auf Freundschaften. So haben Demir und Weitekamp (2007) herausgefunden, dass der Effekt der Persönlichkeitsmerkmale auf das Glück (Kapitel 5) durch gute Freundschaften verstärkt wird. Sie wiesen einen Einfluss aller Persönlichkeitsmerkmale, mit Ausnahme der Offenheit für Erfahrungen, auf das Glück nach. Neurotizismus hat dabei den stärksten Einfluss auf das (Un-)Glück insgesamt, weniger jedoch auf die Qualität von Freundschaften. Weiterhin haben neurotische Menschen häufiger Streit mit ihren Freunden. Extravertierte Menschen haben häufig mehr Freunde und besonders enge Beziehungen zu ihren besten Freunden. Das Merkmal der Verträglichkeit hat einen hohen positiven Einfluss auf die Qualität von Freundschaften und senkt das Konfliktpotential. Somit ist die Qualität von Freundschaften nachweisbar abhängig von der jeweiligen Persönlichkeit eines Menschen und somit auf die Lebenszufriedenheit.

Liebe und Zuneigung
Zu kaum einem Zeitpunkt fühlen sich Menschen glücklicher, als wenn sie verliebt sind – und diese Liebe erwidert wird. Verliebtheit ist wie ein Hormoncocktail im Gehirn. Es hat ähnliche Wirkungen wie ein Drogenrausch (Bucher, 2009a). Dass dieser Rausch nicht ewig anhält, ist allgemein bekannt. Verliebtheit und körperliche Zuwendung schütten im Körper eine Vielzahl von Hormonen aus. Das Bindungshormon Oxytozin etwa sorgt dafür, dass auch nachdem der Rausch der Verliebtheit abgeflaut ist, das Bindungsgefühl zum Partner aufrechterhalten werden kann. So kann Oxytozin als „sozialer Kitt" oder „Instrument für menschlichen Zusammenhalt" angesehen werden, der nicht nur bei Paaren eine große Bedeutung für gegenseitige Zuneigung und Bindung hat (Wilhelm, 2009).

In der Gesellschaft wird die Vorstellung der romantischen Liebe als absoluter Glücksbringer zunehmend verbreitet. Burkart (2002) sieht bei dieser Entwicklung einen Zusammenhang mit dem Bedeutungsverfall anderer Werte. Die Religion beziehungsweise die Kirche wird nur noch selten als beglückende Institution angesehen; die Liebe stellt stattdessen das transzendente, erstrebenswerte Glück dar. Mit dieser Entwicklung gehen auch wachsende Ansprüche an eine Partnerschaft einher, indem sie beispielsweise nicht nur Selbstverwirklichung und persönliches Glück, sondern auch sexuelle Erfüllung ermöglichen soll.

Ein nicht zu vernachlässigender Punkt bei der Betrachtung von Partnerschaft und Wohlbefinden, ist die starke positive Wirkung von Sex. Er gehört nicht nur zu den Aktivitäten, bei denen sich die Menschen nach eigenen Angaben mit am glücklichsten fühlen, sondern korreliert auch mit hohen Werten zur generellen Lebenszufriedenheit. Blanchflower und Oswald (2004) werteten Daten zu Glück und sexueller Aktivität in Amerika aus und fanden: „The more sex, the happier the person". Die Auswertungen zeigten auch, dass Sex einen höheren Effekt auf das Wohlbefinden höher gebildeter Menschen hat. Sex allein, unabhängig davon mit wem, erhöht aber nicht das Wohlbefinden. Männer, die mit Prostituierten verkehren oder außerhalb ihrer Ehe Sexpartner haben, sind den Auswertungen nach unglücklicher. Nicht überraschend erscheint da das Ergebnis, dass die Zahl der Sexpartner im letzten Jahr, die das Wohlbefinden maximierten, eins betrug (Blanchflower/Oswald, 2004).

Romantische Liebe sowie die Ehe stiften gemäß den Ansichten der Gesellschaft einen hohen Beitrag zur Lebenszufriedenheit (Frey/Frey Marti, 2010). Eine Partnerschaft oder eine Ehe sind heute Ausdruck des persönlichen Glücks und aus individuellen Entschlüssen entwachsen. Die Ehe ist nicht ausschließlich, wie vor einigen Jahrhunderten noch, zweckgebunden und dient nicht zwingend der Wohlstandssicherung. Mit dem Aufstieg der bürgerlichen Gesellschaft und vor allem des modernen Individualismus ging auch eine Abkehr von den ursprünglichen, heute veralteten Rollenbildern einher. Die gesellschaftliche Konvention der existenzsichernden Großfamilie ist in den Hintergrund gerückt und an ihre Stelle ist das Paarglück beziehungsweise die individuelle Zufriedenheit getreten (Burkart, 2002). Grundsätzlich zeigt sich: Menschen in einer festen Partnerschaft und Verheiratete sind zufriedener als Singles, wobei dieser Unterschied in den letzten Jahren geringer geworden ist (z. B. Layard, 2005a; Frey/Stutzer, 2002; Bucher, 2009a; Zimmermann/Easterlin, 2006; Stutzer/Frey, 2006). Zwischen einer Ehe und einer Partnerschaft können hinsichtlich des Empfindens der Lebenszufriedenheit offenbar keine großen Unterschiede in ihrem Mehrwert für das individuelle Glück festgestellt werden (Abbildung 7.1).

Auch Zimmermann und Easterlin (2006) fanden in einer Analyse von SOEP-Daten, dass die Formalisierung einer Partnerschaft durch die Ehe, der langfristigen Lebenszufriedenheit nichts hinzufügt. Sie untersuchten die Verbindung zwischen individueller Lebenszufriedenheit und Eheschließung und unterteilten die zur Verfügung stehenden Daten von 1984 bis 2004 in mehrere Phasen: In der ersten Phase wurde die

Partnerschaft und Ehe

	5,5	6,0	6,5	7,0	7,5	8,0

ledig mit fester Partnerschaft ▨▨▨▨▨▨▨▨▨▨ 7,6

verwitwet mit neuem Partner ▨▨▨▨▨▨▨▨ 7,4

eingetragene gleichgeschlechtliche ▨▨▨▨▨▨▨▨ 7,4

verheiratet ▨▨▨▨▨▨▨▨ 7,4

geschieden mit Partner ▨▨▨▨▨▨▨ 7,2

ledig ohne Partner ▨▨▨▨▨▨▨ 7,1

verwitwet ohne Partner ▨▨▨▨▨ 6,8

geschieden ohne Partner ▨▨▨▨ 6,4

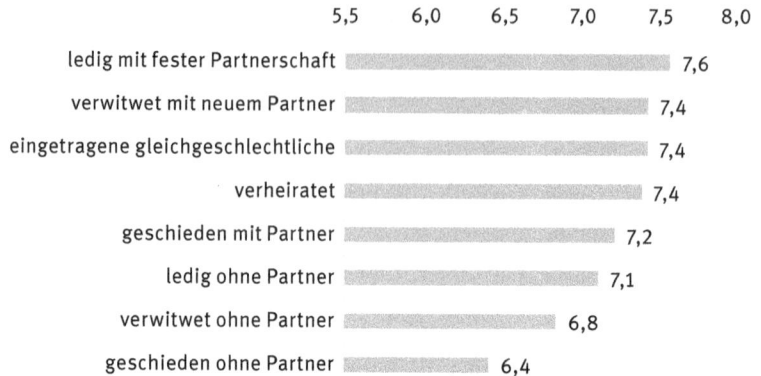

Abb. 7.1: Durchschnittliche Lebenszufriedenheit nach Familienstand; Skala von 0 (ganz und gar nicht zufrieden) bis 10 (ganz und gar zufrieden). Quelle: Eigene Berechnung auf Basis des SOEP 2016.

Durchschnittszufriedenheit aller Befragten (zu diesem Zeitpunkt ohne feste Partnerschaft) gemessen. Dieser Wert galt als Ausgangspunkt. In der zweiten Phase (cohabitation) untersuchten die Forscher, wie sich dieses Zufriedenheitsniveau verändert, wenn eine feste Partnerschaft aufgenommen und diese schließlich durch die Ehe formalisiert wird. Die Phase nach der Eheschließung nannten sie „reaction". Diese dritte Phase sollte zeigen, ob ein sogenannter „Honeymoon effect" bei der Eheschließung vorliegt und ob Ehepartner sich mit der Zeit an das neue Glück anpassen und gewöhnen. Dazu wurde der Unterschied zwischen dem Basiswert und der Gesamtzufriedenheit in der Ehe ab dem zweiten Ehejahr ermittelt. In der letzten Phase beleuchteten Zimmermann und Easterlin – soweit möglich – die Veränderung der Lebenszufriedenheit nach einer Scheidung oder Trennung. Ihre Ergebnisse waren konsistent mit denen anderer Forscher. Zunächst steigt die Zufriedenheit von Männern und Frauen kurz vor bzw. kurz nach der Heirat. Doch bereits nach einem Jahr wird der Zustand adaptiert und die Zufriedenheit sinkt wieder auf ihr ursprüngliches Niveau (Stutzer/Frey, 2006; Frey/Frey Marti, 2010). Trotzdem liegt sie immer noch höher als bei nicht Verheirateten. Diese Auswirkungen des Familienstandes auf das Glück konnten in zahlreichen Studien bestätigt werden (z. B. Köcher/Raffelhüschen, 2011; Stutzer/Frey, 2006). Eine feste Partnerschaft macht also glücklich, wobei darüber hinaus die formale Eheschließung keine weitere Glückssteigerung zur Folge haben muss. Gegenteilige Annahmen über die Veränderung der langfristigen Zufriedenheit durch Heirat wurden bereits in Kapitel 4 (Setpoint-Theorie) ausgeführt und sollen hier nicht wiederholt werden.

Die (zumindest kurzfristige) positive Wirkung der Ehe und der festen Partnerschaft ist auch kulturübergreifend festzustellen. Diener, Gohm, Suh und Oishi (2000) gehen davon aus, dass die Ehe überall eine ähnlich positive Wirkung auf die Zufriedenheit hat. Insbesondere in kollektivistisch geprägten Ländern ist der Unterschied zwischen der Zufriedenheit von verheirateten und nicht verheirateten Personen bzw. Paaren stärker als in individualistisch geprägten Ländern. Soziale Normen scheinen demnach Einfluss auf die Lebenszufriedenheit zu nehmen. Somit kann eher von einem indirekten Effekt gesprochen werden: Menschen, die nicht verheiratet sind, müssen ab einem bestimmten Alter und bei entsprechenden gesellschaftlichen Normen möglicherweise mit gesellschaftlicher Ausgrenzung rechnen.

Dass besonders die Ehe einen großen Teil zum Wohlbefinden beiträgt, wird oftmals damit argumentiert, dass „social support" in Form von wohltuenden Effekten der Partnerschaft (z. B. emotionale Unterstützung, sexuelle Intimität, soziale Anerkennung, familiärer Rückhalt) die Lebenszufriedenheit im Allgemeinen steigert (Zimmermann/ Easterlin, 2006). Auswertungen des SOEP zeigen zudem, dass familienorientierte Menschen durchschnittlich zufriedener sind (Headey/ Wagner, 2018). Wilson und Oswald (2005) analysierten die Effekte der Ehe auf das physische und psychologische Wohlergehen und fassen zusammen, dass Verheiratete durchschnittlich weniger anfällig für psychische und körperliche Krankheiten sind, wodurch ihre Lebenserwartung steigt. Männer und Frauen profitieren gleichermaßen von der Ehe, das Ausmaß wird allerdings durch die Qualität der Ehe und vorherige Vorstellungen beeinflusst.

Obwohl viele Studien zeigen, dass verheiratete Menschen glücklicher sind als Unverheiratete, bedeutet dies nicht zwangsläufig, dass eine unglückliche Ehe besser ist als gar keine. An diesem Aspekt, der Qualität der Ehe, setzten Chapman und Guven (2016) an. Durch die Analyse von Daten aus den USA, Großbritannien sowie Deutschland belegten sie, dass Menschen, die ihrer Selbsteinschätzung nach „nicht allzu glückliche" Ehen führen, weniger glücklich sind als unverheiratete Menschen. Der negative Effekt einer schlechten Ehe auf die Zufriedenheit ist demnach größer als der, nicht verheiratet zu sein. Umgekehrt sind glücklich Verheiratete insgesamt glücklicher als Unverheiratete, was die bisherigen Forschungsergebnisse unterstreicht. Erwähnenswert ist außerdem der Befund der Studie, dass in Deutschland Menschen in unglücklichen Ehen öfter zu einer höheren Anzahl an Arztbesuchen tendieren, was auf den negativen Einfluss auf die Gesundheit schließen lässt (Chapman/Guven, 2016).

Scheidung   Nicht jede Ehe macht also glücklich und eine Scheidung ist oftmals die Konsequenz. Stutzer und Frey (2006) zeigten, dass die Lebenszufriedenheit derjenigen, die sich scheiden lassen, bereits mehrere Jahre vor der Hochzeit geringer ist als bei denen, die verheiratet bleiben. Weitere Ergebnisse weisen auf eine steigende Trennungswahrscheinlichkeit in Beziehungen hin, je weiter die Lebenszufriedenheit der Partner voneinander abweicht. Das Risiko steigt außerdem insbesondere, wenn die Frau unzufriedener ist als der Mann (Guven et al., 2010). Wieder andere Studien zeigen, dass Menschen mit einem hohen subjektiven Wohlbefinden seltener geschieden werden (Luhmann et al., 2013).

Eine Studie, die die Zufriedenheit von Geschiedenen anhand des British Household Panel Survey zwei Jahre vor und nach der Scheidung untersuchte, stellte fest, dass eine Trennung zwar kurzfristig das Wohlbefinden mindert, nach einiger Zeit aber die Zufriedenheit wieder auf das ursprüngliche Niveau zurückkehrt oder sogar besser wird. Der sogenannte General Health Questionnaire (GHQ) Score ist ein Indikator für psychologische Anspannung und Sorge. Gardner und Oswald (2005) untersuchten anhand dieses Scores die Zufriedenheit von verheirateten, geschiedenen und verwitweten Personen zwei Jahre vor und zwei Jahre nach einer Scheidung. Ihre Ergebnisse zeigen, dass Anspannung und Sorge sowie der emotionale Stresslevel von Paaren zwei Jahre vor der Scheidung bereits erheblich höher sind, als bei solchen, die weiterhin verheiratet bleiben oder die später verwitweten (Abbildung 7.2). Im Jahr der Scheidung selbst ist der GHQ-Score am höchsten, bereits ein Jahr danach ist er aber wieder tiefer als zwei Jahre vor der Scheidung, sodass nicht von einer langfristigen Minderung der Lebenszufriedenheit durch Scheidung ausgegangen werden kann.

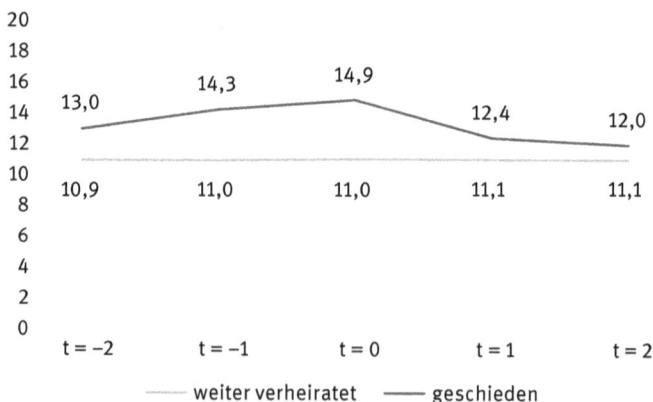

Abb. 7.2: GHQ-Score vor und nach der Scheidung; GHQ Skala von 0 bis 36; $t = 0$ = Zeitpunkt der Scheidung. Quelle: Gardner/Oswald, 2005.

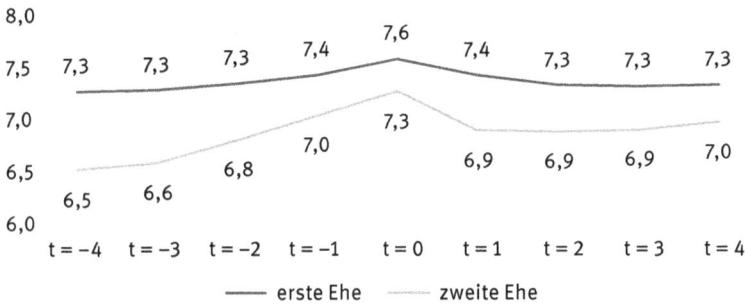

Abb. 7.3: Lebenszufriedenheit bei erster und zweiter Ehe; Erstehe *n* = 1.963, Zweitehe *n* = 515; Lebenszufriedenheit Skala von 0 (vollkommen unzufrieden) bis 10 (vollkommen zufrieden); 0 = Zeitpunkt der Eheschließung. Quelle: Lee, 2018.

Andere Studien zeigen, dass die Zufriedenheit noch Jahre nach einer Scheidung leidet. Zwar steigt bei zweiter Ehe die Zufriedenheit zunächst stark an, langfristig jedoch sind Wiederverheiratete nicht so glücklich wie in erster Ehe. Meist erreichen sie nicht wieder das Zufriedenheitsniveau der Zeit um ihre erste Hochzeit (Abbildung 7.3). Gründe hierfür könnten in der Stigmatisierung von Scheidungen liegen, wohingegen die Ehe immer noch als Norm angesehen werde (Lee, 2018). Kritisch bei dieser Studie ist jedoch, dass nicht klar analysiert werden konnte, ob die Effekte auch durch Unterschiede im Alter oder der Persönlichkeit der untersuchten Gruppen liegen könnten.

Stirbt ein Ehepartner, ist das psychologische Wohlbefinden im Jahr des Todes sehr schlecht, weitaus schlechter als bei Scheidung. Im ersten Jahr, der Reaktionsphase, sinkt die Lebenszufriedenheit sehr stark, durchschnittlich um einen Punkt (Lucas et al., 2003). Die Mortalität von Männern, die ihre Frauen verlieren, ist laut Forschungsergebnissen im ersten Monat der Trauer doppelt so hoch wie unter normalen Umständen. Bei verwitweten Frauen liegt die entsprechende Mortalität sogar dreimal so hoch (Stroebe/Stroebe, 1980) Doch auch hier steigt das Wohlbefinden, den Untersuchungen von Gardner und Oswald (2005) zufolge, innerhalb von zwei Jahren wieder an (Abbildung 7.4). Tod des Partners

Geht man nach dem Tod des Ehepartners neue Partnerschaft ein, kann diese überaus zufriedenheitsstiftend sein. So hatten Verwitwete mit neuem Partner deutschlandweit durchschnittlich eine Lebenszufriedenheit von knapp 7,2 Punkten, Verheiratete im Vergleich circa 6,9, Verwitwete ohne Partner rund 6,7 (Köcher/Raffelhüschen, 2011). Ähnliches belegen auch Frey und Frey Marti (2010).

Freunde, Partnerschaft und – einigen Studien zufolge – auch die Ehe steigern dem aktuellen Erkenntnisstand nach das subjektive Wohl- Familie und Kinder

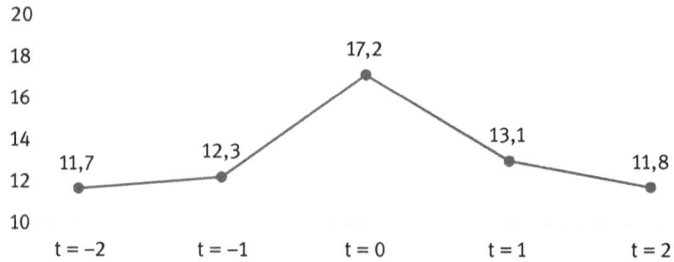

Abb. 7.4: GHQ-Score vor und nach Tod des Ehepartners; GHQ Skala von 0 bis 36;
0 = Zeitpunkt der Scheidung. Quelle: Gardner/Oswald, 2005.

befinden. Die Vermutung, dass auch eine Familie mit Kindern eine solche Wirkung zeigt, liegt daher nahe. Der Begriff der Familie erfährt seit
einigen Jahren jedoch eine Pluralisierung: Nicht nur verheiratete Paare mit Kindern sondern auch Lebensgemeinschaften mit Kindern oder
Mehrgenerationenhaushalte werden inzwischen weitverbreitet als Familie angesehen, weshalb der Begriff nicht mehr so eng gefasst werden
kann. Für viele Menschen, vor allem für viele Frauen, ist der Kinderwunsch aber nach wie vor von großer Relevanz. Es gibt jedoch unterschiedliche Ergebnisse zum Einfluss von Kindern auf das Glück, denn
Elternschaft ist ein komplexer und dynamischer Umstand, dessen Wirkung auf das Wohlbefinden von vielen unterschiedlichen Faktoren abhängt.

Insgesamt gelten Eltern als allgemein zufriedener mit ihrem Leben
als kinderlose Personen. In einer Erlebnisstichproben-Methode (ESM),
die die Emotionen von Eltern und kinderlosen Personen in ihrem täglichen Leben vergleicht, berichteten Eltern über deutlich mehr positive
Emotionen und bedeutungsvolle Momente (Nelson et al., 2013). Allerdings lässt sich auch eine Phasenabhängigkeit beobachten. Zunächst
ist in der Regel ein Anstieg der Lebenszufriedenheit vor der Geburt zu
verzeichnen, die zwischen dem Zeitpunkt der Geburt und des ersten
Lebensjahres den Höchststand erreicht. Zwischen dem zweiten und
vierten Lebensjahr geht die Zufriedenheit wieder auf das Ausgangsniveau zurück, bis ab dem siebten Lebensjahr der Unterschied zwischen
Eltern und kinderlosen Paaren nur noch sehr gering ist (Pollmann-
Schult, 2013). Gemäß der Setpoint-Theorie findet hier eine Adaption
statt. Teilweise kann die Lebenszufriedenheit sowohl bei Männern
als auch bei Frauen jedoch auch unter das Niveau von vor der Geburt zurückgehen. Mögliche Ursache ist, dass Eltern oft eine geringere
Zufriedenheit mit ihrer Freizeit, ihren sozialen Kontakten und innerhalb der Ehe aufweisen. Andere Studien unterstützen das Ergebnis,

Tab. 7.3: Durchschnittliche Lebenszufriedenheit von Frauen und Männern nach soziodemografischen Merkmalen; Skala von 0 (sehr unzufrieden) bis 10 (sehr zufrieden). Quelle: Pollmann-Schult, 2013.

Lebenszufriedenheit (Mittelwert)	Frauen	Männer
Kein Kind	7,8	7,7
Mind. 1 Kind	7,9	7,7
Kein Kind, untere bis mittlere Einkommenslage	7,6	7,5
Kind, untere bis mittlere Einkommenslage	7,9	7,8
Kein Kind, mittlere bis gehobene Einkommenslage	7,6	7,8
Kind, mittlere bis gehobene Einkommenslage	8,0	8,0
Kein Kind, gehobene Einkommenslage	8,0	8,1
Kind, gehobene Einkommenslage	8,3	8,1
Kein Kind, Mann Vollzeit, Frau nicht erwerbstätig	7,9	7,6
Kein Kind, Mann Vollzeit, Frau Teilzeit	7,3	7,6
Kein Kind, Mann Vollzeit, Frau Vollzeit	7,8	7,9
Kind, Mann Vollzeit, Frau nicht erwerbstätig	8,0	7,8
Kind, Mann Vollzeit, Frau Teilzeit	7,9	8,0
Kind, Mann Vollzeit, Frau Vollzeit	7,7	7,7

dass Eltern mit Kindern weniger glücklich sind, ebenfalls (Bucher, 2009a).

Konsens besteht weitestgehend darüber, dass Kinderlosigkeit nicht generell die Lebenszufriedenheit beeinflusst, sondern dass sie abhängig von weiteren Merkmalen wie Lebensphase, Familienstand, Geschlecht und Präferenzen ist (Hansen et al., 2009; Graham et al., 2011; Graham, 2015; Umberson et al., 2010). Auch soziodemografische Faktoren wie Einkommen und Erwerbsstatus spielen hier eine Rolle (Tabelle 7.3). Allerdings sind die dargestellten Unterschiede teilweise marginal und kaum oder nur knapp signifikant.

Wie die Tabelle bereits erkennen lässt, sind die Auswirkungen der Elternschaft auf Frauen und Männer durchaus unterschiedlich. Clark und Georgellis (2013) stellten fest, dass die weibliche Lebenszufriedenheit rund drei Jahre vor der Geburt eines Kindes signifikant höher ist als bei Männern. Nach der Geburt kehrt sie schnell zu ihrem Ausgangsniveau zurück. Im Gegensatz dazu habe die Geburt eines Kindes keine erkennbare Auswirkung auf die Lebenszufriedenheit von Männern. Zu gegensätzlichen Erkenntnissen kommen Nelson et al. (2013). Der US-amerikanischen Studie zufolge ist die Elternschaft mit einem höheren Wohlbefinden für Männer als für Frauen verbunden. Väter waren glücklicher als Männer ohne Kinder, bei Frauen dagegen konnte kein Unterschied zwischen Müttern und kinderlosen Frauen nachgewiesen werden. Eine Erklärung für diesen Effekt könnte die unterschiedliche Nutzung der Zeit sein, die Mütter und Väter mit ihren Kindern haben. Mütter verbringen in der Regel mehr Zeit mit ihren Kindern. Sie sind für die grundlegende Kinderbetreuung und den Haushalt verantwortlich. Männer hingegen, die nicht selten voll berufstätig sind, sind mehr in ihrer Freizeit mit den Kindern aktiv (Musick et al., 2016).

Die These, dass Kinder die Zufriedenheit der Eltern automatisch steigern, kann also nicht bestätigt werden. Dennoch ist die „Zwei-Kind-Familie" ein Idealbild für rund 50 Prozent der Frauen und 40 Prozent der Männer. Allerdings muss der Kinderwunsch häufig mit anderen Lebenswerten zusammenpassen und ist nicht unbedingt das wichtigste Lebensziel (Leinmüller, 2014). Der Kinderwunsch scheint demnach nicht nur emotional in den Menschen zu wachsen, sondern auch rational abgewägt zu werden, beispielsweise mit Blick auf die finanzielle Haushaltslage, die Vereinbarkeit von Familie und Beruf, Zukunftsperspektiven sowie Auswirkungen auf die Lebensqualität. Für rund 15 Prozent der Frauen und 26 Prozent der Männer führt diese Abwägung zu der Entscheidung, kinderlos bleiben. Diese Entscheidung führt nicht selten zu sozialem Druck, denn ein Kinderwunsch wird nicht hinterfragt, das Nichtvorhandensein dieses Wunsches allerdings schon. Der Kinderwunsch scheint demnach auch sozial erwünscht zu sein (Uhling/Siegert, 2014; Leinmüller, 2014). Studienergebnisse dazu, ob Kinderlosigkeit das Wohlbefinden beeinträchtigt, fallen unterschiedlich aus. Konsens besteht weitestgehend darüber, dass Kinderlosigkeit nicht generell die Lebenszufriedenheit beeinflusst, sondern dass sie abhängig von weiteren Merkmalen wie Lebensphase, Familienstand, Geschlecht und Präferenzen ist (Hansen et al., 2009; Graham et al., 2011; Graham, 2015; Umberson et al., 2010). Das generelle Nachdenken über beglückende Faktoren und die konkrete Empfindung im Alltag können ebenfalls voneinander abweichen. Kahneman et al. (2004) stellen solche Unterschiede anhand der Tagesrekonstruktionsmethode (DRM) fest. So machen Kinder zwar in der Theorie glücklich, aber bei Befragung im Alltag in der konkreten Interaktion geben die Befragten geringe Zufriedenheitswerte an.

Die Entscheidung, ein Kind zu bekommen, erwächst zumeist aus dem Bedürfnis, kognitives Wohlbefinden durch die Verfolgung eines Lebensziels anzustreben. Somit würden Kinder zu eudämonistischem Wohlbefinden führen, da sie einem tiefen Bedürfnis entsprechen (Grow). Doch Kinder bedeuten auch finanzielle und zeitliche Einschnitte sowie häufig mehr Stress, weshalb die Entstehung hedonistischen Glücks im Vorhinein nicht antizipiert werden kann. Junges Elternglück mit Kleinkindern allerdings scheint für viele Eltern sehr beglückend zu sein und zu diesem emotionalen, kurzfristigen Wohlbefinden zu führen (Flow). Ein solcher Ansatz würde erklären, warum Eltern häufig mit ihrem allgemeinen Leben zufrieden sind (grundsätzliche, kognitive Lebenszufriedenheit), während sie ihr Familienleben (hedonistische, kurzfristigere Gefühle) als weniger gut einstufen. Kinderlose Paare stellen die Erfüllung anderer Bedürfnisse in den Vordergrund (Grow) und erlangen emotionales Wohlbefinden durch verschiedene andere beglückende Erlebnisse (Flow).

7.3 Soziale Vergleichsprozesse

Soziale Beziehungen sind unabdingbare Glücksbringer. Gleichzeitig können sie (unter bestimmten Bedingungen) zu einem enormen Glückshemmnis werden, wenn der Mensch beginnt, sich mit den Menschen in seinem persönlichen Umfeld zu vergleichen. Goethe (1774) fasst diese beinah paradoxe Wirkung sozialer Beziehungen auf das Glück in folgender Frage treffend zusammen: „Mußte denn das so sein, daß das, was des Menschen Glückseligkeit macht, wieder die Quelle seines Elendes würde?". Bei Goethe bezieht sich dieses Zitat zwar auf Liebeskummer, doch mit sozialen Beziehungen verhält es sich ähnlich, denn der ständige Vergleich mit anderen Menschen kann uns glücklicher machen, zugleich kann er einer der stärksten Glücksblocker überhaupt sein. Adam Smith (2010, 224) gibt in seiner „Theorie der ethischen Gefühle" 1759 bereits zu bedenken, dass der soziale Vergleich „oft (…) der Beweggrund für die ernstesten und wichtigsten Bestrebungen sowohl des persönlichen als auch des öffentlichen Lebens" ist.

Soziale Vergleichsprozesse, ihre einerseits negative Wirkung auf das Wohlbefinden und die gleichzeitige Motivation zur Veränderung einer misslichen Lage, sind durch Evolutionsprozesse tief im menschlichen Gehirn verankert. Sowohl bei Affen als auch bei Menschen gibt es ein sogenanntes „Rivalitätsgen". Es sorgt dafür, dass das Individuum angespornt wird, der „Beste" der Vergleichsgruppe zu werden. Dieses Streben nach sozialer Anerkennung und der Status des „Stärksten" erhöhen unter anderem die Wahrscheinlichkeit, sich mit den besten Weibchen fortzupflanzen. Bei männlichen Affen, die zum „Top-Männchen" aufsteigen, erhöht sich die Serotoninkonzentration im Blut. Das Wohlbefinden wird durch die Serotoninausschüttung gesteigert. Umgekehrt sinkt der Serotoninspiegel bei einem Fall in der Hierarchie wieder ab (McGuire et al, 1993). Der soziale Vergleich bei Tieren überträgt sich in viele verschiedene Lebensbereiche und zielt vor allem darauf ab, der

Evolutionäre Betrachtung

dominante Gewinner zu sein, um genügend Nahrung zu erhalten und so das eigene Überleben und den Fortbestand zu sichern. Jeder heute lebende Mensch stammt von Vorfahren ab, die sich in der Evolution durchgesetzt haben und weist daher vermutlich ebenfalls Tendenzen dieses Verhaltens auf (Buss, 2000; Fetchenhauer, 2018).

Dominantes Verhalten, ob aggressiv oder nicht, erhöht nicht nur die Überlebenschance, sondern auch das Erreichen und den Erhalt des Status in der dazugehörigen Gruppe. Statuserhalt wiederum ist nur möglich, wenn Macht, Einfluss oder gewisse Vorrechte (Privilegien) erworben werden. Dabei wird ein Zusammenhang zwischen der im Blut nachweisbaren Menge des Hormons Testosteron und dominantem Verhalten angenommen (Mazur/Booth, 1998). Verfügt eine Person über einen hohen Testosteronspiegel, ist ihr Streben nach einem hohen Status ausgeprägter als bei Personen mit niedrigeren Mengen dieses Hormons im Blut. So steigt zunächst der Testosteronspiegel kurz vor Eintritt der Konkurrenzsituation um den Statuserhalt an und verändert sich je nach Ausgang der Rivalität. Bei Statusgewinn nimmt er weiter zu, bei Statusverlust sinkt er. Das Ausschütten von Testosteron animiert zu dominanterem Verhalten. Das Erleben von Rückschlägen oder Versagen reduziert die Hormonausschüttung und führt dadurch zu einer defensiveren Haltung. Ob dieses Verhalten nur bei Männern verbreitet ist, ist noch umstritten. Männer zeigen jedoch schon in der Kindheit und Jugend ein größeres Verlangen nach Statusgewinn in ihrem Verhalten. Frauen hingegen empfinden dominant aussehende Männer als attraktiver und erleichtern diesen somit die Partnerwahl und Fortpflanzung (Buss, 2000; Fetchenhauer, 2018).

Im Laufe der Evolution haben sich solche psychologischen Mechanismen durchgesetzt, die sozial vergleichendes Verhalten im Menschen verankern. Sie führen unter anderem auch dazu, dass Menschen unter Umständen Vorteile auf Kosten anderer anstreben, Schadenfreude am Versagen anderer empfinden und diejenigen beneiden, die erfolgreicher sind als sie. Besonders unsichere, unglücklichere Menschen neigen eher zu Vergleichen mit anderen. Das hat die Konsequenz, dass das eigene Glück schnell vom Unglück der Mitmenschen abhängig ist und besondere Freude am Versagen gutverdienender, erfolgreicher Menschen empfunden wird (Buss, 2000; Fetchenhauer, 2018).

Theorie der sozialen Vergleichsprozesse Den konkreten Begriff der sozialen Vergleiche nutzte Festinger (1954) zum ersten Mal in seiner „Theorie der sozialen Vergleichsprozesse". Darin beschreibt er das Verlangen des Menschen, seine Selbstwahrnehmung sowie seine Einstellungen und Werte mithilfe von Informationen aus dem sozialen Umfeld bestätigen zu wollen. Der Mensch bevorzugt zur Realitäts- und Selbsteinschätzung zunächst objektive

Informationen, also Fakten und Indizien darüber, wie die eigene Lage einzuordnen ist. Sind solche Informationen aber nicht auffindbar, wird der Vergleich mit Menschen, die die gleichen Voraussetzungen, ähnliche Fähigkeiten oder den gleichen Status besitzen, genutzt. Die Tendenz sich mit anderen zu vergleichen ist umso höher, je ähnlicher die verfügbaren Vergleichspersonen einem selbst sind. Das bedeutet, dass meist eine begrenzte, eher kurze Reichweite zur Bestimmung der Referenzgruppe verwendet wird und der Mensch sich nicht willkürlich mit allen ihn umgebenden Menschen misst.

Ein Beispiel für soziale Vergleichsprozesse, die das Glücksempfinden betreffen, sind Wohlstandszuwächse. Statusgüter wie ein höheres Einkommen, ein neues Haus oder ein Auto machen auf Dauer eher glücklich, wenn das soziale Umfeld nicht den gleichen Statusaufstieg erreichen konnte, man also einen relativen Zuwachs erhalten hat (Fetchenhauer/Enste, 2012). Die potenzielle Zunahme der langfristigen Zufriedenheit durch materielle Wohlstandszuwächse wird aufgrund von urzeitlichen Gedankenmustern im Gehirn des Menschen abgeschwächt, wenn der Wohlstandszuwachs keinen relativen Aufstieg in der Gesellschaft zur Folge hat (Hill et al., 2006). Auch Karl Marx (1847) war die große Bedeutung der Relativität von Besitz für Glück bereits im 19. Jahrhundert bekannt: „A house may be large or small; as long as the neighboring houses are likewise small, it satisfies all social requirement for a residence. But let there arise next to the little house a palace, and the little house shrinks to a hut. The little house now makes it clear that its inmate has no social position at all to maintain".

Relativer Wohlstand ist ein Positionsgut. Diese Güter sind einerseits durch Knappheit und andererseits durch die Stabilität dieser Knappheit gekennzeichnet. Anders als materielle Güter lassen sie sich nicht etwa durch vermehrte Arbeitskapazität vervielfachen. Ein Beispiel hierfür sind die sogenannten „oberen Zehntausend" der Gesellschaft, die immer nur 10.000 Personen umfassen werden, unabhängig davon wie vermögend der Rest der Bevölkerung sein mag. Teil der oberen Zehntausend zu sein bedeutet, einen gewissen Status im Leben erreicht zu haben und langfristig halten zu können. Relativ wohlhabend zu sein macht glücklich, da der Mensch ein unterbewusstes Streben nach einer relativen Wohlstands- und Statussteigerung hat. Aufgrund der gesellschaftlichen Anerkennung, die der betroffenen Person entgegengebracht wird, ist die Steigerung des sozialen Status besonders attraktiv (Marmot, 2004). Nicht zuletzt auch dadurch, da evolutionsbedingt so die Chance auf Nachkommen steigt. Das macht deutlich, dass nicht allein die persönliche Karriere oder absolute Wohlstandszuwächse glücklich machen können.

Auf- und Abwärts- vergleiche

Betrachtet man soziale Vergleichsprozesse genauer, ist die Richtung des Vergleichs von besonderer Bedeutung. Ob vertikal oder horizontal verglichen wird, bestimmt vor allem die Intention des Individuums: Soll das zu vergleichende Anspruchsniveau angehoben werden oder wird eine Selbstvalidierung beabsichtigt?

Strebt das Individuum eine Erhöhung seines Selbstwertgefühls an, vergleicht es sich mit weniger Glücklichen oder Personen desselben Glücksniveaus seines sozialen Umfeldes (Wills, 1981). Es kommt zu einem Abwärts-Vergleich. Durch die Feststellung, dass es noch weitere Menschen gibt, denen es ähnlich schlecht oder sogar schlechter geht, steigt das subjektive Wohlbefinden und der vorherige, unzufriedene Gemütszustand relativiert sich. So hilft es zum Beispiel bei einem plötzlichen Arbeitsplatzverlust von hohen Arbeitslosigkeitsraten im eigenen Land zu hören, da so die unangenehme Erfahrung geteilt werden kann (Bormans, 2011; Enste/Ewers, 2014). Das Gefühl des Versagens wird durch den Umstand vermindert, dass der Kündigung keine persönlichen Gründe, sondern eher eine allgemeine Problematik wie die Wirtschaftslage zugrunde liegen. Der Theorie zufolge nutzen Menschen mit niedrigem Selbstwertgefühl den Abwärts-Vergleich öfter, um auf diese Weise ihre Selbsteinschätzung zu verbessern. Ein bekanntes Beispiel zur Veranschaulichung dieses Phänomens liefert eine Studie von Taylor, Lichtman und Wood (1983), die sich mit dem subjektiven Wohlbefinden von Krebspatientinnen in unterschiedlichen Situationen befasst hat. Bei der Frage nach ihrem derzeitigen Wohlergehen empfand der Großteil der betroffenen Frauen den eigenen Zustand als „etwas" oder „weitaus" besser als den der anderen Patientinnen. Dabei spielte das Ausmaß der Krankheit keine Rolle. Alle Befragten zogen unbewusst einen Vergleich mit stärker leidenden Frauen oder sogar erfundenen, „möglichen" Betroffenen („mythical men") heran und schätzten in der Folge ihre eigene Verfassung besser ein.

Krankheit und soziale Vergleiche

In ihrer Studie befragten Taylor, Wood und Lichtman (1983) Patientinnen ($n = 78$), die sich in unterschiedlichen Krebsstadien befanden, zu ihrem Wohlbefinden. Unabhängig davon, welcher Gesundheitszustand vorlag, zogen die Frauen für den Vergleich noch stärker leidende Patientinnen heran.

Ältere verglichen sich mit Jüngeren: „The people I really feel sorry for are these young gals. To lose a breast when you're so young must be awful. I'm 73, what do I need a breast for?" Jüngere hingegen zogen nie ältere Patientinnen für einen Vergleich heran. Sie konzentrierten sich auf andere Attribute wie etwa Einsamkeit, die einen Vergleich mit Frauen erlaubten, die es noch schwerer hatten als sie selbst („If I hadn't been married, I think this thing would have really gotten to me. I can't imagine dating or whatever knowing you have this thing and not knowing how to tell the man about it").

Diejenigen, denen der Tumor operativ entfernt wurde, verglichen sich mit Frauen, denen die gesamte Brust abgenommen werden musste. Den Patientinnen, bei denen die Brust wiederum nicht erhalten werden konnte, blieb der Vergleich mit Frauen, bei denen die Krankheit keinen positiven Ausgang genommen hatte. Sogar Krebspatientinnen, die dem Tod ins Auge sahen, zogen Kraft aus der Überzeugung, eine Art spirituellen Frieden gefunden zu haben, den andere nicht hatten. So wählte jede Studienteilnehmerin die Vergleichsperson in der Art und Weise, dass sich ihre Situation im Vergleich am Ende als besser darstellte – egal wie schlecht ihr eigener Zustand auch sein mochte.

Eine weitere Erkenntnis gewannen Taylor et al. als sie die Frauen nach einer Selbsteinschätzung ihrer Fähigkeit, mit dem Stress und der Krankheit umzugehen, fragten. In der Regel zogen die Patientinnen für diese Evaluation einen Vergleich mit hypothetischen anderen Frauen heran, die mehr Probleme im Umgang mit der Krankheit hatten als sie selbst. Somit erschafft der Mensch imaginäre Personen („mythical men"), sollte er nicht bereits welche kennen, die ihm einen Vergleich ermöglichen, der final zu einem positiven Selbstbild führt. Diese Eigenart fanden Taylor, Wood und Lichtman auch bei den Ehemännern der Frauen mit Brustkrebs. Sie zogen ebenfalls andere, ihnen unbekannte Männer zum Vergleich heran, die beispielsweise ihre Frauen während der Krankheit verlassen hatten oder sich distanzierten. Persönlich kannten sie die Männer, von denen sie berichteten, jedoch nicht.

Es gibt jedoch ebenfalls Ergebnisse, die der Theorie von Abwärts-Vergleichen zur Stärkung des eigenen Selbstwertgefühls entgegenstehen. Studenten, die Situationen aufzählen sollten, in denen sie vorzugsweise Abwärts-Vergleiche ausführten, gaben meist Momente an, in denen sie eher glücklich als unglücklich waren. Außerdem wurden diese Vergleiche öfter von Personen mit hohem statt niedrigem Selbstwertgefühl genutzt (Wheeler/Miyake, 1992). Dies ist jedoch vor allem auf den psychologischen Automatismus des Menschen zurückzuführen, negative Erinnerungen heranzuziehen, wenn es ihm sowieso schon schlecht geht und angenehme Gedanken zu entwickeln, wenn er sich in einer guten Verfassung einschätzt. Demnach bewirken diese sogenannten „assoziativen Netzwerke", dass wir eher bereit sind, eine positive Information (durch Vergleich nach unten) aufzunehmen, wenn es uns gut geht als wenn wir uns in einer schwierigen Lebenssituation befinden.

Der Unterschied beider Theorien liegt darin, dass sie auf verschiedenen Ebenen wirken. Während Wills' Theorie auf die Erhöhung des Selbstwertgefühls abzielt, somit also motivgeleitet ist, basiert die zweite Theorie auf der Erfassung des aktuellen Gefühlszustands, sodass letztendlich beide Annahmen der sozialen Vergleichsprozesse „nach unten" in unterschiedlichen Situationen wirken können (Wood et al., 2000).

Menschen können nicht nur Abwärts- sondern gleichermaßen Aufwärts-Vergleiche heranziehen. Oftmals nutzen vor allem erfolgssuchende Personen diese zur Selbstverbesserung (Fischer/Wiswede, 2009) und Eigenmotivation. Hier liegt meist ein Leistungsmotiv vor. Durch den Vergleich mit „Besseren" kann zu Mehr-Leistung angespornt werden. Die sich vergleichende Person scheut in diesem Fall auch nicht, sich dem Risiko eines Misserfolgs auszusetzen. Die Heraufsetzung des Anspruchsniveaus liegt im klaren Fokus des Handelnden. So können zum Beispiel Studenten von einem Aufwärts-Vergleich profitieren, wenn sie ihre Ziele freiwillig setzen und sich nicht von vornherein durch mögliche Konkurrenz in der Zielbestimmung einschüchtern lassen (Huguet et al., 2009). Es wird angenommen, dass Vergleiche zu oberen Ebenen eine Gefahr für das individuelle Wohlergehen und Selbstwertgefühl darstellen, während der Vergleich nach unten das Selbstbewusstsein stärkt und anhebt (Lyubomirsky/Ross, 1997).

Glückliche vergleichen sich weniger

Den ständigen Drang des Menschen nach Vergleichen mit dem externen Umfeld lösen verschiedene Motivatoren aus. Hierbei ist jedoch zu beachten, dass soziale Vergleichsprozesse meist unbewusst und spontan geschehen, sodass nicht immer von einem konkreten, bewussten Motiv ausgegangen werden kann (Mussweiler, 2003). Eine Hauptmotivation sozialer Vergleiche ist – wie oben bereits erwähnt – oftmals die Überprüfung der Selbsteinschätzung. Fällt ein Vergleich positiv aus, wird er als Verstärker der eigenen Fähigkeiten wahrgenommen. Nur durch die Überprüfung der eigenen Fähigkeiten kann ein Erfolg oder Nicht-Erfolg eingeschätzt werden (Fischer/Wiswede, 2009). Dabei können tatsächlich alle Objekte des Lebens eines Individuums Gegenstand des Vergleichs werden, ob Bildung, Wohlstand, Attraktivität oder Hautfarbe (Frey et al., 1993). Existiert keine Möglichkeit des Vergleichs, entsteht Unsicherheit (Festinger, 1954), die wiederum Unzufriedenheit mit sich bringen kann.

Welche Wirkung soziale Vergleiche haben, hängt jedoch auch von der Persönlichkeit des Vergleichenden ab. Je nachdem, ob die Person die Ursachen für die eigene Lage eher innerhalb der eigenen Person, also in den eigenen Fähigkeiten etc. sieht oder außerhalb, ist die Wirkung sozialer Vergleiche für das Selbstbild unterschiedlich (Weiner, 1972). Neben der Überprüfung der Selbsteinschätzung ist Demonstration ein weiteres Motiv für Vergleiche. Hierbei geht es nicht nur um einen informativen Prozess der Einschätzung. Das Individuum möchte vielmehr ausdrücken, ob es sich durch seine Attribute von den anderen abhebt oder ob sein Leben eher durch Anpassung an das soziale Umfeld gekennzeichnet ist (Fischer/Wiswede, 2009). Je nach den vorherrschenden Werten innerhalb einer Gesellschaft ist die Unterscheidung von anderen Menschen besonders wichtig für den Einzelnen. Es ist anzunehmen, dass in stark kollektivistischen Kulturen diese Unterscheidung weniger wichtig ist, während der Individualität und damit der persönlichen Abgrenzung in individualisierten Gesellschaften ein hoher Stellenwert beigemessen wird. Doch nicht alle Menschen vergleichen sich im selben Ausmaß mit ihrem sozialen Umfeld. Die Umstände des Vergleichs sowie viele subjektive Faktoren machen die Vergleiche von unterschiedlichen Individuen sehr verschieden. Manche machen ihr Glück sehr stark davon abhängig, was im Leben der anderen geschieht, während andere Personen sich weniger davon beeinflussen lassen. Hierbei kann ein unterschiedlich starkes Ausmaß der Beeinflussung durch soziale Vergleiche zwischen eher Glücklichen und eher Unglücklichen festgestellt werden (Lyubomirsky/Ross, 1997). Gerade diese individuellen Unterschiede in der Zufriedenheit beeinflussen den automatischen Vergleichsprozess, welcher letztendlich auf die Selbstwahrnehmung und Selbstbewertung einwirkt. Glückliche Menschen verfügen eher über ein solides, stabiles und konsistentes Selbstbild. Dieses ist relativ resistent gegen Schwankungen sowie Ansprüche anderer. Unglückliche hingegen sind sensibel gegenüber Informationen durch Vergleichsprozesse. Ihr Selbstbild ist eher instabil und von Unsicherheit geprägt.

Insgesamt kommen Lyubomirsky und Ross (1997) zu dem Schluss, dass Menschen, die sich weniger vergleichen, glücklicher sind. Regelmäßige soziale Vergleiche, egal mit welcher Referenzgruppe schüren im Allgemeinen negative Emotionen und destruktives Verhalten. Dies entspricht zwar der Evolutionstheorie indem es das Überleben und die Fortpflanzung sichert, der Vergleich macht aber nicht glücklicher: Das allgemeine Glücksempfinden fällt wieder auf das vorherige Ausgangsniveau zurück, selbst nachdem die zuvor festgestellte Diskrepanz zum Vergleichsindividuum ausgeglichen wurde (da beispielsweise ein ähnliches Auto erworben wurde, wie das des Nachbarn).

Die Referenzgruppe für soziale Vergleichsprozesse wurde unter anderem durch den Einfluss von Medien enorm ausgeweitet und damit auch die Verfügbarkeit von Bezugspersonen, die früher nicht im Umfeld des Individuums vorkamen und somit auch nicht für Vergleiche herangezogen werden konnten (Fetchenhauer/Enste, 2012). Der Vergleich mit einer globalen „Super-Elite" ist jetzt möglich (Hill et al., 2006). Das hat Konsequenzen für das von Vergleichen beeinflusste

Globalisierung und Digitalisierung

Wohlbefinden. Das direkte Umfeld, eine Referenzgruppe der gleichen sozialen Schicht und Personen desselben Alters als Vergleichsbasis, werden heutzutage zusätzlich um uns persönlich unbekannte Menschen aus den Medien ergänzt. Dieser Vergleich mit der „globalen Superelite" wie den bekannten Supermodels, Hollywood-Stars und Multimillionären kann für einen „normalen" Menschen nicht anders als negativ ausfallen. Insbesondere Frauen schätzen sich selbst unattraktiver ein, wenn sie ständig der bekannten und überdurchschnittlich schönen Konkurrenz aus den sozialen Medien ausgesetzt werden, obwohl dieser weltweite Attraktivitätsrichtwert außerhalb ihrer eigentlichen Referenzgruppe liegt (Gutierres et al., 1999). Sogar die eigene Partnerin wird als unattraktiver empfunden, nachdem Teilnehmern einer Studie zunächst Bilder von besonders attraktiven Models vorgeführt wurden (Buss, 2000). Die Erweiterung der Referenzgruppe bewirkt somit nicht nur negative Direktfolgen für den Vergleichenden, sondern führt auch zu unrealistischen Anforderungen an potenzielle Partner. Zwangsläufig mindert die permanente Konfrontation mit dieser globalen Elite das eigene Zufriedenheitslevel. Vergleicht man sich mit der ganzen Welt anstatt mit dem kleinen Kreis des direkten Umfelds, wird es unmöglich, die eigene Lage als positiver einzuschätzen oder zumindest als ähnlich. Dieses Phänomen der negativen Auswirkungen einer viel zu großen Vergleichsgruppe wird auch als der „Big-Fish-Little-Pond Effect" bezeichnet. Dieser konnte unter anderem besonders ausgeprägt an internationalen Eliteschulen beobachtet werden, an denen die Durchschnittsleistungen der Studenten grundsätzlich als hoch eingeschätzt werden. Hier wurde festgestellt, dass Personen mit weitestgehend gleichen Fähigkeiten (gemessen an Standardtests) niedrigere Annahmen über ihre akademische Leistung und Kompetenz anstellten, wenn sie an Eliteuniversitäten eingeschrieben waren, als Schüler, die von Hochschulen mit als niedriger erwarteten Durchschnittsleistungen kamen (Huguet et al., 2009). Es scheint einfacher ein „großer Frosch in einem kleinen Teich" zu sein als ein „kleiner Frosch in einem großen Teich" (Davis, 1966).

Der Mensch mag darauf angepasst sein, sich mit den Mitgliedern des direkten Stammes oder der sozialen Gruppe vergleichen zu können, um daraus Motivation und Antriebskraft zu schöpfen. Ein Aufwärts-Vergleich mit einer weit entfernten, für die eigenen Umstände eigentlich irrelevanten Gruppe, kann jedoch negative Folgen haben. Eine Konsequenz der expandierten Referenzgruppe und den daraus resultierenden unrealistischen Vergleichen ist ein Anstieg von destruktivem Neid, der dem konstruktiven, motivierenden Neid gegenübersteht. Diese Verschiebung wirkt sich kontraproduktiv auf das Wohlbefinden des

Individuums aus, da wir aufgrund unserer Evolutionsgeschichte nicht in der Lage sind, soziale Vergleiche abzustellen. Neid herrscht überwiegend auf materieller Ebene. Er fokussiert sich auf Erfolg oder Besitztümer. Soziale Vergleiche können vor diesem Hintergrund eine unrealistische Anspruchshaltung an die eigene Person zur Folge haben, die im Alltags- oder im Berufsleben soziale Prozesse und Kommunikation behindern (Keller/Burandt, 2006). Martens (2014, 64) formuliert diese Umstände wie folgt: „Wenn man nur glücklich sein wollte, wäre das bald geschafft. Aber man will glücklicher sein als die anderen, und das ist fast immer schwierig, da wir die anderen für glücklicher halten, als sie sind."

Der Einfluss sozialer Medien auf das Wohlbefinden
Die weltweite Kommunikation hat sich verändert. Während früher noch face-to-face, per Telefon oder später auch per E-Mail kommuniziert wurde, geschieht dies heute online über soziale Netzwerke wie Facebook, Instagram oder Snapchat. Allerdings gibt es Studien, die herausstellen, dass die Nutzung von Facebook das subjektive Wohlbefinden und die Lebenszufriedenheit der Nutzer mindern kann. Ob bewusst oder unbewusst, täglich finden soziale Vergleichsprozesse statt, die eng mit dem subjektiven Wohlbefinden der Menschen verbunden sind (z. B. Kross et al., 2013; Verduyn et al., 2015; Frey, 2018).
Eine Studie zur Nutzung sozialer Netzwerke von Verduyn et al. (2017) zeigt, dass die Art der Nutzung der Medien einen wichtigen Unterschied in Bezug auf soziale Vergleiche und Wohlbefinden hat. Die aktive Nutzung, also das aktive Teilen von Inhalten und die direkte Interaktion mit anderen durch beispielsweise Nachrichten, steigert das Wohlbefinden. Die passive Nutzung hingegen, also der bloße Konsum von geteilten Inhalten ohne direkte Interaktion, reduziert das Wohlbefinden. Die Autoren gehen davon aus, dass durch den passiven Gebrauch der Netzwerke soziale Vergleiche und Neid verstärkt werden, während durch den aktiven Gebrauch Sozialkapital und das Gefühl sozialer Eingebundenheit steigen.

8 Die Glücksgesellschaft: Staat, Glück und Gesellschaftsordnung

Wirtschaftlicher Erfolg, Wohlstand und materielle Versorgung der Bürger gehören vielerorts zu den obersten Prioritäten von Regierungen. Wohlstand und Glück stehen in einem komplexen Verhältnis. Es gilt nicht per se, dass ein hohes Bruttoinlandsprodukt die Menschen auch sehr zufrieden macht. Wenn Lebenszufriedenheit aber ein wichtiges Ziel ist, stellt sich die Frage nach einer adäquaten Wohlstandsmessung jenseits des Bruttoinlandsprodukts. Staatliche Systeme haben darüber hinaus viele Auswirkungen auf die Lebenszufriedenheit. Was macht die Gesellschaft zu einer Glücksgesellschaft?

8.1 Wohlstand, Wachstum, Wohlbefinden

Der hohe Stellenwert des Geldes in der heutigen Zeit ist unbestreitbar. Abgesehen von Tauschgesellschaften, die es in ihrer reinsten Form heute kaum noch gibt, benötigen alle Menschen Geld, um Lebensmittel zu kaufen, für Kleidung und viele weitere Aspekte des Lebens. Doch neben der wirtschaftlichen hat Geld auch immer eine psychosoziale Bedeutung. Es kann Stolz oder Neid hervorrufen sowie den Selbstwert steigern oder mindern. Reichtum wird mit Erfolg, Sicherheit oder Lebensqualität gleichgesetzt. So kommt es, dass die soziale Bedeutung des Geldes nicht nur im Alltag der Menschen, sondern auch in der Wirtschaftspolitik Ausdruck findet, nämlich in der Zielsetzung ökonomischen Wohlstand zu mehren.

Wohlstand und Wachstum: Für Ökonomen gilt Wirtschaftswachstum und die damit verbundene Steigerung des Wohlstandes als erstrebenswerter Faktor, der dem Menschen zusätzlichen Nutzen bringt. Der Zusammenhang zwischen Wohlstand, Wachstum und Wohlbefinden ist jedoch nicht eindeutig geklärt (Roman Herzog Institut, 2013). Glücksforscher fanden empirische Evidenz dafür, dass eine Steigerung des nationalen Einkommens sich nicht immer positiv auf die Lebenszufriedenheit der Bürger auswirkt. Andere wiederum sagen, dass die Lebenszufriedenheit in Zeiten wirtschaftlichen Aufschwungs höher war als in Zeiten wirtschaftlichen Abschwungs oder Stagnation (Neumann, 2012).

Generell lässt sich über das Verhältnis von Geld und Lebenszufriedenheit sagen: Kein Geld und/oder weniger Geld zu haben, macht unglücklich; Geld erhöht nur bis zu einem bestimmten Grad die Lebenszufriedenheit, wobei relativ mehr Geld immer glücklicher macht.

https://doi.org/10.1515/9783110557626-008

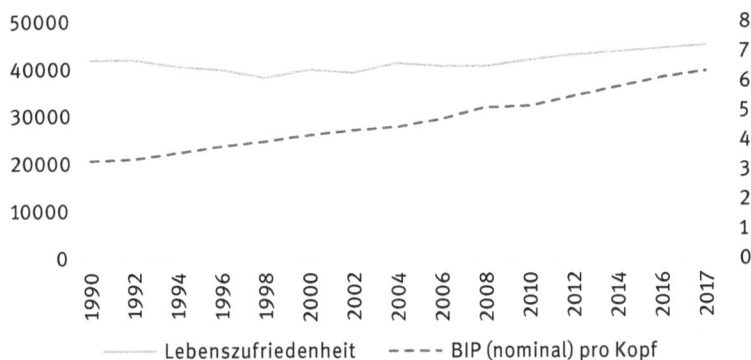

Abb. 8.1: Entwicklung des realen BIP pro Kopf und der Lebenszufriedenheit in Deutschland ab 1990; Skala von 1 (gar nicht zufrieden) bis 10 (sehr zufrieden). Quelle: Eigene Darstellung basierend auf Daten des Statistischen Bundesamtes (2017) und der World Database of Happiness (Veenhoven, 2017).

Diese kontroversen Ergebnisse haben Glücksforscher in vielen empirischen Studien gewonnen. Der Zusammenhang von monetärem Wohlstand und Wohlbefinden ist komplexer als man spontan annehmen würde. Der amerikanische Wirtschaftswissenschaftler Easterlin (1974) ist noch heute bekannt für seine Forschungen zu dem Zusammenhang von Lebenszufriedenheit und Einkommen. In den 70er Jahren stellte er fest, dass nach einer bestimmten Einkommensschwelle die Lebenszufriedenheit mit steigendem Einkommen nicht weiter zunimmt. Dieses nach ihm benannte Easterlin-Paradox gab unter anderem Anstoß zu der Diskussion um angemessene Wohlstandsmessungen.

Im Ländervergleich sind Menschen, die in reicheren Ländern leben, im Durchschnitt (leicht) glücklicher als diejenigen, die in ärmeren Regionen leben (Frey, 2012). Jedoch ist in Deutschland in den letzten zwanzig Jahren zwar das Bruttoinlandsprodukt pro Einwohner deutlich gestiegen, die subjektive Lebenszufriedenheit jedoch stagnierte, ging sogar teilweise zurück. Abbildung 8.1 zeigt den Verlauf des realen BIP pro Kopf von 1990 bis 2017 und den Verlauf der Lebenszufriedenheit in derselben Zeit. Auch für andere Länder gilt: Die Mehrheit der Menschen in den westlichen Gesellschaften ist seit den fünfziger Jahren nicht deutlich glücklicher geworden (Layard, 2005a).

Trotz der grundsätzlich positiven Korrelation von Einkommenszuwächsen und individuellem Glücksempfinden scheint sich das Wirtschaftswachstum eines Landes nicht dauerhaft auf das durchschnittliche „nationale Glück" auszuwirken. Wenn ein Land insgesamt reicher wird, werden seine Bewohner nicht automatisch glücklicher. Wie bereits erwähnt, wurde dieses Phänomen erstmals von Easterlin (1974)

Das Wohlstands-
paradox

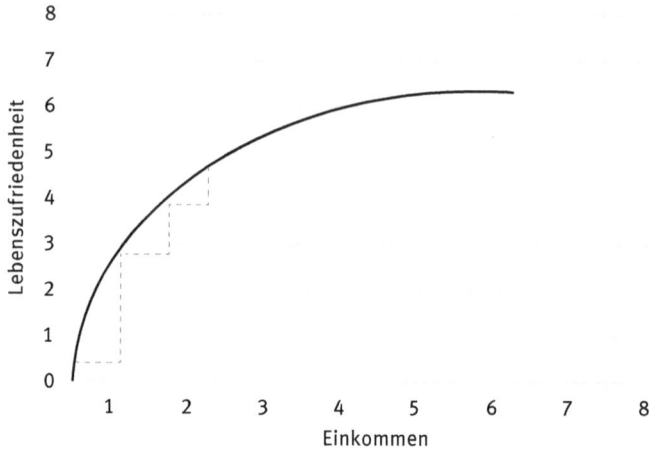

Abb. 8.2: Schematische Darstellung des abnehmenden Nutzens von Einkommen für die Lebenszufriedenheit. Quelle: Eigene Darstellung.

in einer länderübergreifenden Studie mit insgesamt 19 Industrie- und Entwicklungsländern zwischen dem Ende des Zweiten Weltkrieges und 1970 entdeckt. Ziel seiner Studie war es, die Beziehung zwischen Einkommen und Glück näher zu beleuchten und die Frage zu prüfen, ob Wirtschaftswachstum „the human lot" (das menschliche Los), die individuelle Lebenszufriedenheit, verbessern könnte. Easterlin wurde dadurch zu einem Pionier der Glücksforschung. Drei wesentliche Erkenntnisse gewann er im Hinblick auf die Relation von Einkommen und Glück, die heute unter dem Begriff des Easterlin-Paradox zusammengefasst werden:

1. „Within-Country Comparisons": Zu einem bestimmten Zeitpunkt innerhalb eines bestimmten Landes sind reichere Menschen im Durchschnitt glücklicher als arme. Glück und Einkommen korrelieren positiv miteinander. Wenn das Einkommen steigt, erhöht sich auch die Lebenszufriedenheit. Ab einer bestimmten Einkommensgrenze kann ein Gehaltsanstieg jedoch keinen zusätzlichen Anstieg der Lebenszufriedenheit mehr erzeugen. Experten sprechen hierbei auch von einem „abnehmenden Grenznutzen des Geldes" (Abbildung 8.2).

2. „International Comparisons": Obwohl in einer Gesellschaft reichere Menschen glücklicher zu sein scheinen, lässt sich dieselbe Korrelation im Ländervergleich nicht bestätigen: Ab einem bestimmten Niveau sind reichere Länder nicht wesentlich glücklicher als weniger wohlhabende Staaten.

3. „National Time Series": In entwickelten Ländern besteht langfristig kein Zusammenhang zwischen dem Einkommen und der
   Lebenszufriedenheit innerhalb des betroffenen Landes (Easterlin,
   1974). Im historischen Zeitablauf ist trotz Einkommenszuwächsen
   und der Zunahme des Bruttoinlandsprodukts die Zufriedenheit der
   Menschen nicht gestiegen (Easterlin/Angelescu, 2009).

Hinsichtlich der zweiten These Easterlins stellten Diener und Tay (2015)
in einer aktuelleren Studie ähnliche Ergebnisse fest. Sie zeigten, dass
es eine hohe Korrelation zwischen der Lebenszufriedenheit und dem
Einkommen gibt, gleichzeitig aber große Unterschiede in der Lebenszufriedenheit zwischen Ländern mit ähnlichem Einkommen bestehen
können. Zwar gibt es keine reichen Nationen, die eine extrem niedrige
Lebenszufriedenheit aufweisen und umgekehrt auch keine sehr armen
Nationen mit einer sehr hohen Lebenszufriedenheit. Es zeigt sich aber,
dass beispielsweise zwischen Ländern mit ähnlichem Einkommen, wie
etwa Costa Rica und Syrien, die Unterschiede in der Lebenszufriedenheit bedeutend sind (Costa Rica hoch, Syrien niedrig). Auch in den
vergleichsweise wohlhabenden Ländern Dänemark und Hong Kong ist
die Zufriedenheit unterschiedlich (Dänemark höher). Dies zeigt, dass
neben dem Einkommen, welches zwar ein wichtiger Indikator für die
Lebenszufriedenheit ist, andere Einflussfaktoren wie Umweltfaktoren,
soziale Lebensqualität oder Gesundheitsaspekte ebenfalls herangezogen werden müssen.

Geld macht also bis zu einem bestimmten Punkt glücklich. Insbesondere das Glück ärmerer Menschen wächst mit dem Einkommen
deutlich. Wer jedoch schon viel hat, den macht noch mehr nicht immer
zufriedener. Solange Menschen arm sind, ist das Einkommen wichtig
für ihr Glück. Sobald sie aber in Wohlstand leben und finanziell abgesichert sind, verliert das Einkommen an Bedeutung (Drakopoulos,
2011). Kahneman und Deaton (2010) fanden heraus, dass zusätzliche
Verdienste ab einem Jahresnettoeinkommen von mehr als 75.000$ (ca.
60.000 Euro) das Glücksgefühl des Menschen nicht mehr steigern. Jebb
et al. (2018) differenzierten weiter und zeigten, dass die Sättigungsgrenze der Einflüsse auf die allgemeine Lebensbewertung bei 95.000$ und
für das emotionale Wohlbefinden bei 60.000$ bis 75.000$ liegt. Allerdings weisen auch sie auf mögliche regionale Unterschiede hin: In
wohlhabenderen Regionen tritt die Sättigung meist später ein.

Zwar steigert ein Einkommenszuwachs die Zufriedenheit kurzfristig. Langfristig, so behaupten viele Glücksforscher, kehren wir jedoch
immer wieder auf das Ausgangslevel, zu unserem eigenen „Setpoint

„Setpoint
of Happiness"

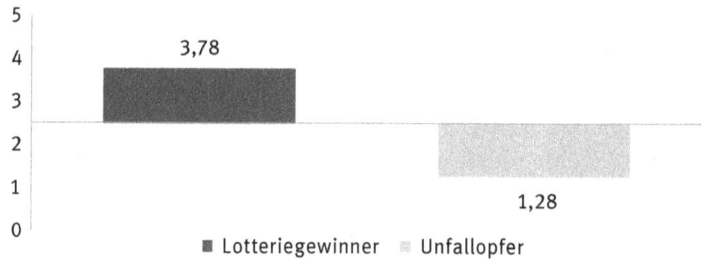

Abb. 8.3: Bewertung von Lotteriegewinn sowie Unfall mit Querschnittslähmung als Folge; *n* = 51; Skala von 0 (schlimmstes mögliches Ereignis im Leben) bis 5 (bestes mögliches Ereignis im Leben). Quelle. Brickman et al., 1978.

of Happiness" (Kapitel 4) zurück. Glück und Unglück können somit als vorübergehende Reaktionen eines Menschen auf Veränderungen in dessen Umwelt verstanden werden (Diener et al., 2006). Ausgestattet mit der Fähigkeit, sich relativ schnell an neue Gegebenheiten anzupassen, neigt der Mensch dazu, sich bald an Wohlstandszuwächse in Form eines höheren Einkommens zu gewöhnen und das neue Niveau als Referenzpunkt einzusetzen.

Gewöhnung und Adaption   Eine bekannte und häufig zitierte Studie zur Adaptionstheorie zeigt die Glücksentwicklung von Lotteriegewinnern und demgegenüber Unfallopfern, die in der Folge querschnittsgelähmt waren. Die Lotteriegewinner bewerteten ihren Gewinn erwartungsgemäß als sehr positiv, während die Behinderung als Konsequenz eines Unfalls bei den Betroffenen als sehr negativ empfunden wurde (Abbildung 8.3). Dennoch waren die Auswirkungen der Ereignisse auf die Lebenszufriedenheit nicht so extrem, wie man hätte annehmen können (Brickman et al., 1978).

Menschen glauben, dass ein Sechser im Lotto oder ein Unfall, der sie ewig an einen Rollstuhl bindet, die Lebenszufriedenheit unausweichlich in eine positive oder negative Richtung lenken wird. Dieser Irrglaube, der Impact Bias, bezieht sich auf den Denkfehler, Geschehnisse im Vorhinein als einflussreicher zu bewerten als sie in Wirklichkeit sind. „Wenn ich im Lotto gewinne, wird alles anders."/„Wenn ich nach diesem Unfall nicht mehr laufen kann, ist mein Leben nicht mehr lebenswert". Diese Vorhersagen spiegeln nur den kurzfristigen Einfluss von Erlebnissen auf unsere Lebenszufriedenheit wider. Eine Querschnittslähmung führt in der Tat tendenziell zu einem niedrigeren Glücksniveau. So fanden Schulz und Decker (1985) in einer Studie mit 100 Versuchspersonen heraus, dass diese auch 20 Jahre nach ihrem Unfall unglücklicher waren als der Rest der Bevölkerung. Die Adaptionsfähigkeit führt aber dazu, dass dieser Unterschied geringer ist als man erwarten würde.

Auf der anderen Seite ist so mancher Lotteriegewinner nach seinem buchstäblichen Glücksfall entgegen aller Erwartungen nicht zufriedener, sondern unglücklicher als zuvor (Brickman et al., 1978). Denn eröffnet der Geldzuwachs dem Betroffenen auf der einen Seite zwar neue Konsummöglichkeiten, so sorgt er gleichzeitig oftmals für eine Abwertung der „alten Vergnügen". Im Vergleich zu dem teuren Sportwagen erscheint der hart verdiente Mittelklassewagen längst nicht mehr so zufriedenstellend, wie es in der Vergangenheit der Fall gewesen war. Die mit viel Mühe selbst eingerichtete Eigentumswohnung verblasst vor der schicken Villa mit dem großen Garten und auch der Familienausflug an den nahegelegenen Badesee macht nicht mehr so glücklich, wenn man sich genauso gut einen zweiwöchigen Aufenthalt in Disneyland leisten kann.

Lotteriegewinne

Bei ihrem Versuch befragten Brickman und seine Kollegen (Brickman et al., 1978) drei verschiedene Teilnehmergruppen. Gruppe 1 bestand aus Lotteriegewinnern, die aus einer Liste von 197 Gewinnern der Illinois State Lotterie ausgewählt wurden. Die Antwortquote belief sich auf 52 Prozent, d. h. letztlich 22 Gewinnern, die zwischen 7 Millionen und 50.000 Dollar in der Lotterie erspielt hatten. Gruppe 2 bestand aus 25 körperlich behinderten Teilnehmern, die dauerhaft in einer Rehabilitierungseinrichtung lebten. Gruppe 3 diente als Kontrollgruppe. Es handelte sich dabei um 88 Menschen, die im näheren Umkreis der Lotteriegewinner lebten. Sie wurden per Zufall aus dem Telefonbuch ausgewählt. Hier lag die Antwortquote bei 41 Prozent, also bei letztlich 22 Teilnehmern.

Zunächst wurden mit allen Teilnehmern Interviews durchgeführt, in denen sie unter anderem offene Fragen beantworten mussten. Die Lotteriegewinner wurden z. B. gefragt, ob und inwiefern sich ihr Lebensstil seit dem Sieg verändert habe und inwiefern. Gewinnern und Unfallopfern wurde außerdem die Frage gestellt, ob sie glauben, sie hätten das was passiert war, verdient; ob sie sich jemals gefragt haben „wieso ich" und wie sie sich diese Frage für sich selbst beantworten. Des Weiteren sollten die Lotterieteilnehmer ihren Sieg und die Unfallopfer ihren Unfall auf einer Skala der „schlimmsten und besten Dinge, die einem im Leben passieren können", einordnen.

Um die generelle Zufriedenheit der Teilnehmer zu messen, sollten diese auf einer vorgegebenen Skala bewerten, wie glücklich sie sich fühlten (in ihrem jetzigen Lebensabschnitt). Außerdem waren sie aufgefordert, ihre Zufriedenheit vor dem Ereignis (Sieg, Unfall, 6 Monate zuvor) anzugeben und wie glücklich sie in einigen Jahren erwarten zu sein.

Zur Messung der alltäglichen Zufriedenheit sollten die Teilnehmer sieben verschiedene Aktivitäten (u. a. mit einem Freund sprechen, fernsehen, essen, einen Witz hören, ein Kompliment bekommen und Kleidung kaufen) nach ihrem Glückseinfluss zuordnen. Dazu diente eine Skala von 0 (gar nicht) bis 5 (sehr viel).

Ergebnisse: Wie zu erwarten bewerteten Teilnehmer den Geldgewinn als sehr positives und den Unfall, der zur Behinderung führte, als sehr negatives Ereignis.

Dennoch waren die Bewertungen nicht so schlecht, wie die Forscher zuvor angenommen hatten. Auf einer Skala, auf der 0 als das schlimmste und 5 als das beste mögliche Ereignis gilt, bewerteten Lotteriegewinner den Sieg mit 3,78 und Opfer ihren Unfall mit 1,28. Interessant ist hierbei, dass diese beiden Werte sich mehr oder minder symmetrisch um das Mittel bewegten – der Geldgewinn wurde in etwa so positiv gesehen wie der Unfall als negativ empfunden wurde.

Dass ein Lottogewinn doch nachhaltig glückssteigernde Wirkung haben könnte, konstatieren dagegen Gardner und Oswald (2006). Sie nutzten Daten der British Household Panel Survey (BHPS), einer nationalen repräsentativen Datensammlung aus über 5.000 britischen Haushalten in den Jahren 1996 und 2003. Die Forscher bedienten sich zum einen eines generellen Gesundheitsfragebogens (GHQ score), um die allgemeine mentale Zufriedenheit zu messen. Dieser Fragebogen ist einer der meist genutzten zur Messung der psychologischen Gesundheit und fragt unter anderem nach dem Gefühl des Menschen gebraucht zu werden, ob Stress demjenigen Schlaf raubt, ob er sich hilflos fühlt, alltägliche Aktivitäten genießen kann und vieles mehr. Zum anderen ließen sich in den Daten des BHPS ebenfalls Informationen zu Personen mit finanziellen Zufallsgewinnen finden. Da die Hälfte der britischen Bevölkerung Lotterie spielt, fassten die Forscher zur Vereinfachung diese Personen als Lotteriegewinner zusammen. Insgesamt 137 Menschen mit größeren Gewinnen zwischen 1.000 und 120.000 Pfund Sterling wurden ermittelt. Als Kontrollgruppe dienten diejenigen, die keine oder nur kleine Gewinne im relevanten Zeitraum zu verbuchen hatten. Bei Betrachtung des Zeitraums von einem Jahr vor und einem Jahr nach dem Lotteriegewinn zeigte sich ein – wenn auch geringer – Anstieg der psychologischen Zufriedenheit (GHQ score). Im Vergleich dazu veränderte sich der GHQ score sehr viel stärker bei der Betrachtung der Daten innerhalb von zwei Jahren vor und nach dem Gewinn. Es bestand dabei ein statistisch signifikanter Unterschied zu den Werten der Kontrollgruppen. Der Gewinn geringer Beträge hatte keine besondere Auswirkung auf die Lebensumstände. Der größere Lotteriegewinn hingegen führte bei den Probanden zu einer durchschnittlichen Abnahme des mentalen Stresses. Dennoch weisen die Autoren Gardner und Oswald (2006) darauf hin, dass eine Interpretation der Ergebnisse aufgrund der geringen Stichprobe nur bedingt möglich ist.

In Folge eines Lotteriegewinns findet eine Anpassung an einen höheren Konsumlevel statt, was gleichzeitig einen Anstieg des Anspruchsniveaus bewirkt. Obwohl Menschen sich nach einem Einkommensanstieg an neuen Konsumoptionen erfreuen, werden diese weniger intensiv wahrgenommen (Brickman et al., 1978). Ist ein berufliches oder persönliches Ziel erst einmal erreicht, werden neue, größere Absichten verfolgt. So kommt es, dass sich trotz eines gestiegenen Einkommensniveaus die Lebenszufriedenheit letztlich nicht vergrößert, weil sich mit dem Einkommen auch die materielle Norm (Easterlin, 1995), also die eigene Erwartungshaltung, verändert hat. „Die zusätzliche Freude hat mehr mit der Steigerung des Wohlstandes zu tun als mit dem gestiegenen Wohlstand. In gewisser Weise handelt es sich um das klassische Suchtverhalten: Die Dosis des Alkohols oder der Droge muss ständig erhöht werden, um dieselbe Wirkung zu erzielen." (Layard, 2005a, 172).

Neben der hedonischen Tretmühle bieten Dunn, Gilbert und Wilson (2011) eine weitere Erklärung, wieso Geld uns nicht, beziehungsweise nur mit Einschränkungen, glücklicher macht. Mit Geld kann man zwar in gewisser Weise Glück kaufen, allerdings sehr viel weniger, als der Mensch annimmt. Das sei vor allem darauf zurückzuführen, dass wir unser Geld häufig für die „falschen" Dinge ausgeben. Dies ist erneut auf den Impact Bias zurückzuführen.

Teilen statt besitzen: Sharing Economy
Wenn Besitz nur bis zu einem bestimmten Grad und vor allem nur kurzfristig glücklich macht, wäre es dann nicht besser verschiedene Güter zu mieten, statt zu kaufen? Der Trend der „Sharing Economy" macht daraus ein Geschäftsmodell. Unternehmen oder Personen bieten Zugang zu Ressourcen gegen eine Nutzungsgebühr an.
Das Prinzip der Sharing Economy in der digital vernetzten Welt verbreitet sich zunehmend. Anstatt viel Geld in Eigentum zu investieren, werden unter anderem (Wohn-)Räume, Gegenstände und Wissen auf digitalen Plattformen wie Car2Go oder Airbnb geteilt und effizienter genutzt. Diese Bewegung wurde durch Entwicklungen in Lebensstilen und Werthaltungen begünstigt, die den Wunsch nach effizienter Ressourcennutzung und mehr direkter Interaktion zum Ausdruck bringen.
Die Sharing Economy könnte darüber hinaus weitere positive soziale Effekte, wie etwa die Stärkung des Gemeinschaftsgefühls bewirken. Es entsteht eine neue Art des Vertrauens und der Kooperation (Bezug zum Sozialkapital, Kapitel 7). Hinzu kommt, dass auch einkommensschwächeren Bevölkerungsschichten der Zugang zu teuren Konsumgütern erleichtert wird und somit Lebensstandards gehoben werden können.
Dass Teilen die Menschen glücklicher macht, belegen zahlreiche Studien. Interaktion und Solidarität haben nachweislich positive Effekte auf Glück und Lebenszufriedenheit. Die Sharing Economy könnte in diesem Zusammenhang einen Beitrag leisten, Ressourcen zu schonen und die Lebenszufriedenheit zu steigern.
(Demary, 2015; Arnold et al., 2016; Sikorska/Grizelj, 2015)

Kritik am Eas-
terlin Paradox

Stevenson und Wolfers (2008) reanalysierten die Daten Easterlins und gelangten zu dem Ergebnis, dass durchaus eine Tendenz festzustellen sei, dass mit wachsendem Wohlstand die Menschen in einem Land zufriedener würden. Anders als Easterlin und viele andere Glücksforscher verneinen die beiden Ökonomen einen starken Einfluss von Adaption und relativem Einkommen auf unser Glücksempfinden. Materieller Besitz führe zu mehr Handlungsoptionen, einem besseren Lebensstandard und damit auch zu subjektiv größerer Lebenszufriedenheit – unabhängig von dem Umstand, ob andere Personen sich einen ähnlich hohen Lebensstandard leisten können oder nicht. Denn wäre wirklich das relative Einkommen entscheidend für unser Glück, dürften Menschen, die in Ländern mit höherem Bruttoinlandsprodukt leben, nicht zwangsläufig glücklicher sein als Menschen aus ärmeren Ländern. Diese These könne laut ihrer Studien jedoch nicht bestätigt werden. Die Bevölkerung der Industrieländer sei im Durchschnitt glücklicher als die der Entwicklungsländer (Sacks et al., 2010).

Einen anderen Ansatz verfolgten Graham, Eggers und Sukhtankar (2004) in einer Studie, in der sie die umgekehrte Wirkungsrichtung untersuchten. Sie fanden, dass mehr Zufriedenheit zu mehr Einkommen führt. Dies wurde auf ein gesteigertes Selbstwertgefühl und Optimismus zurückgeführt.

Auch wenn Easterlin (1974) mit seinem Artikel „Does Economic Growth Improve the Human Lot?" eine umfassende, bis heute andauernde Diskussion entfachte, sind sich Glücksforscher in einem Punkt weitestgehend einig: Es existiert eine Sättigungsgrenze, ein Einkommensmaß, ab dem Einkommensanstiege keine signifikante oder langfristige Zunahme der Lebenszufriedenheit mehr mit sich bringen. Es scheint, als werde die Lebenszufriedenheit der Menschen, die sich oberhalb eines bestimmten Wohlstandsniveaus befinden, mehrheitlich aus anderen Quellen als materieller Wohlstandsmehrung gespeist. Die entscheidende Frage ist, um welche Quellen es sich dabei handelt.

Während Gewinne ab einem gewissen Einkommens- und Wohlstandsniveau unsere Zufriedenheit nur geringfügig beeinflussen, haben Verluste wie ein sinkendes Einkommen eine stark negative Wirkung auf das Glücksempfinden. Eine mögliche Erklärung hierfür ist die „Prospect Theory", die Kahneman und Tversky (1979) entwickelten. Das von ihnen identifizierte Phänomen der Verlustaversion zeigt, dass ein Zugewinn weniger Freude bringt als ein wertmäßig gleicher Verlust schmerzt. Ein einfaches Gedankenexperiment bestätigt diese Theorie: Schenkt uns jemand zehn Euro, dann steigert dies unser Glück. Der Gewinn macht uns zufriedener. Weitaus größer fällt jedoch unsere Unzufriedenheit aus, nimmt man uns den Betrag wieder ab. Wir besitzen dieselbe Summe wie zuvor, fühlen uns dennoch unglücklicher, weil der Verlust intensiver wahrgenommen wird. Verlustaversion ist ein sehr stabiles Phänomen und hängt mit verschiedenen anderen Effekten zusammen, wie etwa dem Endowment Effekt, dem Status Quo Bias oder der Sunk Cost Fallacy (siehe Kasten). Sie zeigt sich besonders in spieltheoretischen Experimenten, in denen die Befragten verschiedene Gewinne oder Verluste zu unterschiedlichen Wahrscheinlichkeiten riskieren können. Meistens setzen Menschen auf sichere Gewinne, auch wenn sie bei einer risikoreicheren Option sehr viel mehr Geld machen könnten. Die Angst, etwas zu verlieren wiegt offenbar höher als die Versuchung, einen hohen Gewinn zu machen.

Biases und Heuristiken
Endowment Effekt: Es gibt die Tendenz des Menschen, Objekten, die er besitzt, einen höheren Wert beizumessen als jenen, die ihm nicht gehören (Kahneman et al., 1991). Besitz lässt Gegenstände in der Regel wertvoller erscheinen. Dies lässt sich durch Differenz zwischen dem Preis, den eine Person einerseits bereit ist für ein Gut zu bezahlen und zu welchem sie andererseits das Gut an eine andere Person verkaufen würde, darstellen (Pindyck/Rubinfeld, 2009). Insbesondere in Verkaufssituationen kann dieser Effekt zu Problemen führen, wenn es um Preisverhandlungen geht.
Status Quo Bias: Der Glaube des Menschen, es sei besser, den aktuellen Zustand beizubehalten als eventuelle Ungewissheiten einer Veränderung in Kauf zu nehmen, wird als Status Quo Bias bezeichnet. Samuelson und Zeckhauser (1988) demonstrierten diesen in diversen Experimenten.
Sunk Cost Fallacy: Menschen haben die Tendenz, ein Vorhaben weiterzuverfolgen, wenn bereits Kosten (Energie, Geld oder Zeit) entstanden sind. Diese Kosten sind sogenannte „versunkene" oder irreversible Kosten, die unwiderruflich investiert wurden, und die unabhängig vom Handlungsergebnis nicht rückerstattet werden können (Arkes/Blumer, 1985). Diese Kosten bringen den Menschen dazu, das Projekt weiterzuführen, obwohl es sich möglicherweise nicht mehr lohnt.

Wie bereits erwähnt weisen ärmere Länder häufig ein geringeres Zufriedenheitsniveau auf als wohlhabende Länder (Sacks et al., 2010). Allerdings bleibt fraglich, ob die geringere Zufriedenheit tatsächlich monetären Ursprungs ist, oder durch andere Rahmenbedingungen wie schlechtere Bildungs-, Gesundheits-, oder Politikbedingungen verursacht wird.

Kein Geld macht unglücklicher

Eine gängige Theorie, die ein solches Verhältnis von Armut und Glück erklären könnte, ist die Notwendigkeit der Befriedigung von Grundbedürfnissen, die nur durch einen gewissen Wohlstand gesichert werden kann. Steigt das Einkommen in sehr armen Ländern an, so können dadurch grundlegende Mängel beseitigt werden. Muss sich ein Mensch ständig Sorgen um seine Nahrung oder Behausung machen, ist für Glücksgefühle wenig Platz. Insofern macht Geld nicht zwangsläufig glücklicher, aber kein Geld macht unglücklich.

In diesem Zusammenhang untersuchten Tay und Diener (2011) mit Daten aus dem Gallup World Poll innerhalb einer Stichprobe von 60.865 Befragten aus 123 Ländern den Zusammenhang zwischen der Erfüllung von Bedürfnissen und dem subjektiven Wohlbefinden, der Lebensbewertung sowie positiven und negativen Gefühlen. Über alle Länder hinweg zeigte sich hier ein Zusammenhang:

- Die Erfüllung von Bedürfnissen kann negative Gefühle reduzieren.
- Die Nichterfüllung von Bedürfnissen hat kaum Einfluss auf negative Gefühle, führt jedoch zu einer geringeren Lebensbewertung.
- Die Bedürfniserfüllung führt nicht zwingend zu einer besseren Lebensbewertung.
- Die Erfüllung oder Nichterfüllung von Grundbedürfnissen hat einen starken Einfluss auf negative Gefühle.

Die Studie basiert unter anderem auf den Erkenntnissen der bekannten Bedürfnispyramide von Maslow (1943). Sie besagt, dass zunächst physiologische Grundbedürfnisse wie nach Nahrung oder Schlaf gestillt werden müssen, bevor Sicherheitsbedürfnisse entstehen. Sind diese wiederum befriedigt, indem ein sicheres Obdach geschaffen wurde und keine schutzlose Auslieferung mehr zu fürchten ist, strebt der Mensch nach einer Befriedigung der sozialen Bedürfnisse: Liebe, Freundschaft und Zuneigung. Die darauffolgende Stufe ist das Streben nach Anerkennung und Lob, das die Selbstwertschätzung erhöht. Man möchte die eigenen Tätigkeiten und das eigene Wesen auch von anderen wertgeschätzt wissen. Ist dies der Fall, so ist die letzte Stufe der Bedürfnispyramide erreicht: die Selbstverwirklichung. Sind alle anderen Bedürfnisse gestillt, bleibt der Wunsch, etwas zu bewegen und sich selbst zu verwirklichen (Abbildung 8.4). Letztlich rührt bei Maslow also die Motivation des Menschen aus unbefriedigten Bedürfnissen, deren Befriedigung wird zum individuellen Ziel wird.

Diese Darstellung der menschlichen Motivation ist jedoch sehr vereinfacht und weist diverse Mängel auf. Das Modell unterscheidet beispielsweise nicht zwischen Bedürfnissen, die es dauerhaft zu befriedigen gelingt, und jenen, die stetig erneuert werden müssen. So kommt es, dass wir immer wieder Hunger verspüren und die Nahrungsaufnahme nur kurzfristig für Befriedigung sorgt, während etwa grundsätzliches moralisches und ethisches Handeln für anhaltendere

Abb. 8.4: Bedürfnispyramide nach Maslow. Quelle: Maslow, 1943.

Befriedigung sorgen kann. Auch im Hinblick auf die konkreten Bedürfnisse kann vor allem die sehr allgemein formulierte Kategorie der Selbstverwirklichung kritisiert werden. Hier wird nicht zwischen individualistischen und kollektivistischen Kulturen unterschieden. Je nach kulturellem Hintergrund wird das Bedürfnis nach Individualität dem kollektiven Wohlergehen in unterschiedlicher Ausprägung nachgestellt. So ist Selbstverwirklichung als solche vor allem in westlichen Regionen von Priorität, während etwa im asiatischen Kulturkreis das Gemeinwohl oftmals an erster Stelle kommt. Damit kann die von Maslow gewählte Bedürfnishierarchie nicht in allen Kulturkreisen gleichermaßen bestehen. Vor allem dann, wenn das Überleben der Menschen von der Zusammenarbeit mit anderen und dem Wohlergehen der Gruppe abhängt, sind beispielsweise soziale Bedürfnisse mit Sicherheitsbedürfnissen gleichzusetzen. Zwar ist es nicht mehr so, dass wir wie in Jäger- und Sammlergesellschaften ständig fürchten müssen, von anderen im Schlaf ermordet zu werden, aber dennoch hängt unsere Sicherheit oftmals zumindest in Teilen von dem Einwirken und der Hilfe anderer ab. So ließen sich die drei unteren Stufen der Bedürfnispyramide möglicherweise in ihrer Bedeutung eher vor die Befriedigung des Wunsches nach Anerkennung und Selbstverwirklichung setzen. Eine hierarchische Ordnung dieser Bedürfnisse scheint hingegen nicht sinnvoll.

Auch wenn diese sehr vereinfachte Aufstellung Maslows wissenschaftlich umstritten ist, so kann sie doch eine Illustration für die Handlungsmotivation der Menschen und für das Verhältnis von Zufriedenheit und der Entwicklungsstufe eines Landes bieten. Je mehr

Wohlstand herrscht, desto mehr Bedürfnisse können befriedigt werden, was wiederum zu größerem Wohlbefinden führen kann.

Die Bedeutung des relativen Einkommens

Bereits in Kapitel 7 wurde festgehalten, dass das Glück des Einen in gewisser Weise vom Unglück der Anderen abhängt. Auch in Bezug auf das Einkommen gilt, dass es Menschen schwerfällt, absolute Entscheidungen und Wertungen vorzunehmen (Frey/Stutzer, 2003). Stattdessen erfolgt die Bewertung fast immer in Abgrenzung zu anderen Personen der Referenzgruppe. Für das subjektiv empfundene Glück ist dementsprechend nicht entscheidend, wie viel der Einzelne absolut verdient, sondern vielmehr, ob das eigene Einkommen relativ höher ist als das der anderen Vergleichspersonen. So führt ein allgemeiner Anstieg des Wohlstandsniveaus eines Industrielandes insgesamt zwar zu mehr Reichtum, aber aufgrund sozialer Vergleichsprozesse nur bedingt auch zu mehr Lebenszufriedenheit bei dessen Bewohnern. In ärmeren Ländern ist dies anders zu bewerten, weil dort allein die Befriedigung der Grundbedürfnisse der Menschen – wie das Vorhandensein von ausreichend Wasser, Nahrung sowie einem Dach über dem Kopf – nur durch Wohlstandswachstum ermöglicht werden kann. Erst wenn diese Grundbedürfnisse gedeckt sind und die eigene Existenz abgesichert ist, gewinnt das relative Denken an Bedeutung. Wenn alle Menschen wohlhabender werden, ändert sich nicht zwangsläufig etwas am relativen Status des Einzelnen.

Solnick und Hemenway (1998) untersuchten den Einfluss des relativen Einkommens in einem Experiment, in dem sie Studenten zwei Szenarien präsentierten: In dem einen verdiente man selbst $50.000, während das Gehalt der Anderen nur die Hälfte betrug. In dem zweiten Szenario hingegen lag das eigene Einkommen bei $100.000, die anderen verdienten $250.000. Die Mehrheit der Studenten (etwa 50 Prozent) entschied sich für die erste Option, obwohl das eigene Einkommen in der zweiten Alternative das Doppelte betragen hätte. Das relative Einkommen machte den Unterschied.

Besonders Männer neigen dazu, die eigene Einkommensposition mit der der anderen Menschen in ihrem näheren Umfeld zu vergleichen (Köcher/Raffelhüschen, 2011). In diesem Vergleich stellt das relative Einkommen nicht nur eine Determinante für das eigene Wohlbefinden, sondern gleichzeitig auch ein Statussymbol dar, das den Menschen einer „sozialen Schicht" zuordnet und seine Rolle innerhalb der Gesellschaft definiert. Layard (2002) spricht in diesem Zusammenhang nicht nur von einem simplen Vergleich, sondern vielmehr von einer dem Menschen innewohnenden, biologisch begründbaren Rivalität, die nicht nur unter Fremden, sondern gleichermaßen auch unter

Freunden oder in Familien vorzufinden ist. Studien zeigen etwa, dass eine Frau eher gewillt ist arbeiten zu gehen, wenn beispielsweise ihr Schwager, der Ehemann ihrer Schwester, mehr verdient als ihr eigener (Neumark/Postlethwaite, 1998). Ebenso kann sich das Gehalt des Lebensgefährten oder des Ehepartners – abhängig von dem Verhältnis zum eigenen Einkommen – positiv oder negativ auf unser individuelles subjektives Glücksempfinden auswirken (Clark/Oswald, 1996). Im äußersten Falle macht uns auch eine Gehaltserhöhung trotz des Geldgewinns nicht einmal geringfügig glücklicher, wenn unsere Kollegen einen noch größeren Einkommensanstieg für sich verbuchen können (Drakopoulos, 2011). Letztlich kommt es dann auf die Einkommensveränderungen verglichen mit anderen und nicht das Einkommen selbst an (Deaton, 2010).

Ist das relative Einkommen von derart großer Bedeutung für die eigene Lebenszufriedenheit, so stellt auch die Ausprägung der Einkommensungleichheit in einem Land zwangsläufig eine entscheidende Glücksdeterminante dar. Diese definiert sich nicht ausschließlich über die Schere zwischen Arm und Reich, sondern vor allem über die Einkommenserwartungen jedes Einzelnen. So entspräche ein Land, in dem alle Menschen das gleiche Gehalt erhielten, nicht zwangsläufig einem gerechten Land. Die leistungsunabhängige Bezahlung könnte, abhängig von der Kultur und des Wertesystems der Menschen, zu wachsender Frustration und Unzufriedenheit führen. Man würde sich nicht länger nur mit Personen aus der eigenen Referenzgruppe, sondern mit allen anderen vergleichen. Die gleiche Vergütung wäre aufgrund der unterschiedlichen Qualifizierungen und Fähigkeiten nicht länger zu rechtfertigen, sodass einige wegen der dadurch empfundenen Benachteiligung unzufriedener würden, während andere von dem System profitierten. Eine gleiche Verteilung entspricht also keiner gerechten Verteilung, solange sie nicht an die persönlichen Erwartungen der Betroffenen angepasst wird. Insofern scheint nicht nur die Einkommensdistribution, sondern gleichermaßen die Einkommenserwartung sowie das Gerechtigkeitsempfinden des Einzelnen entscheidenden Einfluss auf unser Glücksempfinden zu nehmen. Was Menschen überall auf der Welt als gerecht empfinden, hängt zum Teil von der gelebten Kultur ab – beispielsweise von den Ansichten über Selbstverantwortung.

Unter Beachtung dieser Zusammenhänge definieren Frey und Frey Marti (2010) das Wohlbefinden als die Lücke, die sich aus dem Abstand zwischen dem Erwarteten und dem tatsächlich Erreichten ergibt. Es ergibt sich ein weiterer möglicher Erklärungsansatz des Easterlin-

Ungleichheit

Paradox: Wenn sich das Bruttoinlandsprodukt eines Landes erhöht, führt dies und der damit einhergehende Anstieg des Wohlstandsniveaus zwangsläufig zu größeren Einkommenserwartungen innerhalb der Bevölkerung. Das wiederum hat zur Folge, dass sich im Falle eines Einkommensanstieges der Abstand zwischen dem Erwarteten und dem tatsächlich Erreichten nicht verändert und somit keine höhere Lebenszufriedenheit generiert wird.

Einkommensungleichheit – Kulturelle Unterschiede
Einkommensungleichheiten haben Auswirkungen auf das Glück. Allerdings unterscheiden sich beispielsweise Europäer von den Einwohnern der USA in ihrer Bewertung. Die USA gelten als das Land der unbegrenzten Möglichkeiten und großen Chancen. Das Einkommen ist ein Indikator für harte Arbeit, die sich in der Zukunft auszahlen wird. Menschen fühlen sich dort daher nicht so stark durch Einkommensunterschiede beeinträchtigt. Europäer dagegen glauben, dass die Aufwärtsmobilität und damit verbundene Einkommenszuwächse begrenzt sind. Bestehen hier Differenzen, werden diese stärker negativ bewertet (Frey, 2018).

Ungleichheit scheint Menschen unzufriedener zu machen. Dies ist empirisch zwar nicht bestätigt, könnte aber auf die evolutionsbedingte Notwendigkeit der menschlichen Kooperation zurückzuführen sein. „Diese Urform egalitärer Gerechtigkeit erklärt, warum der Mensch ein Grundbedürfnis nach Gerechtigkeit in sich trägt. Diese „Ursehnsucht" nach Gleichverteilung ist noch heute stark in uns verankert" (Enste/ Knelsen, 2012, 106). Auch die Tatsache, dass Einkommenszuwächse ärmere Menschen glücklicher machen als reiche, lässt eine Verbindung zwischen Ungleichheit und Glück vermuten.

8.2 Wohlfahrtsmaße

Wohlfahrt wird in vielen Ländern an materiellen Maßstäben gemessen. Doch mit der immer weitreichenderen Glücksforschung, die Wohlstand in einem größeren Zusammenhang sieht, kommen Zweifel an der bisherigen Messung auf. Es werden zunehmend Forderungen laut, dass das oberste Ziel der Politik anstatt Wirtschaftswachstum die Steigerung des subjektiven Wohlbefindens der Bürger sein sollte. Das subjektive Wohlbefinden als Indikator bildet sowohl gesellschaftliche Bedingungen ab und trägt ebenfalls zur Bewertung der Wirksamkeit politischer Maßnahmen bei (Oishi/Diener, 2014). Insbesondere die Erkenntnis, dass mehr Einkommen nur bis zu einem bestimmten Punkt glücklicher macht, bringt auch die Diskussion um angemessene Wohlfahrtsmaße mit sich. Müssen angesichts der neuen Erkenntnisse und den Nachhaltigkeitsdebatten auch neue Wohlfahrtsmaße entwickelt werden?

Bisher wird zur Bestimmung des Wohlstands und des Wohlstand-   Bruttoinlandsprodukt
zuwachses eines Landes das Bruttoinlandsprodukt (BIP) genutzt. Es misst die wirtschaftliche Leistung eines Landes und liefert einen geeigneten Indikator für den internationalen Vergleich von Produktivität und Wachstum.

Das Bruttoinlandsprodukt

„Das Bruttoinlandsprodukt (BIP) ist ein Maß für die wirtschaftliche Leistung einer Volkswirtschaft in einem bestimmten Zeitraum. Es misst den Wert der im Inland hergestellten Waren und Dienstleistungen (Wertschöpfung), soweit diese nicht als Vorleistungen für die Produktion anderer Waren und Dienstleistungen verwendet werden. Das Bruttoinlandsprodukt (BIP) wird in jeweiligen Preisen und preisbereinigt (Deflationierung mit jährlich wechselnden Vorjahrespreisen und Verkettung) errechnet. Auf Vorjahrespreisbasis wird die „reale" Wirtschaftsentwicklung im Zeitablauf frei von Preiseinflüssen dargestellt. Die Veränderungsrate des preisbereinigten Bruttoinlandsprodukts (BIP) dient als Messgröße für das Wirtschaftswachstum der Volkswirtschaften."
(Statistisches Bundesamt, 2013)

Zur Messung des Wohlstandes eines Landes wird das BIP zunehmend kritisiert (Hirata, 2012; Schmidt/dem Moore, 2014):

- Keine Berücksichtigung von erbrachten Leistungen aus Haushalt, Ehrenamt oder Schattenwirtschaft.
- Erfassung von Schadensbeseitigungen, die nur zu einer Normalisierung, nicht aber zu einer Wohlfahrtssteigerung führen (z. B. Beseitigung von Sturmschäden, Überschwemmungen).
- Keine Berücksichtigung der Veränderung von Bestandsgrößen und Ressourcenvorrat (z. B. Ölvorkommen, Fischbestände), deren Verbrauch gegengerechnet werden müsste.
- Keine Information über die Konsum- oder Wohlfahrtsverteilung über verschiedene Gruppen hinweg.
- Qualitätsverbesserungen und Produktivitätssteigerungen werden ungenau erfasst.

Die Formel, dass mit mehr Wirtschaftswachstum auch der Wohlstand zunimmt, ist nicht uneingeschränkt gültig. Daher sollte das BIP, um tatsächlich den Wohlstand eines Landes erfassen zu können, um ergänzende Indikatoren erweitert werden. Über die im BIP betrachteten Faktoren hinaus gibt es viele Aspekte, die sich positiv auf das Wohlbefinden der Menschen auswirken. Hierzu zählt beispielsweise ein

materielles Wohlstands-niveau	Einkommens-verteilung	gesellschaft-licher Zusammen-halt	Natur- und Ressourcen-verbrauch	Kredit-finanzierung
Pro-Kopf-BIP	80/20-Relation	gesellschaft-liche Ausgren-zungsquote	Ökologischer Fußabdruck im Verhältnis zur Bio-kapazität	Schuldenquote der öffentlichen Hand
ökonomische Dimension	*sozio-ökonomische Dimension*	*gesell-schaftliche Dimension*	*ökologische Dimension*	*Zukunfts-Dimension*

Abb. 8.5: Indikatoren des Wohlstandsquintetts. Quelle: Wahl/Gödderz, 2014.

besserer Gesundheitszustand, eine höhere Lebenserwartung oder ein besseres Bildungsniveau (Neumann, 2012). Einige alternative Wohlfahrtsindikatoren werden von den verschiedensten Organisationen bereits entwickelt und diskutiert und sollen folgend kurz dargestellt werden.

Das Wohlstands-quintett   Das „Denkwerk Zukunft", eine Initiative der Stiftung für kulturelle Erneuerung, schlägt zur Messung des Wohlstandes ein sogenanntes „Wohlstandsquintett" vor (Wahl/Gödderz, 2014). Dieses setzt sich aus fünf Teilindikatoren zusammen, die materiellen Wohlstand, Verteilungsgerechtigkeit, gesellschaftlichen Zusammenhalt, ökologische Nachhaltigkeit sowie die Schuldenquote messen (Abbildung 8.5).

Gemäß dieser Berechnung gehört Deutschland neben Dänemark, Finnland und Schweden zu den wohlhabendsten Ländern der Welt. Allerdings fällt dieser Wohlstand geringer als auf Grundlage des BIP aus. Insbesondere die ökologische Dimension beeinträchtigt das Ergebnis. Länder, die wohlhabender als der EU-Durchschnitt sind, weisen folgende Kennzahlen auf (Wahl/Gödderz, 2014):

- Das Pro-Kopf-BIP übersteigt 23.200 Euro (2012).
- Das Einkommen des wirtschaftlich stärksten Fünftels ist maximal fünf Mal so hoch wie das des wirtschaftlich schwächsten.
- Die gesellschaftliche Ausgrenzungsquote beläuft sich auf weniger als 10,5 Prozent (2011).
- Der ökologische Fußabdruck übersteigt die globale Biokapazität pro Kopf um höchstens das 2,5-fache.
- Die Schuldenquote der öffentlichen Hand beträgt maximal 86 Prozent (2012).

Tab. 8.1: W^3-Indikatoren für Wohlstand und Lebensqualität. Quelle: Deutscher Bundestag, 2013.

Einkommensverteilung Bruttoinlandsprodukt Staatsschulden	Materieller Wohlstand
Freiheit Gesundheit Bildung Beschäftigung	Soziales/Teilhabe
Treibhausgase national Stickstoff national Artenvielfalt national	Ökologie

Diese multidimensionale Herangehensweise hat den Vorteil, dass sie verschiedene Aspekte des Wohlstandes zusammenführt. Sie bezieht sowohl die Gesellschaft als auch das Individuum in die Betrachtung ein. Durch die Betrachtung zusätzlicher gesellschaftlicher und ökonomischer Aspekte ergeben sich für viele Länder Wohlstandsverluste. Ökomischer Erfolg wird beispielsweise durch den Verbrauch von Ressourcen relativiert. Die Daten, die zur Ermittlung des Quartetts erforderlich sind, sind international verfügbar, sodass eine Vergleichbarkeit gewährleistet ist.

Der Deutsche Bundestag setzte 2010 eine Enquete-Kommission zu „Wachstum, Wohlstand, Lebensqualität – Wege zu nachhaltigem Wirtschaften und gesellschaftlichem Fortschritt in der Sozialen Marktwirtschaft" ein. Diese sollte den Stellenwert von Wachstum in Wirtschaft und Gesellschaft untersuchen, einen ganzheitlichen Wohlstands- und Fortschrittsindikator entwickeln und die Möglichkeiten und Grenzen der Entkopplung von Wachstum, Ressourcenverbrauch und technischem Fortschritt ausloten. In ihrem Schlussbericht stellte die Kommission einen neuen Indikatorensatz, bestehend aus zehn Indikatoren vor, die neben der Dimension „Materieller Wohlstand" auch die Dimension „Soziales/Teilhabe" und „Ökologie" einbeziehen (Tabelle 8.1). So sollten neben den bereits bestehenden Wohlstandsmaßen laut Vorschlag der Kommission jährlich die in der Tabelle dargestellten Indikatoren für Wohlstand und Lebensqualität erhoben werden (Deutscher Bundestag, 2013).

Die W^3-Indikatoren der Enquete-Kommission

Ergänzt werden die Hauptindikatoren durch neun Zusatzindikatoren, sogenannte „Warnlampen". Diese sollen nur bei der Überschreitung kritischer Werte veröffentlicht werden. Hierzu zählen beispielsweise die Nettoinvestitionsquote, die Vermögensverteilung, die Unter-

Tab. 8.2: Komponenten des Nationalen Wohlfahrtindex. Quelle: Zieschank/Diefenbacher, 2018.

Nr.	+/–	Komponente
1.		Index der Einkommensverteilung
2.	+	Gewichteter privater Konsum
3.	+	Wert der Hausarbeit
4.	+	Wert der ehrenamtlichen Arbeit
5.	+	Öffentliche Ausgaben für Gesundheits- und Bildungswesen
6.	+/–	Kosten und Nutzen dauerhafter Konsumgüter
7.	–	Kosten für Fahrten zwischen Wohnung und Arbeitsstätte
8.	–	Kosten durch Verkehrsunfälle
9.	–	Kosten durch Kriminalität
10.	–	Kosten des Alkohol-, Tabak- und Drogenkonsums
11.	–	Gesellschaftliche Ausgaben zur Kompensation von Umweltbelastungen
12.	–	Kosten durch Wasserbelastungen
13.	–	Kosten durch Bodenbelastungen
14.	–	Schäden durch Luftverschmutzung
15.	–	Schäden durch Lärm
16.	+/–	Verlust bzw. Gewinn durch Biotopflächenänderungen
17.	+/–	Verlust bzw. Gewinn durch Änderung landwirtschaftlicher Fläche
18.	–	Ersatzkosten durch Verbrauch nicht erneuerbarer Energieträger
19.	–	Schäden durch Treibhausgase
20.	–	Kosten der Atomenergienutzung

beschäftigungsquote, die Fort- und Weiterbildungsquote, die weltweite Stickstoffbilanz und die globale Artenvielfalt (Deutscher Bundestag, 2013).

Auch diese Indikatoren liefern Informationen für politische Diskussionen. Darüber hinaus wäre eine länderübergreifende Vergleichbarkeit möglich, da die berücksichtigten Indikatoren international erhoben werden.

Der Nationale Wohlfahrtsindex

Im Auftrag des Umweltbundesamtes wurde von der Forschungsstätte der Evangelischen Studiengemeinschaft und der Forschungsstelle für Umweltpolitik Berlin der sogenannte nationale Wohlfahrtsindex entwickelt (Zieschank/Diefenbacher, 2018). Dieser betrachtet ebenfalls ökonomische, ökologische und soziale Komponenten und umfasst 20 Variablen (Tabelle 8.2).

Der Index der Einkommensverteilung (Nr. 1) dient als Gewichtungsfaktor für den Privaten Konsum (Nr. 2). Die anderen Komponenten werden jeweils zu dem Ergebnis addiert oder subtrahiert. Auch der Nationale Wohlfahrtsindex bewegt sich seit Jahren unterhalb des BIP. Gemäß des BIP hat der Wohlstand seit den 90er Jahren um etwa

30 Prozent zugenommen. Der NWI geht von rund 3 Prozent aus. Diese Differenz kommt daher, dass der nationale Wohlfahrtsindex Korrekturgrößen mit einbezieht, die nicht im BIP enthalten sind, zum Beispiel Indikatoren der Einkommensverteilung. Des Weiteren werden bei der Berechnung bestimmte Kosten einbezogen: Die Ausgaben für Drogen, Tabak und Alkohol, Kuraufenthalte, die Einnahme von Medikamenten oder durch Alkohol- oder Drogenkonsum bedingte Arztbesuche steigern zwar das BIP. Man kann hier jedoch nicht von Wohlfahrtsgewinnen – weder für das Individuum noch für die Gesamtgesellschaft – sprechen. Ebenfalls in den nationalen Wohlfahrtsindex eingerechnet werden sollen Hausarbeit und ehrenamtliche Arbeiten.

Zusammenfassend kann festgehalten werden, dass das BIP neben seiner Funktion als Maß der wirtschaftlichen Leistung nicht ohne weiteres als Wohlfahrtsindikator genutzt werden kann. Dies ist mittlerweile in vielen Disziplinen, auch der Ökonomik, anerkannt (Hirata, 2012). Gänzlich unbrauchbar ist das BIP aber nicht. Es weist zwar keine perfekte Übereinstimmung mit der Lebenszufriedenheit auf, kann aber dennoch erste Aufschlüsse geben, da der materielle Wohlstand und die Arbeitstätigkeit wichtige Faktoren des Wohlbefindens sind. Als ökonomisches Maß ist das BIP darüber hinaus unabdingbar. Ergänzend zum traditionellen Indikator sollten aber weitere entwickelt werden, um das Wohlbefinden der Bürger in einem Land genauer erfassen und Maßnahmen besser auf das Ziel „Glückssteigerung" anpassen zu können. Kritiker bemängeln allerdings, dass es schwierig sei, die Vielfalt der Bevölkerung in Form von Gewichtungen abzubilden. Nicht-materielle Aspekte sind widerspruchsfrei nur schwer zu erfassen, weshalb Befragungsergebnisse zum subjektiven Wohlbefinden nicht unmittelbar für politische Empfehlungen verwendbar sind. Die Korrelation mit der Lebenszufriedenheit ist noch unklar. Weiterhin sind internationale aggregierte Vergleiche jenseits des BIP kaum möglich, da mit steigender Zahl der Indikatoren diese weniger aggregiert werden können. Viele Indikatoren sind außerdem nicht zeitnah verfügbar und scheiden somit für eine wirtschaftspolitische Steuerung aus. Deshalb setzten Ökonomen auf „inklusives Wachstum", mit dem Nachhaltigkeit, Wohlstand, Wachstum und Lebenszufriedenheit erfasst werden sollten (OECD, 2019).

> Das BIP als Indikator nicht gänzlich unbrauchbar

8.3 Macht Bildung unglücklich?

Bildung macht unglücklich. Diese Ansicht vertrat zumindest John Stuart Mill, der Begründer des Utilitarismus. Zahlreiche Untersuchungen zum allgemeinen Einfluss von soziodemografischen Faktoren auf

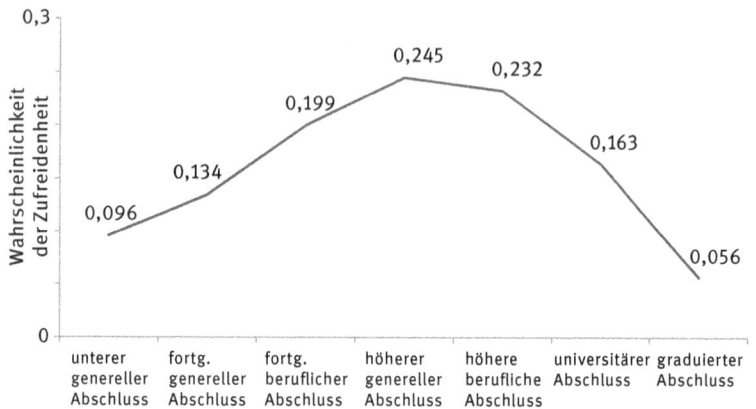

Abb. 8.6: Geschätzte Wahrscheinlichkeit der Zufriedenheit nach Bildungsabschluss; *n* = 1.893; Skala von 0 (niedrig) bis 1 (hoch). Quelle: Hartog/Oosterbeek, 1997.

die Lebenszufriedenheit zeigten allerdings bereits einen relativ geringen Einfluss dieses Parameters auf Glück: „Demographic factors such as health, income, educational background, and marital status account for only a small amount of the variance in well-being measures" (Diener et al., 2003, 406). Doch Studien, die sich gezielt mit dem Zusammenhang von Bildung und Lebenszufriedenheit beschäftigen, kommen zu unterschiedlichen Ergebnissen.

Die Glücksparabel   Hartog und Oosterbeek (1997) entdeckten bereits, dass Lebenszufriedenheit in einem parabolischen Verhältnis zum Bildungsgrad steht (Abbildung 8.6). Mehr Bildung führt ihren Erkenntnissen zufolge zu einer höheren Zufriedenheit, aber nicht unbegrenzt. Ab einer bestimmten Höhe des Bildungsgrades sinken die Zufriedenheitswerte wieder.

In den Untersuchungen zeigte sich, dass der höchste Bildungsgrad weder zur besten Gesundheit noch zum höchsten Wohlstand oder zur größten Zufriedenheit führt. Stattdessen fanden die Forscher bei ihren Probanden, dass ein mittlerer Bildungsgrad am ehesten beglückt. Sie konnten zwar auch einen positiven Zusammenhang zwischen Intelligenzquotienten und Gesundheit finden, jedoch nicht zwischen Zufriedenheit und Intelligenz.

Ein möglicher Grund für den Abfall der Zufriedenheitswerte nach einem graduierten Abschluss könnte sein, dass es mit zunehmendem Bildungsgrad schwieriger wird, eine den eigenen Vorstellungen entsprechende Anstellung zu finden. Möglicherweise fühlen sich die Personen für ihre Arbeit überqualifiziert und es fällt ihnen schwerer, ihre eigenen hohen Ansprüche langfristig zu erfüllen. So kann der

Erhalt eines Doktortitels mit hohen individuellen beruflichen Zielen einhergehen. Werden diese nicht erreicht, trübt dies das allgemeine subjektive Wohlbefinden, da das kognitive Wohlbefinden ausbleibt. Ebenso könnte für sehr niedrig Qualifizierte gelten, dass die Wahrscheinlichkeit ein gutes Einkommen zu erlangen, um beispielsweise auch schöne Unternehmungen zu machen, gering ist. Diese fehlenden monetären Möglichkeiten könnten die Zufriedenheit bei dieser Qualifikationsgruppe gleichermaßen schmälern.

Aktuelleren Untersuchungen zufolge zahlen sich Bildungsinvestitionen langfristig insgesamt jedoch aus. Hochschulabsolventen weisen eine durchschnittliche Lebenszufriedenheit von 7,5 (Skala von 0 bis 10) auf. Diese ist signifikant höher als bei Personen mit einem Real- oder Hauptschulabschluss (6,9) oder lediglich einer erworbenen Studienberechtigung (7,0) (Enste/Ewers, 2014). Dieser positive Zusammenhang wird von anderen Untersuchungen bestätigt (z. B. Gerdtham/Johannesson, 2001; Frey/Stutzer, 2002).

Die Lebenszufriedenheit kann bei einer differenzierten Betrachtung durchaus auch abhängig von der Studienrichtung sein. Beispielsweise sind Absolventen der Religions-, Sport-, Informatik- und Elektrotechnikwissenschaften tendenziell am glücklichsten (Abbildung 8.7). Hingegen weisen Absolventen der Agrar-, Geographie- und Sprachwissenschaften eine geringere Lebenszufriedenheit als der deutsche Durchschnittsbürger auf. Hier zeigt sich, dass die Absolventen mit den günstigsten Gehaltsperspektiven nicht unbedingt die zufriedensten sind. Demgegenüber ist die Sinnstiftung der Arbeitsaufgaben ein überaus wichtiger Faktor (Enste/Ewers, 2014).

Die Wahl der Studienrichtung

Es ist anzunehmen, dass der (anfängliche) positive Einfluss von Bildung auf die Lebenszufriedenheit vor allem indirekter Natur ist. Die positive Wirkung von Bildung auf Gesundheit, Wohlstand und Arbeitszufriedenheit könnte dann die Lebenszufriedenheit wiederum steigern. Denn höhere Bildung befähigt in der Regel zu einem gesünderen Lebensstil und zu höherem Einkommen. Der positive Effekt von Bildung auf Gesundheit ist dazu hochsignifikant (Gerdtham/Johannesson, 2001). Aus dieser Perspektive ist Bildung durchaus glückssteigernd.

Bildung als Nebeneffekt

Für den Einfluss der Nebeneffekte von Bildung (Einkommen, Gesundheit, sozialer Status) auf ein gesteigertes Wohlbefinden sprechen auch die Ergebnisse von Pinquart und Sörensen (2000). Sie fanden in einer Analyse mehrerer Studien, dass Einkommen stärker mit Wohlbefinden korreliert als Bildung. Ebenso fanden Köcher und Raffelhüschen (2011) bei einer Auswertung des SOEP zwar, dass ein höherer Bildungsstand in Deutschland auch ohne Einschränkung mit höherer Lebenszu-

	0 %	20 %	40 %	60 %	80 %	100 %
evange. Theologie, Religion			75,4		24,6	0
Sportwissenschaften			73,2		26,9	0
Informatik			70,9		26,7	2,4
Sozial-/Politikwissenschaften			68,6		30,6	0,8
Architektur, Raumplanung			68,1		31,9	0
Sozialwesen			68,1		29,6	2,4
Human- und Zahnmedizin			67,3		32,7	0
Naturwissenschaften			62,6		37,4	0
Psychologie			62,4		37,6	0
(Bau-)Ingenieurswesen			62,3		37,4	0,3
Durchschnitt			58,4		41	0,6
Rechtswissenschaften			55,3		44,3	0,5
Maschinenbauwissenschaften			54,7		45,3	0
Verwaltungswissenschaften			53,9		46,2	0
Mathematik			52		46	2
Erziehungswissenschaften			47,3		52,7	0
Agrarwissenschaften			38,2		58,4	3,4

■ hohe Lebenszufriedenheit ■ mittlere Lebenszufriedenheit
○ niedrige Lebenszufriedenheit

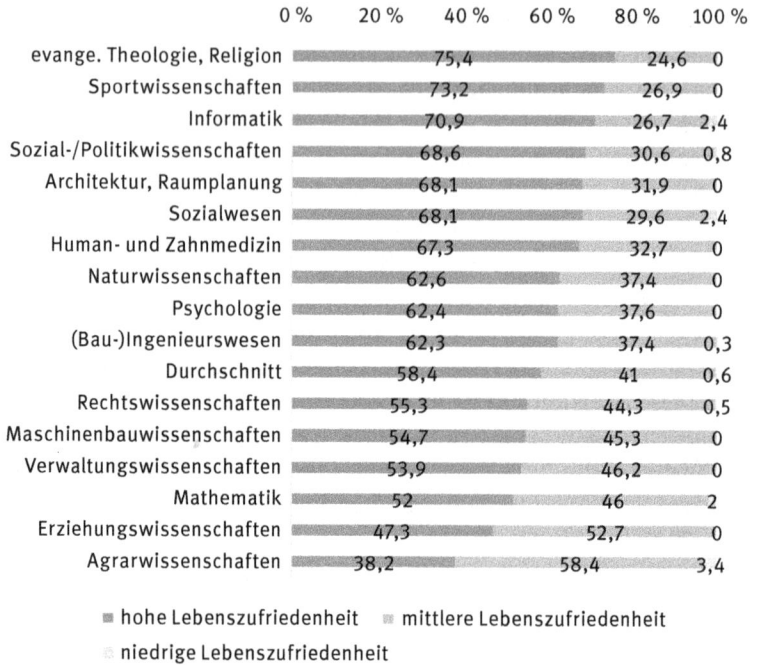

Abb. 8.7: Studiengang und Lebenszufriedenheit; n = 2.608; Angaben in Prozent; Niedrig = Personen mit Zufriedenheitswert von 0 bis 2, mittel = Personen mit Zufriedenheitswert von 3 bis 7, hoch = Personen mit Zufriedenheitswert von 8 bis 10. Quelle: Enste/Ewers, 2014.

friedenheit einhergeht, dieser Effekt jedoch völlig verschwindet, wenn Einkommens- und Arbeitszufriedenheitseffekte herausgerechnet werden. Somit deutet vieles darauf hin, dass Bildung zwar nicht in direktem Verhältnis zum Wohlbefinden steht, jedoch für entscheidende Nebeneffekte sorgt, die wiederum großen Einfluss auf das Wohlbefinden haben. Damit würden sich auch die Ergebnisse von Hartog und Oosterbeek (1997, Abbildung 8.6) erklären lassen.

8.4 Staatssystem und Rahmenbedingungen

Nationale Unterschiede des Wohlbefindens werden nicht nur durch kulturelle, persönliche oder wirtschaftliche Merkmale erklärt, sondern auch durch politische und staatliche Faktoren beeinflusst. Das Staatssystem kann die Bevölkerung unterschiedlich glücklich machen, da das Maß an politischer Freiheit Einfluss auf das Wohlbefinden hat. Länder mit einem höheren Bruttoinlandsprodukt tendieren allgemein

zu stabileren politischen Systemen und stärker ausgeprägten Demo-
kratien im Besonderen. So könnten, anstatt des Einkommens, eben
diese weiterentwickelten demokratischen Bedingungen in einem Land
zu mehr Zufriedenheit bei dessen Bevölkerung führen (Frey/Stutzer,
2002). Im Folgenden werden daher verschiedene politische Aspekte
näher beleuchtet.

Der Begriff der Gerechtigkeit ist vielschichtig und kann sich etwa
auf die Verteilung von Ressourcen oder auf die Gleichbehandlung von
Menschen zum Beispiel im Hinblick auf Rechte und Pflichten beziehen. Studien sowohl aus der Verhaltensökonomik als auch aus der Sozialpsychologie zeigen, dass Menschen ein grundsätzliches Bedürfnis
nach einer gerechten Welt haben (Fetchenhauer et al., 2010; Enste/Möl-
ler, 2015a).

Gerechtigkeit

Inwieweit eine positive Korrelation zwischen Glück und Bildung
besteht, wurde bereits in Kapitel 8.3 analysiert. Inwieweit Bildung
allerdings für die Bewohner eines Landes zugänglich ist, hängt zu einem hohen Grad von der Gerechtigkeit innerhalb dieses Landes ab.
Insbesondere die sogenannte Chancengerechtigkeit ist in diesem Zusammenhang von vorrangigem Interesse. Neben dem Bildungswesen
stellt das Berufsleben einen zentralen Bereich zur Generierung und
Aufrechterhaltung von Chancengerechtigkeit dar (Hauser, 2007). Die
Arbeitslosenquote und die aktuelle Situation des Arbeitsmarktes können den Berufseinstieg sowohl erleichtern als auch erschweren. So hat
zum Beispiel lange Arbeitslosigkeit junger Menschen oftmals eine Reduktion der späteren Berufschancen und schlechtere Aussichten auf
Karriere zur Folge.

Auch durch psychologische Prozesse, sogenannte „inequality
traps", werden die Aufstiegschancen in ungleichen Ländern geschmä-
lert: Soziale Vergleiche in sehr ungleichen Nationen führen in erster Linie zu Statusangst. Eltern geben diese Angst unbewusst an ihre
Kinder weiter. Die Folge ist, dass diese Kinder im Erwachsenenalter
weniger vertrauen. Daher sind Menschen, die in ungleichen Gesellschaften aufwachsen, oft misstrauischer und unkooperativer. Es gibt
weniger sozialen Zusammenhalt und mit größerem Misstrauen wächst
das Gewaltpotenzial, sodass große Ungerechtigkeit oft mit größerer
Kriminalität einhergeht. In letzter Konsequenz wirkt sich diese Gewaltbereitschaft wiederum auf die Bildungschancen der Menschen aus.
Kinder, die in einem gewalttätigen Umfeld aufwachsen, neigen eher zu
Drogenabhängigkeit und schneiden schlechter in der Schule ab, als jene, die in einem stabilen Umfeld groß werden (Wilkinson, 26.03.2010).

Das durch Ungleichheit hervorgerufene Misstrauen resultiert nicht
nur in höherer Gewaltbereitschaft, sondern auch in mehr Korruption

(Uslaner, 2008). Hierfür gibt es verschiedene Gründe: Zum einen fühlen sich Bürger in ungleichen Systemen oft benachteiligt. Für manche mag diese empfundene Benachteiligung eine Rechtfertigung korrupten Verhaltens darstellen. Andererseits ruft Ungleichheit eine stärkere Abhängigkeit der Bürger von dem Wohlwollen des Staates hervor. Menschen blicken generell pessimistischer in die Zukunft, was wiederum die Moral des Einzelnen untergraben kann (Uslaner, 2008). Ungleichheit führt insbesondere dann zu Korruption, wenn sie die Schlüsselinstitutionen einer Gesellschaft verzerrt, die eigentlich für Fairness und Ordnung sorgen sollen. Wenn diese „Beschützer", seien es Polizeibeamte oder Politiker, die Bürger nicht mehr schützen können, etwa vor einflussreichen Menschen, die ihre Macht im Staat missbrauchen, dann hat diese Dysfunktion der Institutionen mehr Korruption zur Folge (Glaeser et al., 2004; You/Khagram, 2005). Mehr Korruption geht wiederum mit einem sinkenden Glücksniveau der Gesellschaft einher (Raffelhüschen/ Schöppner, 2012; Tay et al., 2014).

Unglückliche wählen extremer
Das Gefühl der Benachteiligung in der Bevölkerung, Misstrauen und empfundener Machtmissbrauch von Politikern haben nicht nur Korruption zur Folge. Ebenfalls schlägt sich dies im Wahlverhalten nieder. Eine Untersuchung des IW Köln zeigte, dass Wähler der CDU/CSU, SPD, FDP sowie Grünen in Durchschnitt eine höhere Lebenszufriedenheit angeben als Wähler rechts- oder linksextremer Parteien. Dabei sind CDU/CSU-Wähler am zufriedensten (7,4 von 10 Punkten), gefolgt von FDP-Wählern (7,35), Grünen (7,3) und SPD-Wählern (7,1). Wähler der Linken beziffern ihre Zufriedenheit durchschnittlich mit 6,5 Punkten, Wähler rechtsextremer Parteien mit 6,25 Punkten. Grund für dieses Wahlverhalten könnte die Zufriedenheit mit dem Status Quo sein. Glücklichere Menschen wollen diesen eher beibehalten und wählen daher öfter konservativere Parteien, die bestehende Zustände legitimieren (Enste, 2015).

Freiheit   Menschen in politisch freieren Ländern zeigen eine Tendenz zu höherer Zufriedenheit als Menschen in weniger freien Ländern. Die positive Korrelation von Glück und Freiheit ist unabhängig von Kultur, Religion oder Weltanschauung. Sie gilt universell für alle Menschen (Inglehart et al., 2008). Freiheit und Selbstbestimmung scheinen tief verwurzelte menschliche Bedürfnisse zu sein. Der positive Zusammenhang von Lebenszufriedenheit und einem freiheitlichen System ist auf den Wunsch des Menschen zurückzuführen, in seinem Denken, seinem Handeln und seinen Entscheidungen frei zu sein. Je mehr politische, wirtschaftliche und persönliche Freiheit ein Mensch also hat, beziehungsweise zu haben glaubt, desto glücklicher ist er (Inglehart et al., 2008; Frey/Stutzer, 2002; Veenhoven, 2000).

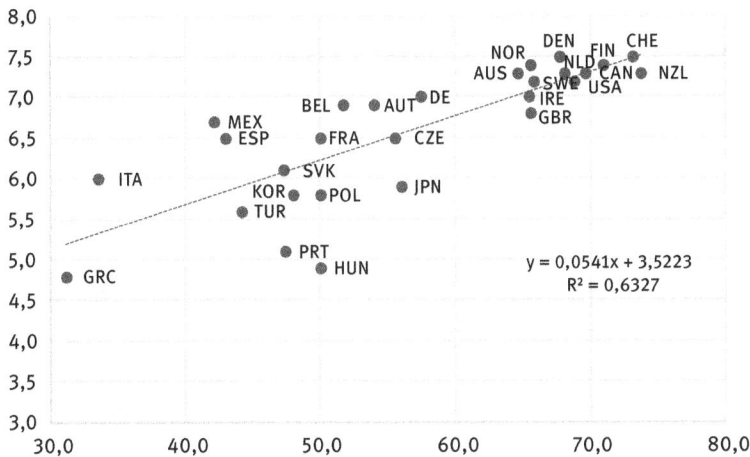

Abb. 8.8: Lebenszufriedenheit und unternehmerische Freiheit; Lebenszufriedenheit 2014 auf einer Skala von 0 (unzufrieden) bis 10 (sehr zufrieden); Freiheit im Zeitraum 2011 bis 2015 auf einer Skala von 0 (geringe Freiheit) bis 100 (hohe Freiheit). Quelle: Enste/Eyerund, 2015.

Diese Tendenz kann auch im Zusammenhang mit der Regulierungsintensität beobachtet werden. Länder, in denen ein höherer Grad an regulatorischer Freiheit herrscht, weisen auch höhere Zufriedenheitswerte auf (Abbildung 8.8).

Vor allem die politische Mitbestimmung, die unter anderem in der Möglichkeit zur aktiven Beteiligung am Politikgeschehen Ausdruck findet, ist eine maßgebliche Glücksdeterminante. Dementsprechend hat die Anzahl und Ausprägung direkt-demokratischer Mitbestimmungsmöglichkeiten eines Staatssystems einen Einfluss auf die Lebenszufriedenheit der Bevölkerung. Die demokratische Tradition eines Landes ist aber ebenfalls von Bedeutung, denn je älter die Demokratie in einem Land ist, desto eher wirkt sie sich positiv auf die Lebenszufriedenheit der Bevölkerung aus (Frey/Stutzer, 2000a; Raffelhüschen/Schöppner, 2012).

Die positive Wirkung von Demokratie auf die Lebenszufriedenheit erklärt sich folgendermaßen: Wird den Menschen mehr politische Mitbestimmung und Teilhabe ermöglicht und haben sie das Gefühl, aktiv bei Entscheidungen mitwirken zu können, so identifizieren sie sich umso mehr mit dem Entscheidungsergebnis. Es wird eine höhere Transparenz gewährleistet und damit eine bessere Nachvollziehbarkeit für die Wähler geboten.

Auch der sogenannte Prozessnutzen birgt einen Glücksgewinn für den Menschen. Dieser ergibt sich aus dem Recht, am politischen

Demokratie

Entscheidungsprozess zu partizipieren – unabhängig davon, ob man das auch tut. Prozessnutzen meint die bloße Möglichkeit, seinen politischen Willen zu äußern. Der Einfluss dieser Äußerung auf das Abstimmungsergebnis ist für den Glückszuwachs in dieser Hinsicht irrelevant. Studienergebnisse aus der Schweiz zeigen, dass im Land lebende nicht stimmberechtigte Personen weniger von einem politischen Ergebnis profitieren als die Bürger, die unter Inanspruchnahme ihres Stimmrechtes aktiv am politischen Prozess teilnehmen können (Frey/Frey Marti, 2010). Der Prozessnutzen wird ihnen nicht zuteil. Die tatsächliche Befähigung, sich selbst in politische Entscheidungen einbringen zu können und aktiv mitzuwirken, sorgt bei Individuen für einen höheren Grad an Zufriedenheit (Diaz-Serrano/Rodríguez-Pose, 2012).

Der Verkauf des Wahlrechts
In einem Experiment stellten Güth und Weck-Hannemann (1997) die Wichtigkeit des Wahlrechts auf die Probe, indem sie Wahlberechtigten (Studenten) vor einer Bundestagswahl anboten, ihr Wahlrecht zu verkaufen. Das Ergebnis der Studie war, dass die Mehrzahl der Teilnehmer (67 Prozent) auch zu relativ hohen Preisen (ca. 100 Euro) nicht bereit war, ihre Wahlberechtigung zu verkaufen. Dies verwundert vor allem vor dem Hintergrund, dass die meisten Menschen sich bewusst sind, dass eine einzelne Stimme bei einer Bundestagswahl von sehr geringer Bedeutung ist.

Staatssystem

Nicht nur zwischen Glück und Demokratie besteht eine positive Beziehung, sondern auch zwischen Glück und Föderalismus, wie eine Studie aus der Schweiz darlegte (Frey/Stutzer, 2000a; Frey/Frey Marti, 2010). Föderalismus ist ein staatliches Organisationsprinzip, bei dem Aufgaben nicht allein einer zentralen Regierung obliegen, sondern zwischen dem Gesamtstaat und den Einzelstaaten aufgeteilt werden. Die Lebenszufriedenheit ist umso höher, je eher Entscheidungen auf lokaler Ebene getroffen werden, da bei den Bürgern das Gefühl entsteht, ernst genommen zu werden. Ein föderalistischer Staat bietet Bürgern außerdem die Chance, sich selbst aktiv am politischen Prozess zu beteiligen und eine bessere Kontrolle über die Politiker, die die Entscheidungen im Namen des Volkes treffen sollen, auszuüben (Frey/Stutzer, 2000b; Frey, 2017). Die Schweizer Studie zeigte, dass diese föderativen Strukturen beziehungsweise lokale Autonomie die Lebenszufriedenheit signifikant erhöhen. Kritiker zweifeln jedoch an der Verlässlichkeit der Studie. Die Schweiz sei als Forschungsland ungeeignet, weil eine Übertragung der Ergebnisse auf Länderebene nicht möglich sei. Grund hierfür sei der Fakt, dass die Unterschiede zwischen den Kantonen der Schweiz im Hinblick auf demokratische Rechte und den Grad des Föderalismus sehr viel weniger gravierend seien als die, die sich im internationalen Vergleich – zum Beispiel zwischen Großbritannien und Russland – ergeben (Dorn et al., 2005).

Nicht immer ist ein eindeutiger Zusammenhang zwischen Demokratie und individuellem Glück festzustellen. Ein Grund für höhere Zufriedenheitswerte in demokratischen Ländern könnte vielmehr das höhere Wohlstands-, Bildungs- oder Sicherheitsniveau sein. Die Demokratie leistet somit zwar einen entscheidenden Beitrag zu der Lebenszufriedenheit der in ihr lebenden Bevölkerung, sie scheint aber weitaus weniger Einfluss auf unser Glück zu haben als andere Faktoren.

Ungeklärt bleibt die Frage nach der Kausalität (Frey/Stutzer, 2002): Fördert das Leben in einer Demokratie individuelles Glück oder ist Glück vielmehr eine Prädiktion für demokratische Politik? Meist sprechen Forscher von einer wechselseitigen Wirkung. Auf der einen Seite bietet eine Demokratie einen hohen Grad an individueller Freiheit, die wiederum ein größeres subjektives Glücksempfinden zur Folge haben kann. Andererseits fördert individuelle Zufriedenheit ein stabiles politisches System sowie die demokratische Ordnung. So begründet sich das Ende der Weimarer Republik, laut Inglehart und Klingemann (2000), unter anderem auf großer Unzufriedenheit der Menschen, die damals dort lebten. Sie sehen im Zufriedenheitsgrad der Bevölkerung sogar eine wesentliche Legitimierung von politischen Regimen. Sind die Bürger in einem bestimmten Land langfristig zufrieden, so würde durch das individuelle Glück jedes Einzelnen dort das jeweilige politische System erst legitimiert.

Alles in allem leben die Menschen in politisch stabilen Nationen länger und glücklicher. Die Diskussion über die richtige staatliche Ordnung wirft gleichzeitig die Frage auf, ob Menschen überhaupt in der Organisationsform eines Staates glücklich sind oder ob es ihnen in völliger Staatenfreiheit, wie es in vorzeitlichen Verhältnissen der Fall war, besser ergeht. Veenhoven (2009) analysierte in diesem Zusammenhang, ob staatliche Wohlfahrt immer auf Kosten des Individuums und andersherum, ob individuelle Zufriedenheit auf Kosten der staatlichen Wohlfahrt geht. Dabei stellte er fest, dass nationale Wohlfahrt durchaus auf Kosten ihrer Bürger gesteigert werden kann und dies in der Vergangenheit auch häufig stattgefunden hat. Heute zeigt sich jedoch: Menschen, die in Staaten leben, denen es gut geht und die sich institutionell wie wirtschaftlich gut entwickeln, ergeht es besser. Insbesondere das Vertrauen in die Institutionen (beispielsweise Parteien, die Regierung, Bildungsstätten, das Militär, aber auch Großkonzerne, Kirchen und die Medien) führt zu einer höheren Zufriedenheit.

Politische Stabilität

Land	Wert
Schweiz	80,4
Dänemark	92,2
Österreich	67
Finnland	90,8
Schweden	90,7
Niederlande	79
Belgien	64
Deutschland	72,5
UK	62,1
Irland	60,8
Frankreich	48,3
Tschechische Republik	29,6
Spanien	29,6
Slowenien	30
Italien	8,1
Slowakische Republik	24,3
Polen	34,3
Portugal	35,3
Ungarn	32
Griechenland	3,1

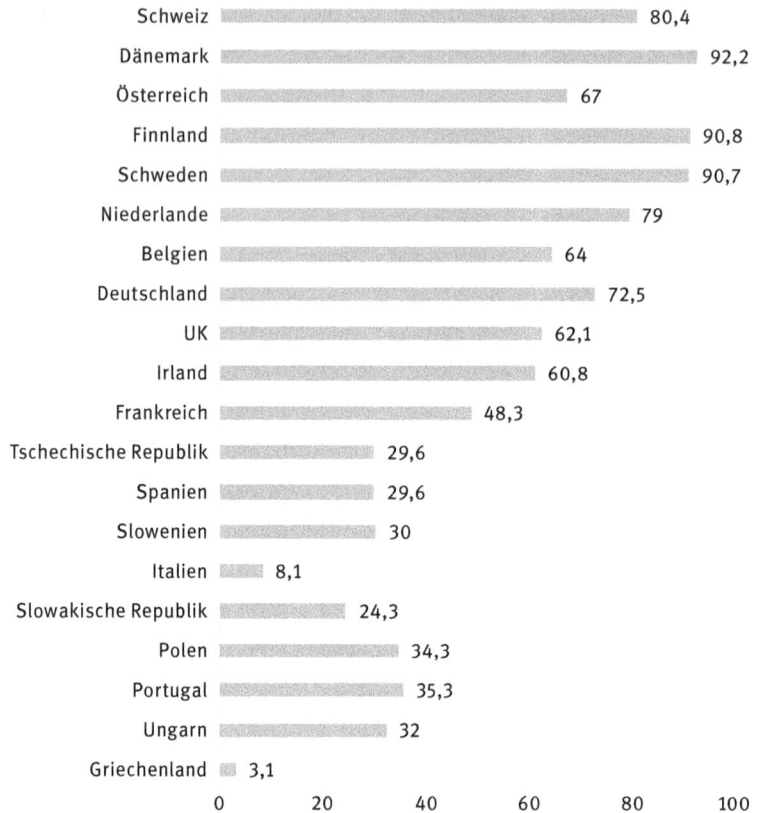

Abb. 8.9: Vertrauen in das politische System; Skala von 0 (geringes Vertrauen) bis 100 (hohes Vertrauen); Länderrankings zum Jahr 2014; Quelle: Enste/Möller, 2015b; Sortierung der Länder nach Niveau der Lebenszufriedenheit im Jahr 2014. Quelle: OECD, 2014.

Vertrauen in das politische System besteht, wenn die Bevölkerung der Exekutive, Legislative und Judikative vertraut. Im internationalen Vergleich belegt Deutschland in einem Index, der verschiedene Variablen dieser Bereiche zusammenfasst, den sechsten Platz von 20 Ländern hinter den Skandinaviern, der Schweiz und den Niederlanden. Die Sortierung der Länder in Abbildung 8.9 richtet sich nach dem angegebenen Niveau der Lebenszufriedenheit im Jahr 2014. So wird deutlich, dass die Länder, die ein höheres Vertrauensniveau aufweisen, tendenziell auch höhere Zufriedenheitswerte haben. Zwischen den beiden Konstrukten besteht nachweislich eine starke Korrelation, über die Kausalität (Zufriedenheit steigt durch Vertrauen) kann jedoch keine Aussage getroffen werden (Enste/Möller, 2015b).

Migration

Wie wichtig die Rolle des Staates in Bezug auf den Zusammenhang zwischen politischen Entscheidungen und dem Wohlbefinden der Bevölkerung ist, zeigt die vermehrte Zuwanderung nach Deutschland im Jahr 2015. In der Bevölkerung gibt es seither unterschiedliche Reaktionen auf die Zuwanderer: einerseits viel Engagement, andererseits auch Fremdenfeindlichkeit. Dem Medienbild zufolge könnte man annehmen, dass sich die Migration stark negativ auf das Wohlbefinden ausgewirkt habe.

Der Glücksatlas aus dem Jahr 2016 hat sich diesem Thema angenommen und untersucht, wie sich kulturelle Vielfalt auf die Menschen auswirkt. Die Ergebnisse sind durchaus positiv: 40 Prozent der Deutschen sagen, dass das Zusammenleben unterschiedlicher Kulturen und Länder sich bisher positiv auf die Lebenszufriedenheit ausgewirkt habe. 17 Prozent waren der Meinung, dass die Auswirkungen negativ seien, 41 Prozent sehen keine Veränderung.

Befragt man die Menschen, ob sie es gut finden, dass Deutschland durch die Einwanderung vielfältiger wird, stimmen in Westdeutschland 70 Prozent zu, in Ostdeutschland nur 56 Prozent. Ein Erklärungsansatz für diesen Unterschied könnte die unterschiedliche Verteilung der Einwanderer sein. Je intensiver der Kontakt zu Personen mit Migrationshintergrund ist, desto positiver ist die Einstellung. In Ostdeutschland leben weniger Personen mit Migrationshintergrund als in Westdeutschland. Vor allem in NRW gibt es hohe Zahlen von Einwanderern. Hier sinken Skepsis und Vorbehalte aufgrund positiver Erfahrungen mit Migranten.

Insgesamt kommen die Autoren zu dem Schluss, dass tolerante Menschen zufriedener sind. Oder umgekehrt: je unzufriedener ein Mensch mit seinem Leben ist, desto intoleranter ist er.

(Raffelhüschen/Schlinkert, 2016).

Der Staat kann die Lebenszufriedenheit der Bevölkerung beeinflussen. Wohlstand, Wohlstandsmaße, Bildung und verschiedenste Rahmenbedingungen wie politische Freiheit und Stabilität oder die Vereinbarkeit von Familie und Beruf sind Beispiele für die staatlichen Wirkungsmöglichkeiten.

9 Glück und Arbeit

Arbeit ist für die meisten Menschen Haupteinkommensquelle und wird daher selbstverständlich mit Lebenszufriedenheit in Verbindung gebracht. Aber die Beschäftigung hat auch über den monetären Aspekt hinaus einen großen Einfluss auf das Glücksempfinden. Und das in vielerlei Hinsicht: die Verfügbarkeit von Arbeitsplätzen, die Sinnhaftigkeit und Herausforderung der Tätigkeit oder das Verhältnis zu Kollegen und Vorgesetzen. Arbeit beinhaltet viele glücksfördernde oder -hemmende Aspekte. Wie sieht also ein gutes und qualitatives Arbeitsumfeld aus? Wie müssen Arbeitsplätze gestaltet sein, damit die Mitarbeiter zufrieden sind?

9.1 Arbeitszufriedenheit in Deutschland

Arbeits- und Lebenszufriedenheit weisen einen starken Zusammenhang auf. Arbeitnehmer, die mit ihrer Arbeit sehr zufrieden sind, bewerten auch ihre Lebenszufriedenheit als sehr gut (Abbildung 9.1; Raffelhüschen/Schlinkert, 2015). Die Korrelation der beiden Variablen beträgt gemäß einer Metanalyse $r = .44$ (Judge/Watanabe, 1993).

Doch Aussagen über den Stand der Arbeitszufriedenheit in Deutschland sind je nach Art der Befragung teilweise unterschiedlich. Insgesamt bewerten die meisten Deutschen ihre berufliche Tätigkeit aber als positiv. Fast 90 Prozent der Erwerbstätigen sind im Jahr 2018 mit ihrem Arbeitsverhältnis zufrieden, womit Deutschland im EU-Vergleich über dem Durchschnitt liegt (Statistisches Bundesamt, 2018b; Brenke, 2015; Hammermann/Stettes, 2017). Weitere Umfragen legen zwar andere Zahlen vor, zeigen aber auch, dass die Arbeitszufriedenheit in Deutschland tendenziell steigt. Dabei bestehen auch nur geringe Unterschiede zwischen Männern und Frauen, zwischen Arbeitnehmern in Ost- und Westdeutschland sowie verschiedenen Altersgruppen. Die Arbeitszufriedenheit wird eher von Gefühlen und persönlichen Eigenheiten der Menschen beeinflusst, da jeder Arbeitnehmer andere individuelle Anforderungen an einen Arbeitsplatz stellt. Tendenziell sind diejenigen häufiger unzufrieden mit ihrer Arbeit, die allgemein oft ärgerlich oder ängstlich sind, sich weniger glücklich fühlen oder weniger optimistisch in die Zukunft blicken (Brenke, 2015).

Eine Gallup Studie (Nink, 2016) untersuchte überdies die Mitarbeiterbindung und stellte heraus, dass diese in Deutschland stagniert. Im Jahr 2016 gaben 15 Prozent der befragten Arbeitnehmer an, eine

https://doi.org/10.1515/9783110557626-009

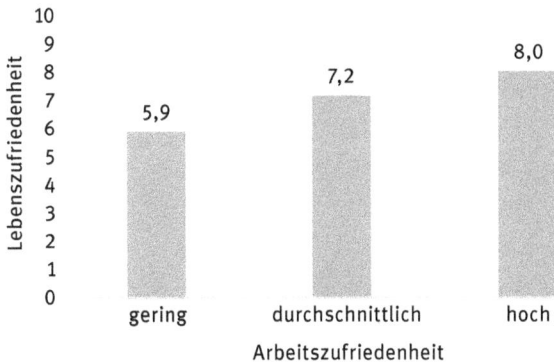

Abb. 9.1: Der Zusammenhang zwischen Arbeits- und Lebenszufriedenheit; Skala von 0 bis 10. Quelle: Raffelhüschen/Schlinkert, 2015.

hohe Bindung zu ihrem Arbeitgeber zu haben, 70 Prozent eine geringe Bindung und 15 Prozent gar keine. Seit 2001 haben sich diese Werte kaum verändert, allerdings waren es 2012 noch 15 Prozent mit hoher Bindung, 61 Prozent mit geringer und 24 Prozent mit gar keiner Bindung. Dies kann damit zusammenhängen, dass Wünsche der Arbeitnehmer und die tatsächlichen Gegebenheiten am Arbeitsplatz oft nicht übereinstimmen. In selbiger Studie wurde die Wichtigkeit von verschiedenen Aspekten auf einer Skala von 1 „überhaupt nicht wichtig", bis 5 „äußerst wichtig" abgefragt. Beispielsweise wird die Vereinbarkeit von Arbeit und Privatleben sowie dem persönlichen Wohlbefinden mit 4,5 Punkten als wichtig erachtet, die tatsächliche Zufriedenheit liegt allerdings bei 3,9 Punkten. Angebote zur Gesundheitsförderung gelten mit 3,7 Punkten als recht wichtig, die Zufriedenheit liegt allerdings bei 3,3 Punkten. Auch im Hinblick auf die Unternehmenskultur gibt es eine Differenz von rund 0,3 Punkten.

Prognosen sagen jedoch eine stärkere Ausrichtung der Arbeit nach den Wünschen der Arbeitnehmer zumindest in Deutschland voraus, da die Fachkräfteengpässe in Zukunft weiter zunehmen werden. Beispielsweise seien flexible Arbeitszeiten wichtiger als ein flexibler Arbeitsort.

9.2 Die Bedeutung der Arbeit

Arbeit hat in unserer Gesellschaft einen hohen Stellenwert. Arbeitslosigkeit gilt in der Glücksforschung als einer der größten Unglücksfaktoren überhaupt und reduziert das Wohlbefinden noch mehr als

Arbeitslosigkeit

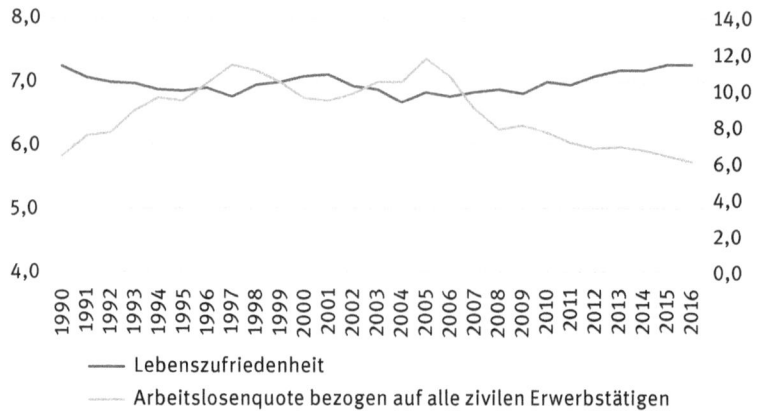

—— Lebenszufriedenheit

------ Arbeitslosenquote bezogen auf alle zivilen Erwerbstätigen

Abb. 9.2: Entwicklung der Lebenszufriedenheit und Arbeitslosenquote in Deutschland; Berechnung auf Basis des SOEP und Statistiken der Bundesagentur für Arbeit. Quelle: Enste/Ewers, 2014.

eine Scheidung oder Trennung (Raffelhüschen/Schlinkert, 2015). Verschlechtert sich die Lage auf dem Arbeitsmarkt in Form einer höheren Arbeitslosenquote, zeigt sich dies zumeist spiegelbildlich im Verlauf der allgemeinen Lebenszufriedenheit (Abbildung 9.2). Der Zusammenhang zwischen Arbeitslosigkeit und Lebenszufriedenheit ist statistisch signifikant (Enste/Ewers, 2014; Raffelhüschen/Schlinkert, 2015).

Arbeit ist für den Menschen nicht nur eine Einkommensquelle, sondern sie umfasst gleichzeitig wichtige immaterielle Funktionen wie Teilhabe, die Aufrechterhaltung sozialer Kontakte und die Ermöglichung von Anerkennung durch Vorgesetzte und Kollegen. Bei einem Verlust des Arbeitsplatzes entfallen diese wichtigen gesellschaftlichen Funktionen. Studien zeigen, dass die Ausgrenzung aus der Gesellschaft bei Langzeitarbeitslosen am höchsten ist (Anderson, 2012). Arbeitslosigkeit stellt somit eine Hauptquelle subjektiver Unzufriedenheit dar. Selbst wenn man die negativen Auswirkungen von Arbeitslosigkeit, etwa auf das Einkommen oder die Gesundheit herausrechnet, bewerten Arbeitslose ihr Leben als unglücklicher als vor dem Verlust des Arbeitsplatzes (Weimann et al., 2012). Zu dieser Erkenntnis kam auch eine Bertelsmann Studie aus dem Jahr 2008. Deutschlandweit wurden 1.004 Personen ab 14 Jahren telefonisch zum Thema „Glück, Freude, Wohlbefinden – Welche Rolle spielt das Lernen?" befragt. Dabei zeigten sich Arbeitslose mit einem durchschnittlichen Glückswert von 6,2 deutlich unglücklicher als Erwerbstätige. Unter den Erwerbstätigen stellten sich Beamte mit einem Wert von 7,9 als besonders glücklich heraus (Schleiter, 2008).

Arbeitslosigkeit und individuelle Zufriedenheit

Winkelmann und Winkelmann (1998) belegten den Effekt von Arbeitslosigkeit auf die individuelle Zufriedenheit bereits im Jahr 1997. Anhand von Daten des SOEP betrachteten sie die gemessene Lebenszufriedenheit sowie den aktuellen Arbeitsmarktstatus der 10.000 Personen für Westdeutschland in den Jahren 1984 bis 1990. Bei den Befragten handelte es sich ausschließlich um Männer zwischen 20 und 64 Jahren. Anders als üblich wurde die Arbeitslosigkeit nicht über die Arbeitssuche, sondern über die Eintragung der Studienteilnehmer im offiziellen Arbeitslosenregister definiert. Sowohl der Zufriedenheitslevel als auch der Arbeitsstatus beziehen sich auf den jeweiligen Zeitpunkt der Befragung. Insgesamt sechs Interviews des SOEP fanden im genannten Zeitraum statt.

Ergebnisse: Der Wechsel eines Menschen von bezahlter Beschäftigung in die Arbeitslosigkeit führte im Schnitt zu einem Absinken der Zufriedenheit um 1,19 Punkte. Relativ symmetrisch zeigte sich eine Erhöhung der Zufriedenheit um 1,12 bei ehemals Arbeitslosen, die neu eingestellt wurden. Diese Ergebnisse sind laut der beiden Forscher hoch signifikant bei einem Standardfehler von 0,2. Ein Adaptionseffekt konnte nicht nachgewiesen werden. Die Zufriedenheitswerte der Betroffenen blieben auch nach einer längeren Periode ohne Arbeitsplatz unverändert. Darüber hinaus zeigten diejenigen Befragten, die in der Vergangenheit unter Arbeitslosigkeit gelitten hatten, auch in der Gegenwart einen niedrigeren Zufriedenheitslevel als der durchschnittliche Mitarbeiter.

Um eine Kausalität zwischen dem Verlust des Arbeitsplatzes und der Unzufriedenheit der jeweiligen Person feststellen zu können, wurden die Teilnehmer im Folgejahr nach Eintreten der Arbeitslosigkeit nach den Gründen für den Verlust des Arbeitsplatzes gefragt. Im Schnitt sank die Zufriedenheit der unfreiwilligen Arbeitslosen um 1,4 ($n = 161$) während sie bei denjenigen, die sich freiwillig für die Arbeitslosigkeit entschieden, um 0,89 ($n = 113$) abfiel.

Die Auswirkung des Erwerbsstatus auf die Lebenszufriedenheit stellt die folgende Abbildung dar (Abbildung 9.3). Sie zeigt den signifikanten Unterschied in der Lebenszufriedenheit zwischen Erwerbstätigen und Arbeitslosen. Als erwerbslos gelten Personen im Alter von 15 bis 74 Jahren, die zum Referenzzeitpunkt nicht erwerbstätig waren, dem Arbeitsmarkt aber zur Verfügung stehen. Sie müssen in den vier Wochen vor dem Befragungszeitpunkt aktiv nach einer Tätigkeit gesucht haben und innerhalb der nächsten zwei Wochen eine Arbeit aufnehmen können. Arbeitslos hingegen sind Personen zwischen 15 und 65 Jahren, die nicht in einem Beschäftigungsverhältnis stehen, sich jedoch um die Beendigung der Beschäftigungslosigkeit bemühen und bei der Agentur für Arbeit gemeldet sind (Statistisches Bundesamt, 2018a; Sozialgesetzbuch, 1997).

Auffällig ist, dass die Auswirkung einer Arbeitslosigkeit auf die Lebenszufriedenheit bei Männern stärker ist als bei Frauen (hierzu ebenfalls Helliwell et al., 2017). Je länger außerdem die Arbeitslosigkeit

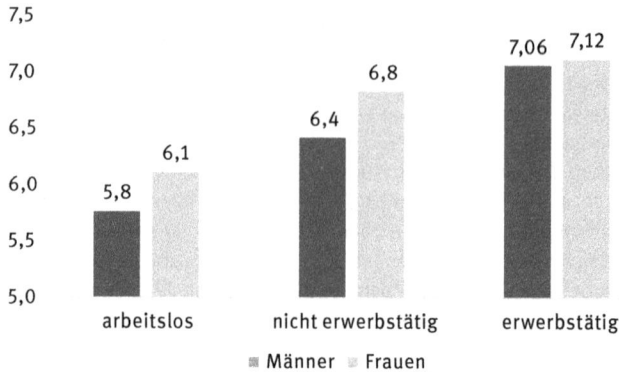

Abb. 9.3: Lebenszufriedenheit und Erwerbsstatus; Skala von 0 (ganz und gar unzufrieden) bis 10 (ganz und gar zufrieden); Berechnung auf Basis des SOEP. Quelle: Raffelhüschen/Schlinkert, 2015.

anhält, desto geringer ist die allgemeine Lebenszufriedenheit (Clark, 2006).

Im Zusammenhang mit Arbeitslosigkeit gibt es auch Untersuchungen, inwiefern sich die Lebenszufriedenheit von Sozialhilfeempfängern von der Vollzeitbeschäftigter unterscheidet. Hierzu wurden von einer Forschungsgruppe (Koch et al., 2005) Daten des SOEP mit 2.288 Personen im Alter zwischen 18 und 65 Jahren ausgewertet. Auch Niedriglohnbezieher wurden betrachtet. Als Niedriglohnsektor wurde ein Einkommen von weniger als zwei Drittel des Medians des Bruttomonatsverdienstes (1.667 Euro) definiert. Kontrollvariablen waren unter anderem das Haushaltsnettoeinkommen, Geschlecht, Nationalität, Alter, Leben in Ost- oder Westdeutschland und Jahre beruflicher oder schulischer Ausbildung. Das Ergebnis der Untersuchung wies deutlich darauf hin, dass Sozialhilfeempfänger im Durchschnitt wesentlich unzufriedener als alle anderen Arbeitsmarktgruppen sind (Tabelle 9.1).

Der Beruf als sozialer Status Diese Ergebnisse unterstreichen die These, dass es für die Lebenszufriedenheit von höherer Bedeutung ist, ob eine Person Arbeit hat, als die Art der Arbeit, die sie ausübt. Die großen Einbußen in der Lebenszufriedenheit von Arbeitslosen lassen sich außerdem nur zu einem sehr geringen Teil durch ein geringeres Einkommen erklären. Vielmehr, so Frey (2012), leidet der Mensch im Falle einer Kündigung unter dem psychologischen Stress, der sich aus dem Wegfall des Arbeitsplatzes ergibt. Menschen definieren sich stark über ihren Beruf. Dies beginnt bereits beim ersten Kennenlernen neuer Personen: Smalltalk beginnt häufig mit der Frage „Und, was machen Sie beruflich?". Die Arbeit definiert den sozialen Status einer Person innerhalb der

Tab. 9.1: Lebenszufriedenheit verschiedener Arbeitsmarktgruppen. Quelle: Koch et al., 2005.

Arbeitsmarktgruppe	Lebenszufriedenheit
Sozialhilfebezieher, arbeitslos	5,3
Sozialhilfebezieher, nichterwerbstätig	5,6
Arbeitslos, keine Sozialhilfe	5,7
Niedriglohnbezieher	6,7
Sozialhilfebezieher, vollzeitbeschäftigt	6,7
Nichterwerbstätig, keine Sozialhilfe	6,7
Vollzeitbeschäftigt, nicht im Niedriglohnsektor beschäftigt	7,1

Gesellschaft. Sie gibt Sicherheit, stärkt das Selbstbewusstsein und ist nicht ausschließlich zur Sicherung des Lebensunterhaltes, sondern im Idealfall als sinnspendende Aufgabe im Leben zu verstehen. Der soziale Vergleich mit anderen Menschen spielt hier erneut eine entscheidende Rolle. Insofern kann sich eine hohe Arbeitslosenquote in gewisser Weise positiv auswirken, zumindest auf die arbeitslosen Menschen. Der Zufriedenheitsverlust durch Arbeitslosigkeit ist geringer, wenn auch andere betroffen sind (Enste/Ewers, 2014). Die Annahme, man habe die Kündigung selbst zu verschulden liegt ferner, wenn viele andere ebenfalls ihre Arbeit verlieren. Die Arbeitslosigkeit kann dann eher als allgemeines Übel verstanden werden, das im Grunde jeden hätte treffen können.

Doch nicht nur die Zufriedenheit der von Arbeitslosigkeit betroffenen Personen, sondern auch die der Erwerbstätigen im Land, kann durch höhere Arbeitslosigkeit abnehmen. Die subjektiv empfundene Arbeitsplatzsicherheit ist hier wesentlich. Enste und Ewers (2014) untersuchten diese Zusammenhänge anhand von SOEP-Daten und zeigten, dass sich die signifikant negative Korrelation zwischen Lebenszufriedenheit und schlechter Jobperspektiven auch auf Erwerbstätige auswirkt. So führt ein (vermutetes) steigendes Risiko, den Arbeitsplatz zu verlieren, häufig zu einem geringeren Zufriedenheitslevel. Wer es für wahrscheinlich hält, in den nächsten zwei Jahren seine Anstellung zu verlieren, ist im Durchschnitt um 0,5 Punkte weniger zufrieden als Erwerbstätige, die ihren Arbeitsplatz als relativ sicher erachten (auf einer Skala von 0 bis 10). Sowohl in Deutschland als auch der EU sinkt die Zufriedenheit besonders dann, wenn neben der Aussicht auf einen Jobverlust auch die Aussichten auf eine alternative Beschäftigung mit ähnlichen Verdienstmöglichkeiten gering ist (Hammermann/Stettes, 2017). Diese Empfindung kann sowohl durch Medienberichte als auch Erlebnisse im persönlichen Umfeld verstärkt werden (Enste/Hardege,

Arbeitsplatzsicherheit

2009). Im World Happiness Report 2017 wird dies als „spillover effect" beschrieben: Schlechte Arbeitsmarktbedingungen signalisieren den Erwerbstätigen, dass sie als nächstes ihren Job verlieren können (Helliwell et al., 2017).

Arbeitsplatzsicherheit wird oft auch mit unbefristeten Arbeitsverträgen in Verbindung gebracht. Sie ermöglichen langfristige Zukunftspläne und Stabilität. Daher sei im Umkehrschluss zu erwarten, dass unbefristete Arbeitsverhältnisse die Zufriedenheit senken. Die Datenlage hierzu ist allerdings nicht eindeutig. Hammermann und Stettes (2017) konnten für Deutschland keinen signifikanten Einfluss auf die Arbeitszufriedenheit nachweisen. Beschäftigte schätzen zwar das Risiko des Arbeitsplatzverlustes höher ein, wenn der Arbeitsvertrag befristet ist. Der Umfang, in dem die Vertragsform auf die Arbeitszufriedenheit auswirkt, hängt jedoch stark von der Ausprägung weiterer Arbeitsplatzmerkmale ab. Das bedeutet, dass weniger der befristete Vertrag als solcher, sondern eher das Ausmaß der Sorge um den Arbeitsplatz negativ mit der Arbeitszufriedenheit korreliert (Hammermann/Stettes, 2017; Lesch et al., 2011).

Wird hingegen die Lebenszufriedenheit betrachtet, fallen die Ergebnisse anders aus. Gemäß Auswertungen des SOEP sind Arbeitnehmer mit einem unbefristeten Arbeitsvertrag zufriedener im Leben als Arbeitnehmer, die nur befristet angestellt sind (Raffelhüschen/Schlinkert, 2015). Die Stärke des Effekts variiert allerdings zwischen verschiedenen Altersgruppen. So ist beispielsweise der Unterschied in der Zufriedenheit zwischen Angestellten mit einem befristeten und einem unbefristeten Vertrag im Alter zwischen 25 und 34 Jahren mit einer Differenz von 0,2 Punkten am höchsten. In der Altersgruppe zwischen 55 und 65 Jahren ist demgegenüber kaum ein Unterschied erkennbar. Befristete Arbeitsverträge wirken sich demnach weniger auf die Bewertung des Arbeitsplatzes, sondern mehr auf die persönliche Zufriedenheit aus.

Identitätsstiftung und soziale Integration

Eine Erklärung für die negative Wirkung von Arbeitslosigkeit auf die persönliche Zufriedenheit fanden Stavrova, Schlösser und Fetchenhauer (2011). Die Haltung der Gesellschaft zur Arbeitslosigkeit spielt scheinbar eine bedeutende Rolle. Sie belegten, dass Arbeitslosigkeit die Menschen in den Gesellschaften weniger unglücklich macht, in denen generell eine tolerantere Einstellung gegenüber Arbeitslosigkeit herrscht. In der Studie wurden 35.525 Personen aus 28 OECD Ländern im Zeitraum von 1999 bis 2009 untersucht. Generell bestätigen die Forscher zunächst, dass Arbeitslose in allen Ländern unglücklicher sind als Erwerbstätige. Dieser Unterschied in der Zufriedenheit der

Menschen variiert jedoch stark abhängig von Land und Befragungs-
zeitraum.

Als theoretische Erklärung sehen die Forscher die Negativwirkung
von Arbeitslosigkeit auf den Menschen, die vor allem durch die aus-
bleibenden Positiveffekte von Arbeit hervorgerufen wird. Diese Positiveffekte umfassen etwa eine zeitliche Strukturierung des Tages, den
regelmäßigen Kontakt mit anderen, die Interaktion mit Menschen mit
ähnlichen Zielen und Ansichten sowie die Definition einer persönlichen Identität über seine Arbeit. Des Weiteren sei das Ausbleiben
eines weiteren Zugewinns bei Arbeitslosigkeit zu beachten: soziale Integration. Für seinen Lebensunterhalt arbeiten zu gehen bedeutet in
der heutigen Gesellschaft gleichzeitig auch ein konformes Handeln
mit vorhandenen sozialen Normen. Arbeitslosigkeit, in diesem Sinne
also nonkonformes Handeln innerhalb einer Gesellschaft, hingegen
kann zu sozialer Ausgrenzung und einem negativen Selbstbild sowie
negativen Emotionen der eigenen Person gegenüber führen. Hier wird
deutlich, warum Unterschiede zwischen verschiedenen Ländern bestehen. In Gesellschaften mit starken arbeitsbezogenen, gesellschaftlichen Normen ist die Zufriedenheitslücke zwischen Arbeitslosen und
der arbeitenden Bevölkerung signifikant größer. Dieses Ergebnis bleibt
ebenso robust, wenn andere umweltbezogene Einflüsse wie etwa nationaler Wohlstand oder Arbeitslosenraten kontrolliert werden.

Eine staatliche Unterstützung, wie sie in Wohlfahrtsstaaten typisch
ist, scheint sich diesen Ergebnissen zufolge also nicht auf die (Un-)Zu-
friedenheit von Arbeitslosen auszuwirken, wie auch bereits Tabelle 9.1
zur Zufriedenheit verschiedener Arbeitsmarktgruppen zeigte. Die Forscher vermuten, dass dies in relativ wohlhabenden Ländern deshalb
der Fall ist, weil dort die materielle oder monetäre Kompensation weniger Bedeutung hat. Vielmehr nimmt hier der Status- und Identitätsver-
lust, der mit Arbeitslosigkeit verbunden wird, einen besonders hohen
Stellenwert ein.

Gewöhnungseffekte im Sinne der Setpoint-Theorie scheinen im
Hinblick auf Arbeitslosigkeit nicht einzutreten. Oesch und Lipps (2013)
von der University of Lausanne untersuchten Daten des SOEP aus den
Jahren 1984 bis 2010 sowie des Schweizer Haushalt-Panel (SHP) und
zeigten: Die psychische Last von Arbeitslosigkeit nimmt im Zeitablauf
nicht ab. Man gewöhnt sich nicht an den neuen Zustand. Vor diesem
Hintergrund hat die Theorie eines prädeterminierten Glückslevels keinen Bestand. Auch Lucas, Clark, Georgellis und Diener (2004) stellten
fest, dass das Glückslevel von Menschen, die arbeitslos wurden, auf
lange Sicht durchschnittlich gesunken ist; sogar dann, wenn sie zu

Adaption von
Arbeitslosigkeit

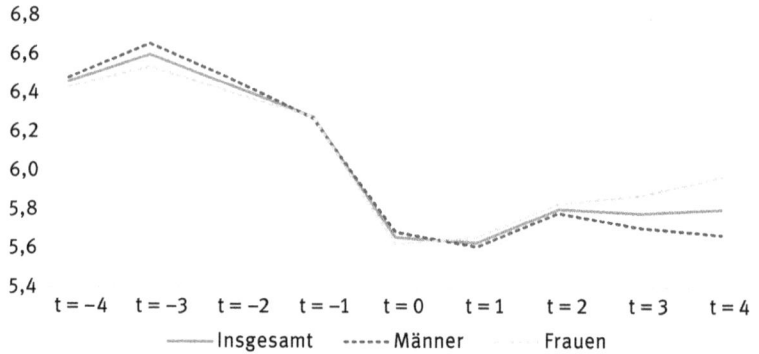

Abb. 9.4: Dynamische Betrachtung der Auswirkungen von Arbeitslosigkeit auf die Lebenszufriedenheit; Skala von 0 (ganz und gar unzufrieden) bis 10 (ganz und gar zufrieden); $t = 0$ = Eintritt der Arbeitslosigkeit; Berechnung auf Basis des SOEP. Quelle: Raffelhüschen/Schlinkert, 2015.

einem späteren Zeitpunkt eine neue Arbeit fanden. Selbiges konnte mit Daten aus dem SOEP aus den Jahren 1984 bis 2013 nachgewiesen werden. Demnach trifft Frauen die Arbeitslosigkeit zum Zeitpunkt des Geschehens etwas stärker als Männer, in den folgenden Jahren kehren sie allerdings zu einem vergleichsweise höheren Glückslevel zurück (Abbildung 9.4).

Um das Niveau der Lebenszufriedenheit zum Zeitpunkt vor dem Arbeitsplatzverlust wieder erreichen zu können, müsste die Kompensation sehr hoch sein. Forscher (van Suntum et al., 2010) haben berechnet, dass ein männlicher Arbeitnehmer 227 Prozent seines letzten Einkommens als Kompensation für den nicht-finanziellen Effekt des Arbeitsplatzverlustes erhalten müsste. Bei Frauen hingegen würde dieser Effekt bereits bei 80 Prozent des Einkommens eintreten.

Freiwilligenarbeit

Neben Erkenntnissen zu Erwerbstätigkeit und Arbeitslosigkeit gibt es weitere, die die Freiwilligenarbeit betrachten. Freiwilligenarbeit wirkt sich positiv auf die eigene Lebenszufriedenheit aus. Je altruistischer ein Mensch ist, je wichtiger es also findet, anderen zu helfen, desto zufriedener ist er mit seinem Leben (Headey/Wagner, 2018). Auch umgekehrt führt ein höherer Glückslevel zu einer größeren Bereitschaft bei Menschen, sich freiwillig zu engagieren. Bei einer Untersuchung von SOEP-Daten aus den Jahren 1985 bis 1999 bestätigten Meier und Stutzer (2004) diesen Zusammenhang. Neben dem sozioökonomischen Status und einigen demografischen Charakteristika als Kontrollvariablen wurde die Lebenszufriedenheit der rund 22.000 Befragten ermittelt. Das Ausmaß der Freiwilligenarbeit wurde durch die Frage: „Did you perform volunteer work?" und deren Bewertung auf

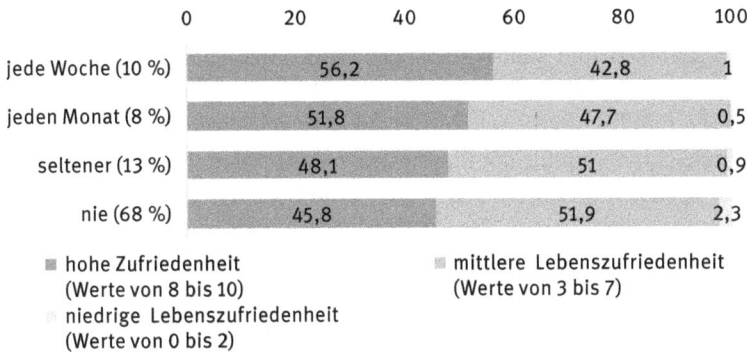

	0	20	40	60	80	100
jede Woche (10 %)	56,2			42,8		1
jeden Monat (8 %)	51,8			47,7		0,5
seltener (13 %)	48,1			51		0,9
nie (68 %)	45,8			51,9		2,3

■ hohe Zufriedenheit (Werte von 8 bis 10)   ■ mittlere Lebenszufriedenheit (Werte von 3 bis 7)
  niedrige Lebenszufriedenheit (Werte von 0 bis 2)

Abb. 9.5: Lebenszufriedenheit und ehrenamtliche Tätigkeit; $n = 20.741$; Anteil der Personen auf einer Zufriedenheitsstunde in Prozent; in Klammern: Anteile der repräsentativen Bevölkerungsstichprobe in Prozent. Quelle: Enste/Ewers, 2014.

einer Skala von 1 (nie) bis 4 (wöchentlich) abgedeckt. Teilnehmer, die sich nie engagierten, wiesen durchschnittlich die geringsten Zufriedenheitswerte auf (6,93 Punkte). Die Werte derjenigen hingegen, die wöchentlich Freiwilligenarbeit leisteten, bewegten sich durchschnittlich bei 7,35 Punkten, das heißt etwa 0,42 Punkte höher. Dieser Unterschied war statistisch hochsignifikant. Unterteilt man die Versuchspersonen in nur zwei statt vier Gruppen, so zeigt sich ebenfalls, dass Menschen, die sich wöchentlich oder monatliche engagieren, im Durchschnitt 0,35 Punkte zufriedener sind, als die, die sich unregelmäßig oder nie engagieren. Dieses Ergebnis kann ebenfalls mit aktuelleren Daten aus dem SOEP repliziert werden (Abbildung 9.5).

Der Grund für die Glückssteigerung durch persönliches Engagement könnte zum einen in der intrinsischen Motivation der Freiwilligen liegen. Die Arbeit wird aus einem inneren Antrieb heraus ausgeführt und als positiv empfunden. Umgekehrt kann die Motivation eines Menschen auch extrinsischer Natur sein. Dies ist dann der Fall, wenn die Freiwilligenarbeit lediglich als Instrument zur Erreichung eines anderen, indirekt damit verknüpften Zieles dient. Dabei kann es sich um eine Erweiterung des Lebenslaufs um soziales Engagement oder um Voraussetzungen für bestimmte Berufsgruppen handeln. Die Investition in das eigene Humankapital wird dann etwa zur Steigerung des persönlichen Einkommens oder als Wettbewerbsvorteil gegenüber Konkurrenten genutzt. Das Arbeiten an sich ist in diesem Fall lediglich indirekt als glückssteigernd zu bewerten. Dessen Nützlichkeit sowie die Erreichung des eigentlichen Ziels ist letztlich die extrinsische Belohnung, die zu einem Anstieg der Lebenszufriedenheit führt (Meier/Stutzer, 2004).

Dass glückliche Menschen eher Freiwilligenarbeit leisten, bestätigen Stutzer und Meier (2004) ebenfalls. Dazu zitieren sie Fehr und Schmidt (1999), die darauf hinweisen, dass Menschen mit einem höheren durchschnittlichen Zufriedenheitslevel, versuchen, allgemeine Ungleichheit durch Hilfe für andere zu bekämpfen. Für Menschen mit der höchsten Lebenszufriedenheit ist die Wahrscheinlichkeit, dass sie sich engagieren, um 4,5 Prozentpunkte höher als in der Referenzgruppe. Umgekehrt ist die Wahrscheinlichkeit bei Menschen mit geringem Zufriedenheitsniveau um 4,5 Prozentpunkte geringer. Auch Thoits und Hewitt (2001) bestätigen den positiven Zusammenhang zwischen Freiwilligenarbeit und Lebenszufriedenheit.

Die wissenschaftlichen Ergebnisse sind im Falle von Arbeit und Zufriedenheit sehr eindeutig: Arbeitslosigkeit macht dauerhaft unglücklich. Doch wie eingangs bereits geschildert, ist nicht nur die reine Verfügbarkeit von Arbeit relevant, sondern ebenfalls die Qualität der Arbeit. Wie muss also ein gutes Arbeitsumfeld aussehen und welche Faktoren sind besonders entscheidend für eine Steigerung der Zufriedenheit?

9.3 (Un-)Glücksfaktoren von Arbeit

Was ist „gute" Arbeit?

Aus einer rein gesundheitlichen Perspektive definiert sich ein gutes Arbeitsumfeld durch die Abwesenheit von Stress, Angst, Langeweile durch Monotonie und psychosomatischer Beschwerden (Rudow, 2011). Diese und andere Faktoren können das Befinden des Mitarbeiters beeinträchtigen. Eine zufriedenstellende Arbeit im Hinblick auf Glück beziehungsweise eine allgemeingültige, aber dennoch genaue Bestimmung der Faktoren, die die Arbeitszufriedenheit maßgeblich beeinflussen, ist schwieriger. Der deutsche Psychologie und Arbeitswissenschaftler Bernd Rudow definiert „gute Arbeit" als Oberbegriff für alle Arbeitsbedingungen, die zum einen die Gesundheit des Mitarbeiters nicht beeinträchtigen, zum anderen die Lebensqualität, die Qualifizierung, das lebenslange Lernen und die Entwicklungsmöglichkeiten fördern und darüber hinaus ein angemessenes Einkommen garantieren (Rudow, 2011).

Alfonso Sousa-Poza und Andrés Sousa-Poza (2000) stellten fest, dass besonders die Balance zwischen „work-role inputs" wie Bildung, Arbeitszeit, Arbeitsaufwand und „work-role outputs" wie Gehältern, Status, Arbeitsbedingungen entscheidend für die Arbeitszufriedenheit ist. Wenn „work-role outputs" („pleasures") im Verhältnis zu den „work-role inputs" („pains") steigen, erhöhe sich die Arbeitszufriedenheit. Die Forscher untersuchten in ihrer Studie fünf verschiedene Variablen zur Erfassung des work-role inputs: die Schulzeit, die durchschnittliche Wochenarbeitszeit, die Anstrengung sowie die physische Belastung durch die Arbeit und die Gefahr, die von der Arbeit selbst ausgeht. Die work-role outputs definierten sich über neun Variablen: Arbeitskompensation, Arbeitssicherheit, Entwicklungsmöglichkeiten, Vielseitigkeit der Arbeit, Unabhängigkeit bei der Arbeit, Hilfe für Andere, Nutzen für die Gesellschaft, Beziehung zum Management und die Beziehung zu anderen Kollegen. In der Studie wurden Daten von 15.324 Voll- und Teilzeitangestellten aus den Jahren 1989 und 1997 aus 21 verschiedenen Ländern genutzt. In allen Ländern lag die Arbeitszufriedenheit auf einem relativ hohen Niveau. Nur in einigen Ländern konnte eine größere Unzufriedenheit im Beruf festgestellt werden (u. a. Vereinigte Staaten, Russland). In Dänemark war die Arbeitszufriedenheit am höchsten.

Bei der Betrachtung des Verhältnisses von work-role inputs und outputs zeigte sich für viele Länder: Relativ hohe Inputs kombiniert mit geringen outputs führen zu einem geringeren Zufriedenheitslevel der Mitarbeiter. Umgekehrt steigt die Arbeitszufriedenheit, wenn der Arbeitinput gering und der Arbeitsoutput hoch ist. Für einige Länder traf diese These jedoch nicht zu, beziehungsweise konnte aufgrund von Datenmangel nicht geprüft werden. So kommt es, dass etwa in den Vereinigten Staaten sowohl der Input als auch der Output verhältnismäßig groß sind. Eine mögliche Erklärung, so Sousa-Poza, läge in der Existenz einer „give a lot, get a lot" Mentalität in diesen Ländern. Demnach sind sich die Menschen dort darüber im Klaren, dass mehr Output, wie etwa mehr Einkommen, nur durch eigenen Arbeitseinsatz (Input) erzielt werden kann. Den größten Einfluss auf die Arbeitszufriedenheit in allen Ländern, gemessen anhand ihrer marginalen Effekte, entdeckten die Forscher für die beiden work-role outputs „interessanter Job" und „gute Beziehungen zum Management". Einen anstrengenden, unverhältnismäßig stressigen Job auszuüben, habe im Gegensatz dazu den größten negativen Effekt auf die Arbeitszufriedenheit. Insgesamt ist hierbei jedoch anzumerken, dass die Wirkungsrichtung einiger Indikatoren kritisch hinterfragt werden muss.

Auch Hammermann und Stettes (2017) untersuchten die Qualität der Arbeit. Sie zeigen, dass insbesondere eine wahrgenommene Wertschätzung, ein sicherer Arbeitsplatz, unterstützende Arbeitsplatzmerkmale und ein gutes soziales Umfeld die Wahrscheinlichkeit der Arbeitszufriedenheit erhöhen (Tabelle 9.2). Auffällig ist, dass die Anzahl der Arbeitsplatzmerkmale, die in Deutschland im signifikanten

Tab. 9.2: Einflussfaktoren der Arbeitszufriedenheit; +++/––– stark positiver/negativer Effekt, ++/–– positiver/negativer Effekt, +/– leicht positiver/negativer Effekt. Quelle: Hammermann/Stettes, 2017.

Variable	Effekt EU-28	Effekt DE
Gratifikation		
Lohnzufriedenheit	+ + +	+ + +
Karrierezufriedenheit	+ + +	+ + +
Anerkennung guter Arbeit	+ + +	+ + +
Lob und Wertschätzung durch Führungskraft	+ + +	+ + +
Beschäftigungsperspektive		
sicherer Arbeitsplatz und gute Arbeitsmarkt-chancen	+ + +	
sicherer Arbeitsplatz und schlechte Arbeitsmarkt-chancen	+ + +	– – –
unsicherer Arbeitsplatz und schlechte Arbeits-marktchancen	– – –	
Befristung	– – –	
Arbeitszeitregime		
Differenz gewünschter und vertraglicher Arbeits-zeiten	– – –	– – –
Flexible Arbeitszeiten	+ + +	+ +
Wochenendarbeit	– – –	
Schichtarbeit	– – –	– – –
Art und Inhalt der Arbeit		
Schulungen	+ +	
Unterweisung	+ +	
mittlere Komplexität	–	
hohe Komplexität	– – –	
Index zum Einflussgrad	+ + +	+ + +
von eigener Arbeitsleistung überzeugt	+ + +	+ + +
sinnvolle Arbeit	+ + +	+ + +
passender Job-Qualifikationsmatch	+ + +	
Belastungen		
Tage mit mehr als 10 Arbeitsstunden	– – –	
Verkürzung der Ruhezeit	– –	
Index potenziell belastender Umwelteinflüsse	– – –	
Index physisch beanspruchender Tätigkeiten	– – –	
hohes Arbeitstempo	– – –	– –
Termindruck	– – –	– – –
Arbeitsunterbrechungen	– – –	– – –
Soziales Umfeld		
gutes Auskommen mit Kollegen	+ + +	+ + +
gute Zusammenarbeit mit Kollegen	+ + +	+ + +
Unterstützung durch Führungskraft	+ + +	+ + +
Belästigung	– – –	– – –

Zusammenhang mit der Arbeitszufriedenheit stehen, geringer ausfällt als in der gesamten EU.

Vergleicht man weitere bekannte internationale Studien der United Nations Economic Commission for Europe (UNECE), der Organisation for Economic Cooperation and Development (OECD), der International Labour Organisation (ILO) sowie des Eurofounds zum Thema Arbeitszufriedenheit bestätigt sich die Relevanz einiger Indikatoren: Einkommen, Arbeitsplatzsicherheit, Arbeitszeit, Arbeitsinhalt, Qualifikation und Perspektiven, Arbeitsklima sowie Gesundheit bei der Arbeit werden immer wieder als bedeutende Einflussfaktoren für eine zufriedenstellende Arbeit genannt. Es zeigt sich hierbei deutlich, dass Arbeitseinflüsse auf dem individuellen Level von größerer Bedeutung sind als die Arbeitsqualität, die Einfluss auf den aggregierten Level nimmt. Letztere umfasst etwa die Arbeitsmarktperformance, den sozialen Dialog, makroökonomische Faktoren wie das Bruttoinlandsprodukt oder die Arbeitsproduktivität sowie die Gleichbehandlung am Arbeitsplatz oder Kinderarbeit. Je weniger bestimmte Gegebenheiten die eigene Person direkt betreffen, desto weniger scheinen sie das persönliche Empfinden – also auch die eigene Zufriedenheit – zu beeinflussen. Das Einkommen und die Arbeitsplatzsicherheit bzw. Auswirkungen der Arbeitslosigkeit wurden bereits in den Kapiteln 8 und 9 erläutert. Die weiteren fünf Faktoren werden nachfolgend detaillierter im Hinblick auf ihren Einfluss auf die Zufriedenheit beschrieben.

Die Arbeitszeit kann sich unterschiedlich auf die Zufriedenheit der Mitarbeiter auswirken. Generell führt ein zu hoher zeitlicher Umfang zu emotionalen und gesundheitlichen Beeinträchtigungen. Wird diese Zeit allerdings durch ein höheres Einkommen ausgeglichen oder ist der Arbeitnehmer besonders intrinsisch motiviert, kann ein höherer Umfang auch zu mehr Zufriedenheit führen. Eine optimale Arbeitszeit gibt es nicht, da jeder Arbeitnehmer einen individuellen und nutzenoptimalen Arbeitszeitwunsch hat (Schäfer et al., 2013). **Arbeitszeit**

Für viele Menschen steht zwar eine ausgewogene Work-Life-Balance mehr und mehr für einen guten Job. Dennoch zeigt sich in Untersuchungen, dass viele Berufstätige mehr arbeiten, als vertraglich vereinbart wurde. Von 1984 bis 2013 arbeiteten die Deutschen durchschnittlich drei bis vier Stunden pro Woche mehr. Insbesondere Männer arbeiten häufig mehr als die vereinbarte Wochenarbeitszeit. In einer Umfrage im Jahr 2013 wurden Beschäftigte nach ihren Arbeitszeitwünschen gefragt: Könnten Vollzeitbeschäftigte ihre Arbeitszeit frei wählen, würden Sie unter Berücksichtigung eines entsprechend verringerten Einkommens 38,1 Stunden pro Woche arbeiten. Weitere

Auswertungen geben eine Bandbreite von 35 bis 40 Stunden pro Woche an (Eurofound, 2012).

Im Geschlechtervergleich einer weiteren Studie zeigt sich, dass Frauen in einer Vollzeitbeschäftigung ihre wöchentliche Arbeitszeit gerne um sechs Stunden reduzieren würden, Männer hingegen um fünf Stunden (Schlinkert/Raffelhüschen, 2015). Je größer die Abweichung zwischen tatsächlicher und gewünschter Arbeitszeit ist, desto höher ist die Wahrscheinlichkeit, dass die Beschäftigten mit ihrer Arbeit unzufrieden sind (Hammermann/Stettes, 2017).

Überlange Arbeitstage gehen oft mit hohem Termindruck, einem hohen Arbeitstempo und häufigen Störungen durch Unterbrechungen einher. Diese Arbeitsbedingungen wirken sich jedoch negativ auf die Arbeitszufriedenheit aus (Hammermann/Stettes, 2017). Auch die Lebenszufriedenheit wird hiervon beeinflusst. Erwerbstätige, die sich durch zunehmende Arbeit stark belastet fühlen, erreichen eine durchschnittliche Lebenszufriedenheit von 6,1 Punkten (von 10). Im Gegensatz dazu liegt die Zufriedenheit derjenigen, die sich trotz zunehmender Arbeit nicht belastet fühlen, bei 7,5 Punkten. Etwa 40 Prozent der Arbeitnehmer leiden „stark" bis „sehr stark" unter zunehmendem Arbeitsumfang (Raffelhüschen/Schlinkert, 2015). Arbeitnehmern gelingt es weniger, Beruf und Privatleben in ein ausgewogenes Verhältnis zu bringen und vom beruflichen Stress abzuschalten. Laut der Krankenkasse TK erleben heute 20 Prozent aller Erwerbstätigen Burnout-ähnliche Phasen. Das Maß der emotionalen und physischen Belastung variiert jedoch von Mensch zu Mensch. Während der eine unter Stress besonders gut arbeitet, kann dieselbe Aufgabenmenge einen anderen Mitarbeiter überfordern.

Um unterschiedlichen Auswirkungen von Arbeitszeitansprüchen auf die Arbeitszufriedenheit entgegenzuwirken, wird Arbeitnehmern eine gewisse Zeitsouveränität gewährt. Arbeitnehmer können so die Lage ihrer Arbeitszeit sowie die tägliche Dauer selbst bestimmen. In der EU, in der etwa ein Viertel der Beschäftigten selbst über die eigenen Arbeitszeiten verfügen kann, erhöht Arbeitszeitsouveränität die Wahrscheinlichkeit, mit der Arbeit zufrieden zu sein deutlich (Hammermann/Stettes, 2017). Allerdings führt eine erhöhte Zeitsouveränität nicht zu einem signifikanten Anstieg der Lebenszufriedenheit. Eine selbstbestimmte Gestaltung der Arbeitszeiten wirkt sich zwar positiv aus, allerdings in moderatem Ausmaß (Hanglberger, 2010). Der Glücksatlas für Deutschland kommt zu dem Ergebnis, dass Arbeitnehmer mit festen Arbeitszeiten im Durchschnitt ihre Zufriedenheit mit 7,0 Punkten (von 10) bewerten, Arbeitnehmer mit flexiblen Zeiten mit 7,2 Punkten. Diese Differenz könne allerdings durch verschiedene weitere Einflussfaktoren wie Familienstatus, Einkommen und persönliche Eigenschaften zustande kommen (Schlinkert/Raffelhüschen, 2015).

Wichtiger für das individuelle Glück als beispielsweise ein hohes Einkommen ist der Arbeitsinhalt. Der Arbeitsinhalt umfasst alle Tätigkeiten und Aufgaben, die im Rahmen des Jobs erfüllt werden müssen. Die Wahrscheinlichkeit, die eigene Arbeit als sinnvoll einzuschätzen, steigt mit der Komplexität und Herausforderung der Aufgaben. In Deutschland sind rund 86 Prozent der Arbeitnehmer der Auffassung, einer sinnvollen Arbeit nachzugehen (Hammermann/Stettes, 2017). Da der Arbeitsinhalt allerdings je nach Arbeitsplatz und Branche unterschiedlich ist, ist ein genauer Vergleich der Effekte von konkreten Arbeitsinhalten auf die Zufriedenheit schwierig. Aus diesem Grund wird oft der Indikator „job content" verwendet (Schäfer et al., 2013). „Job content" bezieht sich auf Interessen, Anerkennung und Autonomie. Typische Fragen auf Basis einer Skalenbewertung sind „My job is interesting", „In my job I can help other people", „My job is useful to society" oder „I can work independently" (Clark, 2005). Im Gegensatz zu Arbeitsplatzmerkmalen wie der Lösung komplexer Aufgaben oder unvorhergesehener Probleme, die keine Bereicherung der beruflichen Tätigkeit darstellen, ist die Sinnstiftung bedeutend. Die innere Einstellung des Arbeitnehmers zu seinem Arbeitsplatz hat aufgrund der intrinsischen Motivation große Auswirkungen auf die Arbeitszufriedenheit.

Inwiefern sich Sinnstiftung und Berufung auf den Job auswirken, untersuchte eine aktuelle US-amerikanische Studie. Die Psychologen Michele Gazica und Paul Spector (2015) von der Universität South Florida befragten die Teilnehmer, ob sie ihren Beruf als Berufung empfinden. In dieser Studie wurden 378 amerikanische Akademiker zwischen 27 und 82 Jahren hinsichtlich verschiedener lebens-, berufs- und gesundheitsbezogener Faktoren befragt. Unterschieden wurden die folgenden Gruppen:
- diejenigen, die in ihrem Job eine Berufung sahen,
- diejenigen, die eine Berufung empfinden, dieser aber nicht nachgehen können und
- diejenigen, die keine Berufung haben.

Es zeigte sich, dass wer seinen Beruf als Berufung empfand, eine höhere Zufriedenheit aufwies und sich auch gesünder fühlte. Diejenigen, die ihrer eigentlich empfundenen Berufung nicht nachgehen konnten, zeigten signifikant schlechtere physische und psychische Gesundheit als diejenigen der anderen beiden Gruppen. Eine fehlende Sinnstif-

Arbeitsinhalt

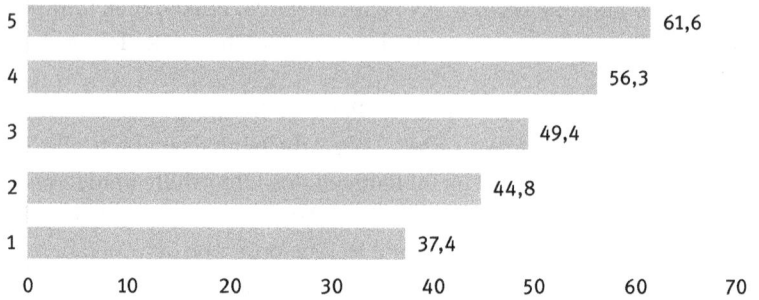

Abb. 9.6: Prozentualer Anteil Hochzufriedener nach Grad der beruflichen Autonomie; Skala von 1 (niedrig) bis 5 (hoch). Quelle: Neumann/Schmidt, 2013.

tung der Arbeit hat demnach negative Auswirkungen auf die Zufriedenheit.

Neben der Sinnstiftung umfasst der Begriff „Job content" ebenfalls die Autonomie am Arbeitsplatz. Neumann und Schmidt (2013) unterstützen die Aussage, dass die meisten Menschen ein Bedürfnis nach Autonomie bei der Arbeit haben und sich mit steigender Autonomie die Arbeitszufriedenheit erhöht (Abbildung 9.6). Schlinkert und Raffelhüschen (2015) bestätigen dieses Ergebnis und fügen hinzu, dass dies ebenfalls für die Lebenszufriedenheit gilt.

Wenn Freiheit und autonomes Arbeiten den Menschen folglich glücklicher machen, ist das eine mögliche Erklärung für die hohe Zufriedenheit von Selbstständigen. Diese sind generell zufriedener als Angestellte. Flexibilität, aber auch Selbstverwirklichung und die Möglichkeit, eigene Potenziale frei nutzen zu können, erhöhen ihre Zufriedenheit. Zwar sind sie durch staatliche Regulierungen sowie aus unternehmerischer Sicht unumgängliche Vorgehensweisen ebenfalls eingeschränkt. Sie unterliegen innerhalb des Unternehmens jedoch keiner Hierarchie und müssen sich demensprechend nicht unterordnen (Frey, 2012).

Glück und Selbstständigkeit

Benz und Frey (2004) stellten ebenfalls eine positive Korrelation zwischen Glück und Selbstständigkeit fest. Sie untersuchten außerdem die genauen Gründe, welche Faktoren der Selbstständigkeit letztlich den Glücksanstieg bewirken. Dazu verglichen sie die Arbeitszufriedenheit von Selbstständigen und Angestellten anhand dreierlei Datensätze: Zum einen bedienten sich die Forscher des SOEP für den Zeitraum 1984 bis 2000. In dieser Phase waren in Westdeutschland durchschnittlich 8,3 Prozent der Erwerbstätigen selbstständig. Diese Zahl hielt sich über den Zeitraum relativ konstant (mindestens 7,5 Prozent, maximal 9,9 Prozent). Zum anderen benutzten Benz und Frey Daten des British Household Panel Survey (BHPS) für die Jahre 1991 bis 1999 und des Swiss Household Panel Survey (SHP) für das Jahr 1999. In Großbritannien waren in dem angegeben Zeitraum etwa 12 Prozent der Erwerbstätigen selbstständig (mindestens 11 Prozent, maximal 12,5 Prozent). Ähnlich lag diese Zahl in der Schweiz im Jahr 1999 bei 10,5 Prozent. Bei ihren Untersuchungen definierten die Forscher die Arbeitszufriedenheit der Befragten als abhängige Variable. Alle Teilnehmer sollten die Frage „Wie zufrieden sind Sie mit ihrem Job heute?" (SOEP) auf einer Skala von 0 (ganz und gar unzufrieden) bis 10 (ganz und gar zufrieden) bzw. die Frage „All things considered, how satisfied or dissatisfied are you with your present job overall?" (BHPS) auf einer Skala von 0 (not satisfied at all) bis 7 (completely satisfied) beantworten. Ähnlich fiel die Frage für die Schweiz aus, die wiederum auf einer 10-Punkte-Skala bewertet werden sollte. Die Selbstständigkeit der Befragten wurde anhand der Werte 1 (wenn Befragte sich als selbstständig auswiesen) und 0 (wenn es sich um Angestellte handelte) ausgewiesen. In allen drei Umfragen – auch wenn für andere Variablen kontrolliert wurde – zeigte sich, dass Selbstständigere signifikant zufriedener waren als Angestellte.

Nicht nur die Art der Tätigkeit wirkt sich auf die Zufriedenheit aus, auch die Qualifikation des Arbeitnehmers hat einen bedeutenden Einfluss. Die erforderliche und die tatsächliche Qualifikation eines Arbeitnehmers können voneinander abweichen. Dabei macht Unterforderung im Job unglücklich, wie die folgende Tabelle anhand des prozentualen Anteils der Erwerbstätigen mit hoher Arbeitszufriedenheit je nach Qualifikation zeigt (Tabelle 9.3).

Qualifikation und
Perspektiven

Tab. 9.3: Arbeitszufriedenheit nach Qualifikation; Anteil der Erwerbstätigen mit hoher Arbeitszufriedenheit in Prozent; Werte in Klammern: Fallzahl unter 100. Quelle: Lesch et al., 2011.

Erforderliche Qualifikation	Tatsächliche Qualifikation			
	Keine	Berufsausbildung	Fachhochschule	Universität
Keine	48	40	(31)	23
Berufsausbildung	41	46	43	40
Fachhochschule	(32)	46	42	60
Universität	(51)	(59)	49	54

Je höher die Differenz zwischen erforderlicher und tatsächlicher Qualifikation ist, desto geringer ist der Grad der Arbeitszufriedenheit. Insgesamt zeigen Erwerbstätige mit einem universitären Abschluss, die entsprechend ihrer Qualifikation arbeiten, anteilig die höchste Zufriedenheit. Arbeiten diese allerdings in einer Tätigkeit, für die lediglich eine Berufsausbildung benötigt wird, sinkt der Anteil der hoch zufriedenen von 60 Prozent auf 40 Prozent, bei noch geringeren erforderlichen Qualifikationen sogar auf 23 Prozent. Insgesamt steigt die Zufriedenheit, wenn Erwerbstätige über ihrer tatsächlichen Qualifikation arbeiten (Lesch et al., 2011).

Sind die tatsächlichen Qualifikationen höher als die erforderlichen, kann diese Lücke durch Karriereperspektiven geschlossen werden. Menschen streben nach Verbesserung ihrer Position. Im Kontext der Arbeitswelt könnte dies mit dem Streben nach einer Führungsposition gleichgesetzt werden (Neumann/Schmidt, 2013). Führungspositionen als Statusgüter sind knapp und erlangen daher einen gewissen Wert im sozialen Vergleich, beispielsweise im Hinblick auf Wertschätzung und Anerkennung. Ist die Wahrscheinlichkeit einer Beförderung innerhalb der nächsten zwei Jahre hoch, liegt der Anteil der Hochzufriedenen in dieser Referenzgruppe einer Umfrage zufolge bei rund 64 Prozent. Bei einer mittleren Wahrscheinlichkeit liegt der Anteil bei rund 44 Prozent, ist die Wahrscheinlichkeit niedrig bei 43 Prozent (Neumann/Schmidt, 2013). Doch auch hier ist in der empirischen Forschung ein Adaptionseffekt zu erkennen: Der positive Einfluss auf die Zufriedenheit ist in Folge einer Beförderung am höchsten, schwächt sich aber nach etwa zwei Jahren ab. Nach einer Beförderung hat der Mitarbeiter zunächst das Gefühl der Arbeitsplatzsicherheit, der Kontrolle und Autonomie sowie der angemessenen Bezahlung. Dies sind alles Faktoren, die sich erwiesenermaßen positiv auf die Arbeitszufriedenheit auswirken. Jedoch gehen mit dem Aufstieg zumeist auch mehr Stress und eine Ausweitung der Arbeitszeiten einher, welche zunächst durch die positiven Faktoren kompensiert werden. Geht die Zufriedenheit allerdings wieder auf das Niveau vor der Beförderung zurück, bleiben der Stress und die Arbeitszeiten bestehen (Johnston/Lee, 2013). Trotz dieser möglichen Nachteile geht man allgemein von einer positiven Auswirkung einer Beförderung auf die Zufriedenheit aus. Untersuchungen belegen, dass zwischen Aufstiegschancen und Arbeitszufriedenheit ein positiver Zusammenhang besteht (Sousa-Poza/Sousa-Poza, 2000).

Arbeitsklima/Verhältnis zum Vorgesetzten

Ein weiterer Faktor der Arbeitszufriedenheit besteht im Arbeitsklima, genauer in der Beziehung zu Kollegen und Vorgesetzten. Insbesondere das Verhältnis zu Vorgesetzten ist hier relevant (Sousa-Poza/Sousa-Poza, 2000). Die Korrelationen zwischen Arbeitszufriedenheit und der Beziehung zu Kollegen fallen geringer aus (Schäfer et al., 2013). Behandelt die Führungskraft den Mitarbeiter respektvoll, hat dies große Auswirkungen auf die Zufriedenheit und führt zu einem Anstieg des Anteils zufriedener oder sehr zufriedener Mitarbeiter von 48 Prozent auf 91 Prozent. Auch die gelegentliche Unterstützung der Führungs-

Tab. 9.4: Arbeitszufriedenheit und Führungsverhalten in Deutschland; *n* = ca. 2.100; Prozentualer Anteil der Befragten, die mit ihrer Arbeit zufrieden oder sehr zufrieden sind (2010). Quelle: Hammermann/Stettes, 2013.

Führungsverhalten	D	EU27
Unterstützung durch den Vorgesetzten (selten oder nie)	76,9	66,6
Unterstützung durch den Vorgesetzten (manchmal, häufig, immer)	93,2	88,3
Vorgesetzter gibt Feedback (nein)	74,0	76,1
Vorgesetzter gibt Feedback (ja)	91,4	87,0
Pflegt respektvollen Umgang (nein)	48,5	46,3
Pflegt respektvollen Umgang (ja)	91,0	87,0
Gut im Lösen von Konflikten (nein)	68,1	65,4
Gut im Lösen von Konflikten (ja)	93,9	89,0
Gut im Organisieren und Planen (nein)	72,8	66,9
Gut im Organisieren und Planen (ja)	91,5	88,0
Ermutigt zur Beteiligung an wichtigen Entscheidungen (nein)	75,7	72,1
Ermutigt zur Beteiligung an wichtigen Entscheidungen (ja)	95,3	91,4

kräfte bewirkt einen Anstieg der Zufriedenen von rund 16 Prozentpunkten (Tabelle 9.4).

Weiteren Untersuchungen zufolge fördert auch Vertrauen die Zufriedenheit. Wie Daten des SOEP belegen, sind rund 60 Prozent der Arbeitnehmer sehr zufrieden mit ihrer Arbeit, wenn das Unternehmen beziehungsweise die Führungskraft weniger auf Kontrollen setzt. Je stärker die Überwachung der Arbeitsleistung ist, desto geringer ist die Zufriedenheit und sinkt auf bis zu 45 Prozent (Enste et al., 2018). Mehr Vertrauen der Führungskraft führt zu mehr Handlungsfreiheit. Das Vertrauen kann daher im Zusammenhang mit der bereits beschriebenen beruflichen Autonomie gesehen werden, die positiv auf die Zufriedenheit wirkt.

Die Arbeit ist ein wichtiger Faktor im Leben der Menschen. Doch auch hier zeigt sich, dass Glück und Zufriedenheit individuell sind. Jeder Mensch legt Wert auf unterschiedliche Aspekte, die optimale Arbeitsbedingungen bestimmen. Dabei kommt es auch darauf an, wie hoch die individuelle Belastungsgrenze liegt. Verlangt der Beruf einem zu viele Ressourcen ab, wirkt sich dies negativ aus. Wie viel „zu viel" allerdings ist, kann pauschal nicht festgelegt werden.

Digitalisierung der Arbeitswelt – Stress- oder Glücksfaktor?
Wie bereits in Kapitel 6.2 dargestellt wurde, sind die Einflüsse der Digitalisierung auf das Wohlbefinden vielfältig, allerdings bisher wenig erforscht. Unbestreitbar ist der große Einfluss der Digitalisierung auf das Arbeitsleben der Menschen.

Durch den technologischen und organisationalen Wandel verändern sich Arbeitsprozesse, Führung, Organisationsstrukturen, Kommunikation und viele Bereiche mehr. Dies erfordert Veränderungsbereitschaft und Anpassungsfähigkeit auf Seiten der Arbeitnehmer. Einer Umfrage (Raffelhüschen/Schlinkert, 2015) zufolge geben drei Viertel der Erwerbstätigen an, die Digitalisierung würde in ihrem persönlichen Berufsleben eine sehr große oder große Rolle spielen. Die Wahrnehmung, ob diese Einflüsse positiv oder negativ sind, ist unterschiedlich. Unterschiede ergeben sich insbesondere zwischen verschiedenen Berufsgruppen. Tendenziell werden die Einflüsse aber als positiv aufgefasst. Etwa jeder zweite Befragte ist der Meinung, die Digitalisierung habe den eigenen Arbeitsalltag erleichtert. Viele empfinden ihre Arbeit unter anderem als produktiver. Hingegen geben 10 Prozent an, die Digitalisierung habe die Tätigkeit erschwert. Gründe hierfür sind insbesondere das Gefühl, dass Tätigkeiten stressiger werden, dass das Arbeitstempo steigt und weniger direkter Kontakt mit Menschen besteht. Weiterhin erhöhen die ständige Erreichbarkeit und Omnipräsenz digitaler Technologien den Druck auf Angestellte sowie die Informationsflut und Komplexität. Dies führt zu Verunsicherung (Raffelhüschen/Schlinkert, 2015; Gimpel et al., 2018).

Ein Phänomen, das zwar nicht neu ist, mit der Digitalisierung jedoch verstärkt in den Fokus rückt und Arbeitnehmer vor Herausforderungen stellt, ist der sogenannte Technik- oder Technostress. Die kognitiven Anforderungen im Unternehmensalltag steigen aufgrund der sich schnell entwickelnden Technologien und steigender Zahl an Informationen. Daraus resultieren Überforderung, Angst vor der Nutzung und schließlich Widerstand. Ursache ist zumeist mangelnde Kompetenz im Umgang mit den Technologien. Technostress kann neben gesundheitlichen Folgen die Arbeitszufriedenheit sowie das Wohlbefinden der Arbeitnehmer reduzieren (Weil/Rosen, 1997; Ragu-Nathan et al., 2008; Larjovuori et al., 2016; Gimpel et al., 2018).

Potenzial bietet die Digitalisierung insbesondere in Bezug auf selbstständiges Arbeiten und Engagement (Larjovuori et al., 2016). Durch die zunehmende Komplexität besteht eine Notwendigkeit zu mehr Vertrauen in Unternehmen und damit weniger Kontrollen. Dies erhöht die Autonomie, die gleichzeitig einer der größten Glücksfaktoren ist und das Wohlbefinden steigert (Enste et al., 2018; Raffelhüschen/Schlinkert, 2016). Die steigenden Möglichkeiten zur Individualisierbarkeit der Arbeitsgestaltung bieten eine große Chance (Gimpel et al., 2018).

10 Implikationen

In den vorangegangenen Kapiteln wurden die beeinflussenden Faktoren auf das Glück beschrieben und verschiedene Wirkungsrichtungen aufgezeigt. Dieses Kapitel soll die Ergebnisse aufgreifen, um daraus Lösungen und Implikationen für ein glücklicheres Leben auf drei Ebenen ableiten zu können. Angefangen bei den politischen Implikationen auf der Makroebene, über die Arbeitsgestaltung in Unternehmen, bis hin zu individuellen Maßnahmen den Einzelnen betreffend sollen Möglichkeiten für eine gelingende Gestaltung gefunden werden. Welche Rückschlüsse können Individuen, Unternehmen und Politik aus den Ergebnissen der Glücksforschung ziehen? Wie können diese Erkenntnisse glücks-, profit-, und wohlstandssteigernd genutzt werden?

10.1 Makroebene
Welche Schlüsse kann die Politik aus der Glücksforschung ziehen?

Wenn glücklichere Menschen in der Regel produktiver sind und ohnehin jeder Mensch nach Glück strebt, wäre es nicht sinnvoll, „Glücklich sein" als Norm auch auf politischer Ebene zu verankern? Kann die Politik das Glück des Einzelnen durch Gesetze oder andere Maßnahmen steigern und wenn ja, welche Wege sind zielführend und inwieweit muss die aktuelle Wirtschafts- und Sozialpolitik geändert werden? Hat der Staat überhaupt ein Interesse, wenn nicht sogar die moralische Pflicht, den Menschen zu einem glücklicheren Leben zu verhelfen? Müsste die Maxime in der Wirtschaftspolitik nicht lauten: Maximiere Wachstum, Wohlstand und Wohlbefinden? Die Steigerung der Wohlfahrt der Bürger ist bereits jetzt zentrales Ziel der Politik; die Frage (Kapitel 8) ist, welche Indikatoren sind passend, um diese Wohlfahrtssteigerung zu messen und welche Maßnahmen sind effizient und effektiv.

Eine weitreichende Glückspolitik kann schnell in eine Art „Glücksdiktatur" münden. Menschen müssten dann ihre Freiheit gegen ein höheres Glück eintauschen, da vieles staatlich verboten werden würde, das dem langfristigen Wohlbefinden nicht dienlich ist. Zuckersteuer, Rauchverbote, Tempolimits, Veggiedays, Sportpflicht, Alkohol- und Glücksspielverbote könnten etwa die Folge sein. Das Glück vieler Menschen könnte auf Kosten Einzelner angestrebt werden, denn der Eingriff in die persönlichen Freiheitsrechte wäre gesellschaftlich, poli-

https://doi.org/10.1515/9783110557626-010

tisch und rechtlich sehr viel weitreichender durch das gesellschaftliche Glücksstreben legitimiert als derzeit. Die Freiheitseinschränkungen vermindern allerdings im Gegenzug die Lebenszufriedenheit. Denn Staaten, die ihren Bürger viele (politische) Freiheiten einräumen, weisen durchschnittlich eine größere Lebenszufriedenheit auf. Der Verzicht auf zu viel Regulierung und Bürokratie geht ebenfalls mit mehr Lebenszufriedenheit der Menschen einher, wie Analysen des Zusammenhangs zwischen Lebenszufriedenheit und Freiheits- und Regulierungsindizes zeigen (Kapitel 8).

Es gibt aber auch Wege, wie die Politik positiv auf das Glück der Bürger einwirken kann, ohne sie in ihrer Freiheit einzuschränken. In den vorherigen Kapiteln wurde beschrieben, dass etwa politische Stabilität und Demokratie sowie eine möglichst geringe Arbeitslosenquote zur allgemeinen Glücksmehrung entscheidend beitragen können. Im Folgenden werden daher einige exemplarische Bereiche und Maßnahmen für Glückspolitik aufgezeigt. Spannend ist, dass viele der Maßnahmen bereits heute – ohne Bezugnahme auf die Steigerung des Wohlbefindens – verwendet werden.

Steuerpolitik Richard Layard (2006) nennt als eine Maßnahme die progressive Besteuerung des Einkommens, die nicht nur für mehr Verteilungsgerechtigkeit sorgt, sondern auch das Wohlbefinden einer Gesellschaft steigert, da die Ungleichheit vermindert wird. In einem solchen Steuersystem steigen die Steuersätze mit einem Anstieg im Einkommen. Wer mehr verdient, muss nicht nur absolut, sondern auch prozentual einen höheren Anteil seines Einkommens an den Staat zahlen. Die Überlegung dahinter ist folgende: Wenn das relative Einkommen das individuelle Glück maßgeblich mitbestimmt, dann hat die Zunahme des Einkommens eines Menschen nicht nur Einfluss auf dessen Wohlbefinden, sondern auch auf das Glück der anderen Menschen, die sich mit ihm vergleichen. Durch eine progressive Besteuerung kann diese Differenz verringert werden. Nicht nur die Theorie sozialer Vergleichsprozesse, sondern auch die Theorie des abnehmenden Grenznutzens (Kapitel 8) können als Rechtfertigung einer progressiven Steuer dienen. Ab einem bestimmten Einkommen steigt die Lebenszufriedenheit durch mehr Geld immer weniger an. Somit könne laut Griffith (2004) durch die progressive Besteuerung in Verbindung mit der Umverteilung die Gesamtzufriedenheit in einer Gesellschaft gesteigert werden.

Neben dem positiven Effekt auf die gesamte Gesellschaft, können innerhalb eines akzeptierten und funktionierende Steuersystems Steuerehrlichkeit und Steuerzahlungen auch den Steuerzahler glücklicher machen: Individuen mit höherer Steuermoral sind signifikant glücklicher (Lubian/Zarri, 2011). Dies gilt insbesondere in Ländern mit einer insgesamt guten Steuermoral, wie den skandinavischen Ländern, in denen Steuerzahler sich als Teil des Staates fühlen und der Staat nicht ein Gegner ist. Auch Deutschland hat im internationalen Vergleich eine relative gute Steuermoral.

Allerdings macht völlige Gleichheit nicht zwangsläufig glücklicher. Vorschläge, wie die von Layard (2006), Einkommensungleichheit durch Umverteilung beinahe völlig abzuschaffen und so die negativen Folgen von sozialen Vergleichen zu vermeiden, können weitreichende negative Konsequenzen für die Produktivität und Innovationsfreude haben, die sich wiederum (indirekt) auf das Wohlbefinden auswirken. Ein gewisses Maß an Ungleichheit (basierend auf dem Prinzip der Leistungsgerechtigkeit) entspricht auch dem Gerechtigkeitsempfinden: „Wer mehr leistet, soll auch mehr verdienen". Dabei ist nicht vorrangig wichtig, dass Ungleichheit besteht, sondern dass das natürliche Streben des Menschen nach Verbesserung nicht eingeschränkt wird. Der Erhalt von Leistungsanreizen und Belohnungen für Anstrengungen (im Sinne der Grow-Komponente der Eudaimonie) sind ja wesentliche Bausteine der Lebenszufriedenheit. Außerdem wirkt der Impact Bias dahingehend, dass Menschen annehmen, dass ein zukünftiges höheres Einkommen ihre Lebenszufriedenheit steigern wird und dies motiviert und inspiriert zu neuen Ideen und Innovationen, auch in den Bereichen Gesundheit, Umweltschutz und Bildung.

Eine Reduktion der Arbeitslosigkeit bleibt auch in einer auf die Erhöhung der Lebenszufriedenheit ausgerichteten Ordnungs- und Glückspolitik das zentrale Ziel. Dabei gilt: Je besser die Ausbildung einer Person, desto höher ihre Chancen auf einen Arbeitsplatz, der ihren Wünschen entspricht. Insbesondere bei Menschen, die bisher nur wenig Zugang zu Schulbildung hatten, kann eine Ausbildung die Lebenszufriedenheit signifikant steigern (Frey, 2012). Daher sollte auch eine ausreichende Verfügbarkeit von Ausbildungsstellen sowie der uneingeschränkte Zugang zur grundlegenden Bildung zu den übergeordneten Zielen eines Staates gehören. Diese (Start-)Chancengerechtigkeit steht vielfach im Zentrum staatlicher Maßnahmen wie etwa bei Reformen des Bildungswesens oder beim Ausbau von Kindertagesstätten. Deutschland hat sich bei der Chancengerechtigkeit in den letzten Jahren im Vergleich zu anderen Industriestaaten deutlich verbessert (Enste/Möller, 2015a). Vor allem die erfolgreiche Bekämpfung der Jugendarbeitslosigkeit und die Verbesserungen in der Kinderbetreuung haben dazu beigetragen, dass Deutschland die Differenz zum Spitzenreiter Neuseeland verringern konnte. Ein hoher Beschäftigungsstand, wie er im Jahr 2018 in Deutschland mit über

Arbeitsmarktpolitik

45 Millionen Erwerbstätigen erreicht werden konnte (Statistisches Bundesamt, 2018c), ist somit nicht nur ökonomisch erstrebenswert, sondern sorgt für mehr Chancengerechtigkeit und auch für mehr Wohlbefinden.

Nicht nur der Arbeitsplatz, auch eine eigene Familie und gute familiäre Beziehungen gehören zu den Glücksfaktoren. Deshalb ist es wichtig, geeignete Rahmenbedingungen zu schaffen, welche die Vereinbarkeit von Familie, Beruf und Karriere verbessern. Familienfördernde Maßnahmen wie Kindertagesstätten, Elternzeit und Elterngeld wirken nicht nur positiv auf die Familienplanung, sie vermindern auch den Zeitstress. Zusammen mit mehr Unterstützung im Alltag, zum Beispiel durch Haushaltshilfen, vermindert dies den Zeitstress und steigert das Wohlbefinden (Enste/Orth, 2018).

Engagementpolitik   Glückspolitik kann neben einer guten Ordnungspolitik auch bedeuten, das bürgerschaftliche Engagement zu fördern. Denn Freiwilligenarbeit und ehrenamtliches Engagement geht mit einer höheren Lebenszufriedenheit einher – für die Aktiven genauso wie für die Empfänger der unentgeltlichen Leistungen. Durch die Schaffung guter Rahmenbedingungen für die Hilfe in der Nachbarschaft, im Freundeskreis und bei Freizeitaktivitäten in Sportvereinen, im Schützenverein oder beim Engagement für Kinder oder Senioren bis hin zum Umweltschutz, wird die Lebensqualität messbar gesteigert. Wer sich wöchentlich oder monatlich engagiert, hat eine signifikant höhere Lebenszufriedenheit. Andersherum profitiert ein Staat von glücklichen Bewohnern insofern, als dass glückliche Menschen eher bereit sind, sich ehrenamtlich in der Gesellschaft zu engagieren (Heuser, 2011).

Umweltschutzpolitik   Ökosysteme versorgen den Menschen mit Ressourcen und Dienstleistungen, die vom Einzelnen als unbegrenzt verfügbar wahrgenommen werden. Unter anderem durch die teilweise kostenlose, aber vor allem verhältnismäßig leichte Zugänglichkeit vieler Ressourcen wurde ein Großteil der Natur in den letzten Jahren zu stark genutzt. Das sogenannte Allmende Problem, welches zu einer Übernutzung der Umwelt führt, weil zwar Rivalität im Konsum der Güter besteht, aber es keine oder nur sehr teure Möglichkeiten gibt, die Nutzung zu beschränken. Während bei privaten Gütern über Preise die Nutzung gesteuert werden kann, funktioniert dies bei öffentlichen Gütern oder auch Allmendegütern nicht ohne weiteres. Hinzukommt, dass der Einzelne sein Wohlbefinden zu Lasten anderer erhöhen kann und somit aufgrund der negativen externen Effekte falsche Anreize bei der Umweltnutzung existieren. „Wenn die anderen aufs Autofahren verzichten, wird die Umwelt geschont und ich habe freie Fahrt auf der Straße". Dieses Phänomen der externen Effekte führt zur Überfischung der Weltmeere, den Klimawandel und generell die geringe Nachhaltigkeit, welche (langfristig) die Lebensqualität der Menschen und vor allem der zukünftigen Generationen beeinträchtigt (Weimann et al., 2012).

Generell gilt, dass arme Menschen mehr unter den Veränderungen der Ökosysteme leiden, da sie weniger Zugang zu Substituten haben. Dennoch wird insbesondere in armen Ländern dem Umweltschutz wenig Bedeutung beigemessen. Aufgrund der drängenderen Sorgen um Einkommen und der Sicherung des Überlebens, steht der ökonomische Erfolg im Vordergrund. Reichere Länder hingegen verfügen über mehr Kapital, das sie unter anderem in nachhaltigere, umweltfreundlichere Produktion investieren können. Je reicher ein Land ist, desto wichtiger ist für seine Bewohner auch tatsächlich die Beschaffenheit der umgebenden Natur. Nachhaltigkeit kann somit nicht nur ökonomisch geboten sein, sondern auch das Glücksgefühl steigern. Die zahlreichen Indizes (Kapitel 8), die eine breitere Messung des Wohlbefindens auf Makroebene versuchen, sind erste Schritte zu einer breit fundierten Begründung für Umweltschutzpolitik und deren Umsetzung. Studien zu den Auswirkungen von Umweltqualität auf die Lebenszufriedenheit gibt es bisher nur wenige (Welsch, 2006, 2007). Raffelhüschen und Schöppner (2012, 146) zeigen exemplarisch: „Wer unter Lärm oder einer verminderten Luftqualität leidet, gibt im Zuge dessen auch signifikant geringere Zufriedenheitswerte an". Im Hinblick auf den Klimawandel fanden Rehdanz und Maddison (2005) heraus, dass uns Anstiege der Tiefsttemperatur glücklicher machen, ein Anstieg der Höchsttemperatur sich hingegen negativ auf die Lebenszufriedenheit auswirkt. Aber die Bedeutung der Nachhaltigkeit wird mit Zunahme der Weltbevölkerung und des Wirtschaftswachstums weiter steigen.

Eine sehr kurzfristig umsetzbare, wenngleich politisch umstrittene Maßnahme, die sowohl den Umweltschutz fördern und zugleich die Lebenszufriedenheit steigern könnte, ist die Abschaffung der Pendlerpauschale. Derzeit begünstigt der Staat aus unterschiedlichsten politischen Gründen die Fahrt zur Arbeit und fördert damit tendenziell die Inkaufnahme einer längeren Fahrt zur Arbeit, um beispielweise ein höheres Einkommen zu erzielen oder sich eine größere Wohnung leisten zu können als dies näher am Arbeitsort möglich wäre. Neben den Staukosten und der Umweltschädigung führt das regelmäßige Pendeln zur Arbeit allerdings auch zu einer geringeren Lebenszufriedenheit. Neben dem dauerhaft negativen Einfluss von Arbeitslosigkeit auf das Wohlbefinden ist Pendeln der andere Faktor, an den sich die Menschen niemals gewöhnen und der immer und dauerhaft die Lebenszufriedenheit einschränkt. Die Abschaffung wäre somit eine Maßnahme für weniger Umweltverschmutzung und mehr Lebensqualität. Die Arbeits-

und Wohnortentscheidung würde dann nicht mehr durch staatliche Subventionen verzerrt und Arbeitsplätze jenseits der Metropolen würden attraktiver.

Fazit   Politische Entwicklungen und Entscheidungen beeinflussen das Wohlbefinden der Bürger. Selbstverständlich lässt sich aus den vorangegangenen Kapiteln folgern, dass jeder Mensch unterschiedliche Glücksprädispositionen hat, dass persönliche Entscheidungen und Lebensweisen des Individuums ausschlaggebend sind und dass das Glück im Allgemeinen eine sehr differenzierte und individuelle Angelegenheit ist. Doch auf alle individuellen Lebensbereiche, wie oben bereits ausgeführt wurde, kann auch der Staat durch entsprechende Rahmenbedingungen Einfluss nehmen. Die vom Staat initiierte Wirtschafts- und Gesellschaftsordnung beeinflusst immer auch das individuelle Glück. Zum Glück für alle müssen die Maßnahmen auf der Mikro-, Meso- und Makroebene aufeinander abgestimmt sein und die kulturellen Traditionen, die institutionellen Pfadabhängigkeiten und die individuellen Prägungen in Gesellschaft und Unternehmen bei der Gestaltung der Glückspolitik beachtet werden. Eine „One-Size-Fits-all" Glückspolitik gibt es nicht.

10.2 Mesoebene
Welche Schlüsse können Unternehmen aus der Glücksforschung ziehen?

Bedeutung der Arbeitszufriedenheit   Menschen wollen sowohl im Privatleben als auch im Beruf glücklich sein. Unternehmen können dies nutzen, um selbst Vorteile daraus zu generieren. Im Rahmen der Wirkung von Arbeitszufriedenheit wird insbesondere die Auswirkung auf Produktivität sowie Fluktuation und Fehlzeiten untersucht. Doch der Zusammenhang zwischen Arbeitszufriedenheit und Produktivität ist eher gering (Fisher, 2003). Iaffaldano und Muchinski (1985) stellten heraus, dass mit einer Korrelation von $r = .17$ die wahrgenommene Beziehung der beiden Variablen zwar logisch erscheint, aber tatsächlich eher schwach ist. Neuere Analysen weisen zwar eine Korrelation von $r = .30$ auf, die jedoch auch eher moderat ist (Treier, 2009; Judge et al., 2001). Ähnlich verhält es sich mit dem empirischen Zusammenhang zwischen der Arbeitszufriedenheit und Fluktuation beziehungsweise Absentismus. Es lässt sich zwar eine negative Korrelation von $r = -.25$ bis $r = -.40$ nachweisen, diese Werte sind allerdings kaum valide. Das Problem besteht darin, dass Leistung, Fluktuation und Absentismus viele weitere Ursachen haben, wie etwa die aktuelle Lage des Unternehmens oder des Arbeitsmarktes (Mertel, 2006). Es gibt allerdings eine Reihe indirekter Effekte. Glückliche Menschen bzw. Mitarbeiter haben beispielsweise durch die positiven Emotionen mehr Energie und zeigen ein höheres Engagement. Sie treffen effektivere Entscheidungen, zeigen eine höhere Gedächtnisleistung und sind pünktlicher (Erk et al., 2003; Rehwaldt, 2019; Diener/Biswas-Diener, 2008). Darüber hinaus fühlen sich glückliche Menschen nicht nur gesünder, sie haben auch eine geringere Konzentration des Stresshormons Kortisol und sind dadurch körperlich gesünder (Kapitel 4.1; Ryff et al., 2004; Benyamini et al., 2000). Zeichnet sich der Mitarbeiterstamm dazu noch durch eine hohe emotionale Bindung zum Unternehmen aus, die ebenfalls durch Glück erhöht wird, sinken Fluktuation und Krankenstand. Mitarbeiter mit einer hohen emotionalen Bindung zeigen um bis zu 57 Prozent geringere Fehlzeiten als Mitarbeiter ohne Bindung (Rehwaldt, 2019).

Die Zufriedenheit der Mitarbeiter bildet für Unternehmen also eine wichtige Ressource und einen Wettbewerbsvorteil und sollte daher ein strategisches Ziel bilden. Dies ist besonders wichtig, da es durch die Einflüsse der Megatrends für Unternehmen immer schwieriger wird, Mitarbeiter zu gewinnen und langfristig zu binden. Der Demografische Wandel bewirkt aufgrund einer Alterung der Bevölkerung einen Fachkräftemangel und die Globalisierung erhöht den weltweiten Wettbewerb, der gleichzeitig durch die Digitalisierung und die damit verbundene erhöhte Mobilität von Arbeitnehmern verstärkt wird. Der Wettbewerb um (gute) Mitarbeiter steigt. Ein hoher Lohn ist heute kein ausreichendes Kriterium mehr, um sich für einen Job zu entscheiden. Hinzu kommen weiche Faktoren wie Arbeitsklima, Führung oder die Unternehmenskultur, wie in Kapitel 9 herausgestellt wurde. Unter Bezugnahme auf die Bedürfnispyramide von Maslow (Kapitel 8) kann eine theoretische Erklärung für diesen Wandel geschaffen werden: In unserer heutigen Gesellschaft sind die grundlegenden Bedürfnisse nach Nahrung, Schlaf, Sicherheit und zumeist auch sozialen Kontakten erfüllt. Aus diesem Grund streben die Menschen nun nach Anerkennung, Wertschätzung und Selbstverwirklichung, die sie insbesondere im beruflichen Kontext erhalten. Das Arbeitsumfeld und die Tätigkeiten müssen daher derart gestaltet werden, dass Mitarbeiter sowohl Flow als auch Grow-Momente erleben.

Viele Unternehmen setzen den Mitarbeitern neben einem Grundgehalt monetäre Anreize in Form variabler Vergütung wie beispielsweise Boni oder zielabhängigen Sonderzahlungen. Im Jahr 2016 hatten rund 60 Prozent der Betriebe in Deutschland ein Gehaltssystem mit variablen Anteilen. Je größer das Unternehmen ist, desto eher werden variable Vergütungssysteme genutzt. Bei kleineren Betrieben mit 50 bis

Anreize durch Entlohnung

99 Mitarbeitern lag der Anteil bei etwa 50 Prozent (BMAS, 2018). Die variable Vergütung bemisst sich zunehmend am Unternehmens- und Teamerfolg. Persönliche Leistungen werden zur Ermittlung der variablen Vergütung weniger stark gewichtet. In diesem Zusammenhang sind Zielvereinbarungen weit verbreitet. Etwa 50 Prozent der Unternehmen nutzen diese in Kombination mit variabler Vergütung (BMAS, 2018).

Arbeitgeber versprechen sich von leistungsorientierter Vergütung mehr Motivation und einen Anreiz für Engagement. Studien bestätigen dies allerdings nur teilweise. Zwar kann sich dieser Anreiz positiv auf die Leistung auswirken, allerdings gilt dies insbesondere auf höheren Hierarchieebenen, bei denen finanzielle Indikatoren verstärkt Auskunft über die Leistung geben als in Teams auf niedrigeren Ebenen (Kampkötter/Sliwka, 2011). Daher können Bonussysteme gleichermaßen Leistungsdruck und Demotivation hervorrufen. Zielvereinbarungen wirken beispielsweise nur motivierend, wenn sie nicht formelhaft an die Vergütung geknüpft sind. Individuelle Anreize können die Bindung zum Unternehmen sowie auch die Arbeitszufriedenheit durch eine Art Söldnermentalität gefährden (BMAS, 2018). Studien zeigen, dass Erfolgsbeteiligungsmodelle das Wachstum zwar steigern, allerdings negativ auf soziale Aspekte wirken und die Arbeitszufriedenheit reduzieren (Chang et al., 2013).

Lohnbezogene Vergleichsprozesse sind in Unternehmen stark ausgeprägt, wodurch die individuell empfundene Lohngerechtigkeit in den Fokus rückt. Um Einkommensungleichheiten vorzubeugen, soll die Offenlegung von Gehaltsklassen in Unternehmen Transparenz schaffen. In der Theorie wird durch Nachvollziehbarkeit Arbeitsqualität dazugewonnen und die Arbeitszufriedenheit als Determinante für langfristiges Wohlbefinden gesteigert. Die Offenlegung kann als Motivator wirken und damit für steigende Produktivität sorgen, da der offene faire Vergleich als positiver Ansporn am Arbeitsplatz genutzt werden kann (Keller/Burandt, 2006). Empirisch bietet sich jedoch ein anderes Bild. Goerke und Pannenberg (2015) untersuchten, inwiefern sich der Wunsch nach lohnbezogenen Vergleichsprozessen auf die allgemeine Zufriedenheit auswirkt. Sie stellten einen signifikant negativen Einfluss fest. Wird unter Arbeitskollegen den Entgeltvergleichen eine hohe Priorität zugesprochen, sinkt die Lebenszufriedenheit. Schwarze (2007) belegt in einer Analyse auf Basis von Daten des SOEP einen negativen, jedoch nur schwach signifikanten Effekt eines Referenzlohns auf die wahrgenommene Lohngerechtigkeit. Dieser besteht insbesondere, wenn die Befragten selbst einen Lohn unterhalb des Referenzlohns erhalten. Ist der Lohn höher, lassen sich keine signifikant positiven Effekte nachweisen. Der negative Effekt des Lohnvergleichs nimmt mit einem steigenden absoluten Lohn ab und kehrt sich ab etwa 4.000 Euro zu einem positiven Effekt um (Schmidt, 2017).

Die Wahl des Entlohnungssystems hat auch Auswirkungen auf Moralität und Ehrlichkeit der Mitarbeiter. Bei individueller variabler Vergütung lügen Mitarbeiter häufiger hinsichtlich ihrer erreichten Ziele (Conrads et al., 2017). Hinsichtlich des moralischen Verhaltens gibt es obendrein Geschlechterunterschiede, wie ein Experiment mit 288 Teilnehmern zeigte. Weibliche Teilnehmer verhielten sich in der simulierten Wettbewerbssituation ehrlicher als die männlichen Teilnehmer (Nieken/Dato, 2016). Notwendig ist daher ein Ansatz, der sowohl monetäre als auch nicht monetäre Anreize umfasst.

Der Führungsstil, den ein Vorgesetzter gegenüber seinen Angestellten ergreift, kann erheblichen Einfluss auf deren Zufriedenheit und Glücksempfinden nehmen. Ruckriegel (2012) kennzeichnet gute Führungspersönlichkeiten folgendermaßen:

Anreize durch Führung

- Interesse am Wohlergehen ihrer Mitarbeiter zeigen,
- Informationen teilen und regelmäßiges Leistungs-Feedback geben,
- die Weiterbildung der einzelnen Mitarbeiter fördern,
- ihre Vorbildfunktion wahrnehmen,
- Entscheidungsspielräume schaffen,
- die Teamarbeit sowie ein gutes Arbeitsklima fördern,
- Fairness zeigen
- und Anerkennung geben.

Abhängig von persönlichen Präferenzen des Vorgesetzten, aber auch von der Unternehmens- und der Landeskultur variiert etwa die Einbindung der Mitarbeiter auf der Führungsebene. Während das Einbinden von Mitarbeitern in die Entscheidungsfindung generell in leistungsbezogenen und von der Individualisierung geprägten Ländern verbreitet ist, bevorzugen asiatische Länder eine weniger partizipative Führung (Dorfman et al., 2012). Auch andere Forscher sind der Ansicht, dass eine größere Einbindung der Mitarbeiter sowie mehr Eigenverantwortung die Arbeitszufriedenheit durchaus stärken, die Leistungsbereitschaft erhöhen und den Unternehmenserfolg begünstigen (Lam et al., 2002; Kim, 2002).

Ein Konzept, das hier ansetzt, ist die stärkenorientierte Führung. Diese unterstellt, dass der größtmögliche Spielraum für eine Leistungssteigerung in der Förderung der Stärken der Mitarbeiter liegt. Mitarbeiter, die sich ihrer Stärken bewusst sind und diese im Arbeitsalltag einsetzen, sind eher dazu in der Lage, auch ihre Schwächen und mögliche

Fehler selbst zu erkennen und damit umzugehen (Scholz et al., 2014). Immer mehr Führungspersonen versuchen nicht mehr ihre Mitarbeiter in feste Stellenprofile hineinzudrücken, sondern das Arbeits- und Aufgabengebiet an ihren Stärken auszurichten. Dies hat Auswirkung auf die Unternehmensperformance. Unternehmen, die stärkenorientiert führen, sind produktiver, rentabler und haben eine geringere Fluktuation. Daten zeigen, dass stärkenorientierte Teams eine um 12,5 Prozent höhere Produktivität haben und darüber hinaus qualitativ bessere Arbeitsergebnisse erbringen. Das Arbeiten nach individuellen Stärken führt dazu, dass Mitarbeiter mehr Energie haben, sich ausgeruhter fühlen, glücklicher sind und besser lernen, denn die Nutzung eigener Stärken hat Auswirkungen auf das Ausmaß negativer Emotionen. Je mehr Stunden Menschen am Tag ihre Stärken einsetzen können, desto weniger berichten sie von Sorgen, Stress, Wut oder Traurigkeit, wenn sie nach ihrem Wohlbefinden am Vortrag befragt werden (Sorenson, 2014). Jedoch haben gemäß einer Gallup Studie (Buckingham/Clifton, 2007) mit 1,7 Millionen Befragten aus 63 Ländern lediglich 20 Prozent der Mitarbeiter das Gefühl, sie können jeden Tag das tun, was sie am besten können.

Lösungsansätze liegen vor allem in der Entwicklung von Auswahl-, Leistungsmanagement- und Personalentwicklungssystemen, die auf Stärken basieren. Im Arbeitsalltag sollten eher Ergebnisse anstatt starrer Vorgehensweisen vorgegeben werden. Somit haben Mitarbeiter einen Spielraum, um ihre Talente einzusetzen. Weiterhin sollte die Personalentwicklung nicht darauf abzielen, Schwächen zu verbessern, sondern Stärken auszubauen (Buckingham/Clifton, 2007). Das Erstellen von individuellen Stärkenprofilen durch Selbst- und Fremdeinschätzung oder auch stärkenorientierte Zielvereinbarungen können hier unterstützen.

Neben der stärkenorientierten Führung ist eine gelebte Vertrauenskultur in Zeiten von Digitalisierung und zunehmender Komplexität ein wichtiger Wettbewerbsvorteil (Enste et al., 2018). Vertrauen ist eine Grundlage für erfolgreiche Zusammenarbeit. Wenn hingegen Kontrollen und Compliance die Kultur eines Unternehmens bestimmen, sinken die Zufriedenheit und Motivation der Mitarbeiter und Konflikte mit Vorgesetzten sind häufiger. Eine Auswertung mit Daten des SOEP zeigt, dass Vertrauen statt Kontrolle mit weniger Konflikten zwischen Mitarbeitern und Vorgesetzten einhergeht und damit insgesamt bessere Bedingungen am Arbeitsplatz herrschen. Lediglich 13 Prozent der Arbeitnehmer, die keinen strengen Kontrollen ausgesetzt sind, berichten von Ärger oder Konflikten mit ihren Vorgesetzten. Werden die Mitarbeiter jedoch eng kontrolliert und gibt es zahlreiche Regulierungen, dann steigt auch das Konfliktpotenzial. 32 Prozent der stark kontrollierten Arbeitnehmer – also mehr als doppelt so viele wie diejenigen, ohne hohe Kontrolle – haben Konflikte mit der Führungskraft. Es ist zwar denkbar, dass die Konflikte bereits bestanden, bevor die Kontrollen eingeführt wurden. Allerdings könnte dies auch ein Hinweis auf einen sich selbstverstärkenden Zirkel aus Kontrollen, Konflikten, Misstrauen, Unzufriedenheit, Leistungsdefiziten und Kontrollen sein. Denn auch die Arbeitszufriedenheit leidet unter Kontrollen: Weniger als die Hälfte der Arbeitnehmer ist mit ihrer Arbeit zufrieden, wenn sie strengen Kontrollen ausgesetzt sind.

Es herrscht Konsens darüber, dass der Führungsstil immer abhängig von den Rahmenbedingungen ist, die in der Branche, dem Unternehmen oder der Abteilung gegeben sind. Allerdings macht es der globale Wandel durch den Einfluss der Megatrends notwendig, Führungskonzepte mehr an den Bedürfnissen der Mitarbeiter auszurichten. Hierzu gehört unter anderem auch die Flexibilisierung von Arbeitszeiten durch Gleitzeit, Vertrauensarbeitszeit oder verschiedene Arbeitszeitkonten. Dies erhöht die Work-Life-Balance, Vereinbarkeit von Familie und Beruf, soziale Aktivitäten und Selbstbestimmtheit. In Kapitel 9 wurde gezeigt, dass Autonomie positiv auf die Zufriedenheit wirkt. Dazu gehört auch, die Identifikation der Mitarbeiter mit dem Unternehmen zu erhöhen. Stimmen die Wertvorstellungen des Individuums mit denen der Organisation überein, erhöht dies die persönliche Einsatzbereitschaft (Rehwaldt, 2019). Integre Führung gewinnt hier an Bedeutung, die neben ökonomischen auch soziale Interessen berücksichtigt und moralischen Standards gerecht wird (Enste/Wildner, 2015).

Nicht nur der Führungsstil, auch soziale Beziehungen bzw. das Verhältnis der Kollegen untereinander beeinflussen sowohl die Zufriedenheit als auch die Produktivität von Teams. Wie die Ergebnisse der Experience Sampling Methode zeigten, verbringen Menschen die meiste Zeit mit Kollegen, durchschnittlich 5,7 Stunden am Tag (Kapitel 7.2). Ist diese Zeit geprägt von negativen Einflüssen, leidet hierunter die Zufriedenheit und in Folge das Engagement in der Rolle des Mitarbeiters. Die richtige Teamzusammenstellung wird somit zum Einflussfaktor auf den Erfolg, denn der Unterschied zwischen einer Arbeitsgruppe und einem richtigen Team liegt in der Leistungsfähigkeit. Für den Erfolg dürfen nicht nur fachliche Kriterien herangezogen werden. Interessieren sich die Teammitglieder nicht füreinander und interagieren sie nur, weil der Zweck es verlangt, wird es problematisch, denn positive Interaktion kann die Aufgabenerfüllung erleichtern. Negative Emotionen hingegen führen zu Abweichungen vom Handlungsziel (Angehrn,

Anreize durch Teamzusammenstellung

2004). Es lassen sich Bedingungen herausstellen, unter denen die Interaktion in Teams als positiv empfunden wird. Hierzu gehört, dass eine weitgehende Ähnlichkeit von Einstellungen besteht, die Teammitglieder sich untereinander positiv bewerten, sie sich gegenseitig beim Erreichen der Ziele unterstützen und dass allgemein ein positives Arbeitsklima besteht (Vroom, 1964; Angehrn, 2004). Darüber hinaus belegen Studien eine negative Korrelation zwischen positiven Affekten im Team und Absentismus (George, 1990).

Teams bestehen jedoch zumeist aus Menschen mit unterschiedlichen Stärken, Schwächen, Ansichten, Erwartungen und Arbeitsweisen, die erst zusammenfinden müssen. Teambuilding-Maßnahmen unterstützen diesen Prozess. Diese müssen nicht unbedingt aus Events bestehen. Auch Kaffeepausen oder gemeinsame Mittagessen fördern die informelle Kommunikation und dienen der Beziehungspflege (Angehrn, 2004).

Gesundheits-
management

Gesundheit wirkt positiv auf Lebenszufriedenheit. Arbeitsbedingungen werden häufig als Grund für psychisch bedingte Krankheiten angebracht. Für Unternehmen bedeutet dies wiederum steigende Fehlzeiten, Produktivitätsausfälle und hohe Kosten. Unternehmen, die die Gesundheit ihrer Mitarbeiter beachten, profitieren von Zusammenhängen mit dem Unternehmenserfolg, der Arbeitszufriedenheit, dem Wohlbefinden und dem Engagement (Struhs-Wehr, 2017). Sowohl Arbeitnehmer als auch Arbeitgeber profitieren also von gesundheitsfördernden Arbeitsbedingungen. In vielen Unternehmen wird daher ein betriebliches Gesundheitsmanagement implementiert. Dieses umfasst Bausteine wie Fitness- und Entspannungsangebote. Durch verschiedene Maßnahmen wird die Gesundheit, die Qualität der Arbeit und damit der Unternehmenserfolg verbessert, wie Studien aus unterschiedlichen Bereichen zeigen. Sie belegen zum Beispiel, dass Gesundheitskosten langfristig gesenkt werden. Eine Studie eines US-amerikanischen Unternehmens konnte durch die Implementierung eines umfassenden Programms eine jährliche Ersparnis pro Mitarbeiter von rund 560 US-Dollar nachweisen (Henke et al., 2011). Maßnahmen, die sich nicht auf die Prävention, sondern auf körperliche Aktivität der Mitarbeiter beziehen, steigern sogar die kognitive Leistungsfähigkeit. Der Effekt ist nicht nur kurz- sondern auch langfristig feststellbar, indem sich Aufmerksamkeit, Lernen und Gedächtnis verbessern, wodurch Fehler reduziert werden (Ratey/Loehr, 2011). Es lohnt sich also generell für Unternehmen in Zeiten des Fachkräftemangels in die Gesundheit ihrer Mitarbeiter zu investieren.

Stakeholderma-
nagement und CSR

Unternehmen können auch außerhalb ihrer eigenen Grenzen positiv auf das allgemeine Glück einwirken. Maßnahmen wie ein erfolgreiches Stakeholdermanagement und Corporate Social Responsibility (CSR) fördern nicht nur die Wirtschaftlichkeit des Unternehmens selbst, sondern auch die Lebensqualität der Stakeholder (Gemeinden, Kunden, Zulieferer, Shareholder etc.). CSR oder sogenanntes Bürgerschaftliches Engagement kann auf verschiedenste Weise betrieben werden. Eine mögliche Definition liefert der Erste Engagementbericht des Bundesministeriums 2012, der besagt, dass darunter die „freiwillige Mitverantwortung [der Unternehmen] im und für den öffentlichen Raum" zu verstehen sei. Es könne sich in „kontinuierlichen Leistungen, Innovationen und Problemlösungen ausdrücken, mit denen primär kein finanzieller Nutzen angestrebt wird" (Bundesministerium für Familie, Senioren, Frauen und Jugend, 2012, 10). Die Kunden erwarten von Unternehmen zunehmend, dass sie sich auch außerhalb ihrer regulären Geschäftsaktivitäten für die Gesellschaft engagieren. Sie sollen auch außerhalb des Kerngeschäfts Interesse an Umweltschutz, Wohlstand oder ähnlichen gemeinnützigen Themenfelder zeigen. Auf Unternehmensseite führt dies ebenfalls zu Vorteilen, indem nicht nur Aufmerksamkeit geweckt wird, sondern gleichermaßen Reputation aufgebaut und Umsätze erhöht werden können.

Insbesondere durch die Digitalisierung und die Verbreitung sozialer Medien bleibt unethisches Handeln von Unternehmen nur noch selten unbemerkt und rückt in den Fokus der Öffentlichkeit. Unternehmensskandale erhöhen in der Gesellschaft das Verlangen nach mehr Transparenz, Kontrollen und Engagement. Unternehmen stehen verstärkt vor der Herausforderung, ihren Kunden einerseits preiswerte und innovative Produkte bzw. Dienstleistungen zu bieten, andererseits aber auch fair und ethisch zu handeln, was häufig kurzfristig mit höheren Kosten verbunden ist (Enste/Tschörner, 2016). Ethische Führung kann einen Beitrag leisten, dieses Dilemma zu überwinden, wie auch eine Studie zur Auswirkung auf das Kundenverhalten belegt. In dieser konnte nachgewiesen werden, dass Kunden Hinweise auf ethische Führung als Bezugspunkte bei der Bildung von Kaufentscheidungen nutzen, also ob der Kauf eines Produktes moralisch vertretbar ist. Führung findet daher nicht mehr nur nach innen statt, sondern kann zunehmend auch einen Einfluss auf das Kundenverhalten haben. Die Macht der Konsumenten wirkt unter Umständen bis ins Unternehmen hinein (van Quaquebeke et al., 2017).

Das Glück und die Zufriedenheit der Mitarbeiter im Unternehmen sind heute keine weichen, optionalen Faktoren mehr. Durch die gesellschaftliche Entwicklung gewinnt das Individuum an Bedeutung. Die reine Shareholder-Orientierung wird zunehmend kritisiert. Unternehmen sollten sich dieser Entwicklung nicht nur öffnen, sondern diese in der Unternehmenskultur verankern und mit passenden Maßnahmen fördern, um so ihren Beitrag zu Wachstum und Wohlbefinden zu leisten – ganz im eigenen Unternehmensinteresse.

10.3 Mikroebene
Welche Schlüsse kann das Individuum aus der Glücksforschung ziehen?

Die Lebens-philosophie
Im Laufe der Zeit haben gesellschaftliche Veränderungen der Weltanschauungen in Richtung des Individualismus den Glücksbegriff nicht nur geformt, sondern wie Hossenfelder (2010) es beschreibt, zu einer „leeren Hülle" gemacht. Eine wichtige Schlussfolgerung, die sich aus seiner Erkenntnis für ein Individuum ableiten lässt, ist die folgende: Die Formulierung eines persönlichen Glücksbegriffs beinhaltet zugleich auch eine Weltanschauung. Zustände, die in der eigenen Weltdeutung gewollt sind und gleichzeitig als positiv empfunden werden, können glücklich machen. Die Vorstellungen von Glück wandeln sich demnach mit dem Geistesstand der Zeit, ihrer Systeme, Werte, Erkenntnisse und Wünsche. Dies führt dazu, dass Glücksvorstellungen zwischen Kulturkreisen, Alters- oder Interessengruppen variieren.

Um das persönliche Glück zu konkretisieren, muss in einer individualisierten Zeit jeder für sich entscheiden, an was er glaubt, was ihm wichtig ist und was er erreichen möchte. Jeder Einzelne muss sozusagen zunächst seine eigene Weltanschauung und damit verbunden, seinen eigenen Glücksbegriff definieren (Kapitel 2), um den Zustand des Glücklichseins anstreben zu können. Ein Gedankenexperiment kann helfen, die persönlichen Werte zu entdecken und die richtigen Weichen zu stellen, um zu einem gelingenden Leben zu finden.

Ein Gedankenexperiment
Stellen Sie sich vor, Sie fahren zur Beerdigung einer geliebten Person. Vor Ihrem geistigen Auge sehen Sie sich zur Beerdigungsandacht fahren. Sie parken und betreten das Gebäude. Während Sie den Gang hinabgehen nehmen Sie die Blumen und die seichte Orgelmusik wahr und sehen die Gesichter von Familienangehörigen und Freunden. Sie können den Schmerz des Verlustes der Anwesenden spüren, der in der Luft liegt. Als Sie am Anfang des Raumes angekommen sind und in den Sarg blicken, stehen Sie plötzlich Angesicht zu Angesicht mit sich selbst. Dies ist Ihr Begräbnis, heute in drei Jahren. All diese Leute sind zu Ihren Ehren hier, um ihre Anteilnahme, ihre Liebe und Dankbarkeit für Sie auszudrücken. Während Sie sich hinsetzen und auf den Beginn der Zeremonie warten, blicken Sie in das Programm in Ihren Händen. Vier Redner sind gelistet. Der erste ist ein Vertreter aus Ihrer Verwandtschaft, aus der engeren oder auch aus der

entfernteren – Kinder, Brüder, Schwestern, Nichten, Neffen, Onkel, Tanten, Cousins und Cousinen und Großeltern, die aus dem ganzen Land gekommen sind, um dem Begräbnis beizuwohnen.

Der zweite Redner ist einer Ihrer Freunde, jemand, der einen Eindruck davon geben kann, was für eine Person sie Sie waren. Der dritte Redner ist ein Arbeitskollege. Der vierte Redner schließlich ist aus Ihrer Kirche, Gemeinde oder gemeinnützigen Organisation, in der Sie tätig waren.

Nun denken Sie einmal ernsthaft nach: Was wünschen Sie sich, was diese Redner über Sie und Ihr Leben sagen? Als welche Art Ehemann, Ehefrau, Vater oder Mutter möchten Sie gerne in den Worten der Redner beschrieben werden? Was für ein Sohn, welche Tochter oder was für ein Vater oder eine Mutter möchten Sie gewesen sein? Welche Art Freund oder welche Art Arbeitskollege soll in den Reden reflektiert werden?

Was für einen Charakter hätten Sie gerne von den Rednern in Ihnen gesehen? Welche Ihrer Beiträge und Erfolge sollen Sie in Erinnerung rufen? Schauen Sie sich die Leute um Sie herum genau an. Welche Bedeutung hätten Sie gerne in Ihrem Leben gehabt?

Übersetzung in Anlehnung an (Covey, 2004)

Je deutlicher man im „Begräbnis-Szenario" formulieren kann, was einem wichtig ist, desto einfacher ist es, klare Prioritäten zu setzen. Vereinfacht dargestellt sind Dinge, an die man in der eigenen Begräbnisrede nicht denken würde, womöglich bedeutungslos für das eigene Glück und daher kaum wert, verfolgt zu werden (Covey, 2004). Doch auch ein stetes Festhalten an einmal formulierten Präferenzen ist nicht zielführend, da sich Präferenzen ändern. Mit der steigenden Zahl positiver und negativer Erfahrungen wird der Mensch sich seiner selbst bewusster und sicherer. Auch wenn die Formulierung einer Lebensphilosophie, wie es im Begräbnis-Szenario vorgeschlagen wird, noch keineswegs umfassend oder vollständig ist, so kann sie doch zeigen, welche Aspekte und glücksbestimmenden Faktoren für den eigenen Lebensweg grundsätzlich wichtig sind.

Mit diesem Ansatz könnte es im Prinzip sehr einfach sein, ein glückliches Leben zu führen oder zumindest seine Ressourcen zielführend einzusetzen. Allerdings kommt das Glück meist eher überraschend. Insbesondere unerwartete Ereignisse machen den Menschen glücklich. Dabei begünstigt ein extrovertiertes, offenes und wenig neurotisches Wesen ein glückliches und entspanntes Leben (siehe Big Five-Persönlichkeitsmerkmale; Kapitel 5). Ein simples Beispiel ist das Upgrading bei einer Flugreise. Derjenige, der gewohnheitsmäßig ein Ticket für die Business Class bucht, beschwert sich durchaus über Dinge, die nicht seinen Ansprüchen und Erwartungen entsprechen. Derjenige allerdings, der überraschend ein Upgrade von der Economy Class in die Business Class erhält, kann sein Glück kaum fassen. Das

Glück kommt oft überraschend

Ereignis trifft ihn unerwartet und ist nicht alltäglich. Viele Menschen sehen hingegen ihr Glück in der Zukunft oder in großen zu erwartenden Ereignissen, wie einer Hochzeit, einer Beförderung oder dem Kauf eines Eigenheims. Allerdings ist es die Kombination aus kurzfristigen Glücksmomenten (Flow) und längerfristigem Glück (Grow), das zu nachhaltigem Glück wird (Glow).

Glück ist mehr als Konsum und Macht
Langfristiges Glück erlangt man nicht durch Konsum und Statusstreben, wie die negativen Korrelationen von Lebenszufriedenheit und Materialismus belegen (Kapitel 6.2). Im Gegenteil: Durch übermäßigen Konsum gelangen die Menschen in die hedonische Tretmühle. Im ersten Moment macht das neue Auto glücklich. Dann tritt jedoch ein Gewöhnungseffekt ein und es muss etwas neues, besseres konsumiert werden. Ähnlich verhält es sich auch mit der Bildung. Einerseits macht sie bzw. ihre Folgen glücklicher, jedoch führt sie ebenso zu einer größeren Erwartungshaltung für zukünftige Ziele, die Karriere und den sozialen Status. Doch auch Geld, das man mit Bildung und Karriere zu vermehren versucht, macht nur bis zu einer bestimmten Grenze glücklich. Vielmehr besteht Glück zunächst darin, dass es einem selbst sowie der Familie an nichts mangelt und Grundbedürfnisse befriedigt werden können. Sorgen um Nahrung und Behausung behindern Glücksgefühle. Doch sind diese Bedürfnisse befriedigt, gilt die besondere Wertschätzung der Dinge, die rar und somit oft teuer sind. Um sich dies leisten zu können, streben die Menschen ein hohes Einkommen an. Allerdings sind Menschen, die ideelle Ziele verfolgen, erwiesenermaßen meist glücklicher als die, die materiellen Zielen entgegenstreben (Frey, 2018). Wichtiger ist daher das Erzeugen von Erlebnissen, beispielsweise durch Reisen oder Sport, mittels derer die Konsumspirale überwunden werden kann. Auch soziale Beziehungen sind ein bedeutender Faktor. Menschen sind am glücklichsten, wenn sie mit den Menschen zusammen sein können, die sie lieben. Freundschaften, feste Partnerschaften und Ehen fördern das Glück (Kapitel 7). Dieses Glück kann zum Beispiel noch durch eine Beteiligung an gemeindezugehörigen Aktionen oder durch Freiwilligenarbeit gestärkt werden. Dazu zählt auch, Reziprozität zu lernen, dem anderen nicht schaden zu wollen, und auf die Festigung des persönlichen, sozialen Netzwerkes zu setzen.

Glück ist ein erstrebenswertes Ziel
Dass persönliches Glück ein erstrebenswertes Ziel im Leben eines Menschen darstellt, ist selbsterklärend. Lyubomirsky, Sheldon und Schkade (2005) stellten fest, dass in der Summe ein glücklicher Mensch sowohl nach innen als auch nach außen mehr „aufblüht". Das sogenannte „flourishing" („aufblühen", „glow") wird oftmals dem negativ

behafteten „languishing" („dahindümpeln") gegenübergestellt. Fredrickson (1998) definierte innerhalb seiner Broaden-and-Build-Theorie die beiden Begriffe in folgender Art und Weise: Während languishing in der Regel mit einem Gefühl der inneren Leere, häufig mit Depressionen und negativen Emotionen einhergeht, wird flourishing mit geistiger Gesundheit, Kreativität, der Anwendung lösungsorientierter Strategien sowie ausgeprägten sozialen Beziehungen verbunden. Die Theorie basiert auf der grundlegenden Annahme, dass positive Emotionen andere Faktoren wie die physische Gesundheit, die Fähigkeit zur Kontrolle der eigenen Gefühle und den Aufbau sozialer Netzwerke begünstigen können. Dies beeinflusst wiederum das Selbstwertgefühl, die eigene Entwicklung und die Lebenszufriedenheit auf positive Weise.

Vieles im Leben hängt von Glück ab. Das Glück ist wie eine Lotterie, die bestimmt, mit welchen Genen der Mensch ausgestattet ist, wie und wo er aufwächst und welche Schicksalsschläge bewältigt werden müssen (Beck/Prinz, 2017). Die Art und Weise allerdings, mit diesen Voraussetzungen umzugehen, ist individuell und beeinflussbar. Durch diesen Optimismus und positive Psychologie lässt sich das Glücksempfinden und die Zufriedenheit steigern (Ruckriegel, 2010). Die Positive Psychologie betrachtet die gelingenden Aspekte des Lebens, die mit einer Verbesserung der Lebensqualität einhergehen. Sie fokussiert Aspekte, die das Leben lebenswert machen, wie Wohlbefinden, Zufriedenheit, Hoffnung, Optimismus und Glück (Seligman/Csikszentmihalyi, 2000). Sheldon und King (2001) beschreiben sie als das wissenschaftliche Studium gewöhnlicher menschlicher Stärken und Tugenden. Es gilt herauszufinden, was funktioniert und was richtig ist. Sie sei die Erklärung dafür, dass es den meisten Menschen trotz aller Schwierigkeiten gelingt, ein Leben in Würde und Sinn zu führen. Die Positive Psychologie will – im Gegensatz zur klinischen Psychologie – nicht im Nachhinein einen unglücklichen Menschen heilen, sondern bereits im Vorhinein durch positive Einstellungen und Aktivitäten den Menschen vor dem unglücklich werden bewahren. Studien haben gezeigt, dass Menschen glücklicher sind, wenn sie nach Erfolg streben anstatt zu versuchen, scheitern zu vermeiden (Elliot/Sheldon, 1997). Vor allem die Besinnung auf die eigenen Stärken ist wichtig. Dieses sogenannte „Pinguin-Prinzip" beschreibt Eckhart von Hirschhausen (2009). Er weist – ähnlich wie die Positive Psychologie – darauf hin, dass man vielmehr seine eigenen Fähigkeiten und Angepasstheiten an die Umwelt sehen sollte, anstatt all das, was man nicht kann.

Positive Psychologie

Das Pinguin Prinzip

(…) Ich ging in einen norwegischen Zoo. Und dort sah ich einen Pinguin auf seinem Felsen stehen. Ich hatte Mitleid: „Musst du auch Smoking tragen? Wo ist eigentlich deine Taille? Und vor allem: Hat Gott bei dir die Knie vergessen?" Mein Urteil stand fest: Fehlkonstruktion.

Dann sah ich noch einmal durch eine Glasscheibe in das Schwimmbecken der Pinguine. Und da sprang „mein" Pinguin ins Wasser, schwamm dicht vor mein Gesicht. Wer je Pinguine unter Wasser gesehen hat, dem fällt nix mehr ein. Er war in seinem Element! Ein Pinguin ist zehnmal windschnittiger als ein Porsche! Mit einem Liter Sprit käme der umgerechnet über 2500 km weit! Sie sind hervorragende Schwimmer, Jäger, Wasser-Tänzer! Und ich dachte: „Fehlkonstruktion!"

Diese Begegnung hat mich zwei Dinge gelehrt. Erstens: Wie schnell ich oft urteile, und wie ich damit komplett danebenliegen kann. Und zweitens: Wie wichtig das Umfeld ist, ob das, was man gut kann, überhaupt zum Tragen kommt.

Wir alle haben unsere Stärken, haben unsere Schwächen. Viele strengen sich ewig an, Macken auszubügeln. Verbessert man seine Schwächen, wird man maximal mittelmäßig. Stärkt man seine Stärken, wird man einzigartig. Und wer nicht so ist wie die anderen, sei getrost: Andere gibt es schon genug! (…)

Menschen ändern sich nur selten komplett und grundsätzlich. Wenn Du als Pinguin geboren wurdest, machen auch sieben Jahre Psychotherapie aus Dir keine Giraffe. Also nicht lange hadern: Bleib als Pinguin nicht in der Steppe. Mach kleine Schritte und finde Dein Wasser. Und dann: Spring! Und schwimm! Und Du wirst wissen, wie es ist, in Deinem Element zu sein.

(Hirschhausen, 2012)

Lyubomirsky (2001) fand heraus, dass glückliche und unglückliche Menschen sich vor allem in ihrem Denken unterscheiden, konkret in ihren kognitiven, bewertenden und motivierenden Strategien. Diejenigen, denen es gelingt im Sinne der Positiven Psychologie eine optimistische Betrachtungsweise anzuwenden, sind im Schnitt glücklicher.

Persönliche Ziele und Sinnhaftigkeit

Neben einer positiven Lebenseinstellung sind persönliche Ziele im Hinblick auf Glück von entscheidender Bedeutung (Ruckriegel, 2010). Dies wurde bereits anhand des Konzepts von Grow und Flow verdeutlicht (Kapitel 2.3). Um langfristiges Wohlergehen zu erreichen, müssen Ziele gesteckt und verfolgt werden (Grow). Dabei muss allerdings die Balance zwischen Grow und Flow-Momenten angestrebt werden, indem kurzfristiges Vergnügen und langfristige Erfolge, Sinn und Amüsement in Einklang gebracht werden. Welche Faktoren dabei konkret glücklich machen, variiert von Mensch zu Mensch. Die Glücksforschung, die hier auf verschiedenen Ebenen beleuchtet wurde, gibt zahlreiche Aufschlüsse darüber, welche Faktoren zum persönlichen Glück beitragen können. Jan Delhey spricht beispielsweise von einer sogenannten Glücksformel, die für jedes Individuum gleichermaßen gelte. Glück setze sich demnach aus „Haben, Lieben und Sein" zusammen. Solange eine Kombination aus materiellem Besitz, Freunden und geliebten Menschen sowie einer Sinnhaftigkeit des Lebens vorläge, könne der Mensch glücklich werden. In welchem Ausmaß der Einzelne die jeweiligen Faktoren dieses sogenannten Glücksdreiecks anstrebt, hängt vom Individuum ab, so Delhey (2017). Der eine mag eher materialistisch erzogen worden sein oder eine große Karriere anstreben, während der andere sein Glück im sozialen Engagement oder der Familienplanung sieht.

Ein Forscherteam von deutschen und US-amerikanischen Psychologen um Hofmann (2014) von der University of Chicago belegt, dass auch Selbstdisziplin einen maßgeblichen Anteil am persönlichen Glück hat. Wer in der Lage ist, sich besser zu kontrollieren, ist glücklicher. Kurzfristigen, spontanen Versuchungen zu widerstehen kann helfen, langfristig – entsprechend des Flow-Grow-Konzepts – zu wachsen und auf lange Sicht glücklicher zu werden. Eine über 40 Jahre andauernde Langzeitstudie (Caspi et al., 2013) mit 1.000 Teilnehmern ergab darüber hinaus, dass bereits Selbstkontrolle in der Kindheit mit Erfolg im Erwachsenenalter zusammenhängt. Die Studie zeigt, dass Kinder, die früh Schwierigkeiten mit ihrer Selbstkontrolle aufwiesen, später eher unter schlechterer Gesundheit und Drogenmissbrauch leiden, eher finanzielle Schwierigkeiten haben sowie in Kriminalität rutschen. Außerdem wurde ein starker Zusammenhang von Selbstkontrolle mit dem Wohlbefinden im Erwachsenenalter nachgewiesen. Dabei war es unerheblich, ob die Menschen eine hohe oder niedrige Intelligenz haben und ob sie in gehobenen oder ärmlichen Verhältnissen aufwachsen. Das bedeutet allerdings nicht, dass nur Menschen mit großer Selbstkontrolle glücklich werden können. Vielmehr besteht für Menschen mit geringer Selbstbeherrschung die Kunst darin, Situationen zu vermeiden, die eine enorme Selbstkontrolle erfordern und somit auf geschickte Weise mögliche Versuchungen zu umgehen (Hofmann et al., 2014).

Selbstkontrolle

Fähigkeit zur Selbstkontrolle

Cheung et al. (2014) untersuchten den Einfluss der Fähigkeit zur Selbstkontrolle auf das Glück eines Menschen in einem Experiment mit 545 Internetbenutzern aus Deutschland. Die Versuchsteilnehmer waren im Schnitt 27,5 Jahre alt. Bei etwa 66 Prozent handelte es sich um Frauen. Der Untersuchung dienten drei verschiedene Messweisen. Zum einen sollten die Teilnehmer auf einer sogenannten „Selfcontrol scale" nach Finkeauer, Engels und Baumeister (Finkenauer et al., 2005) elf verschiedenen Aussagen einen Wert von 1 (vollkommen unzutreffend) bis 5 (vollkommen zutreffend) zuschreiben. Unter anderem wurden die folgenden

Aussagen abgefragt: „I am good at resisting temptations", „I am lazy". Je höher der Durchschnittswert aller Posten, desto höher – so folgerten die Versuchslei-ter – die Fähigkeit zur Selbstkontrolle der jeweiligen Person.

Anhand eines Fragebogens wurde außerdem der „Regulatory Focus", im weites-ten Sinne das Maß an Selbstregulierung und Konzentration, untersucht. Dieser wiederum war geteilt in zwei Subskalen. Die eine sollte Aufschluss über den An-trieb eines Menschen (promotion focus) geben und die andere sollte Erkenntnis-se zu dessen Maß an Verdrängung (prevention focus) liefern. Dazu stuften die Probanden 18 Aussagen auf einer Skala von 1 (trifft gar nicht auf mich zu) bis 9 (trifft vollständig auf mich zu) ein. Sie bewerteten unter anderem die Aussagen „I frequently imagine how I will achieve my hopes and aspirations", „I frequently think about how I will prevent failures in my life." Je höher der Wert, der sich durchschnittlich aus den beiden Skalen ergab, desto höher die Konzentration und die Fähigkeit fokussiert bei einer Sache zu bleiben („good internal consis-tency").

Die dritte Größe, die in dem Experiment abgefragt wurde, war das subjekti-ve Glücksempfinden jedes Einzelnen, gemessen anhand der Subjective Happi-ness Scale nach Lyubormirsky und Lepper (1999). Sätze wie „In general, I con-sider myself..." wurden auf einer 5-Punkte-Skala (1 = not a very happy person, 5 = a very happy person) eingeordnet. Aus dem Durchschnitt der Werte ergab sich wie glücklich jeder Einzelne nach eigener Einschätzung war.

Das Ergebnis des Experiments zeigt einen signifikanten, direkten Effekt von aus-geprägter Selbstkontrolle auf individuelles Glück.

Der US-amerikanische Sozialpsychologe Roy Baumeister (1998) be-schreibt die Fähigkeit zur Selbstkontrolle als Muskel, der wie ein Kör-permuskel durch Gebrauch und vor allem bei zu großer Belastung ermüdet. Damit sei die menschliche Willenskraft begrenzt. Kritiker zweifeln diese These an. So sind die Psychologen Job, Dweck und Walton (2010) der Ansicht, der Mensch hätte mehr Selbstkontrolle als Studien belegen. In einem Experiment fanden sie heraus, dass je stärker ausgeprägt der Glaube an die Begrenzung der Willenskraft ist, desto schneller sind Menschen auch außerhalb von Laborbedingungen bei zusätzlichen Anforderungen erschöpft (Nuber, 2012). Dementspre-chend sei nicht etwa ein Mangel an Selbstdisziplin, sondern die eigene innere Haltung verantwortlich für die Erschöpfung.

Die eigene Selbsteinschätzung
Anhand vier verschiedener Studien belegten Veronika Job et al. (2010) ihre The-se zum Einfluss der eigenen Selbsteinschätzung auf die Selbstkontrolle. In einem Experiment wurden 60 Studenten Fragebögen ausgehändigt. Auf einer Skala von 1 (stimme zu) bis 6 (stimme nicht zu) sollten sie angeben, inwieweit sie Aussagen zur Selbstdisziplin eines Menschen für richtig hielten. So wurden beispielsweise Thesen wie „Nach einer anstrengenden Aufgabe ist Ihre Energie erschöpft, und Sie müssen sich ausruhen, um Ihre Batterien wieder aufzuladen" oder „Ihre geis-

tige Energie regeneriert sich selbst" bewertet. Im Anschluss sollten die Studenten in einem anderen Test fünf Minuten lang alle „e" in einem Text anstreichen. Als es danach darum ging, dieselbe Aufgabe für einen zweiten Text durchzuführen, teilten die Forscher die Gruppe. Für die eine Hälfte der Probanden änderte sich nichts, während die andere Hälfte nicht mehr alle „e" anstreichen sollte, sondern dabei einer komplexen Regel folgen und damit einer sehr viel anstrengenderen Aufgabe nachgehen musste.

Ein anderes Experiment der Forscher bestand in dem gängigen Standardtest bei der Erforschung von Selbstdisziplin: dem sogenannten Strooptest. Dabei werden Farben als Wörter („grün", „gelb", „blau" etc.) auf einem Bildschirm in der jeweils richtigen Farbe angezeigt und die Teilnehmer gebeten, diese vorzulesen. Anschließend unterscheiden sich die Wörter von der angezeigten Farbe, sodass ein höherer Konzentrationsaufwand erforderlich ist, um die Aufgabe zu lösen. Das gängige Ergebnis dieses Tests zeigt, dass jene Probanden, die sich vorher stärker anstrengen mussten, bei dem Strooptest schlechtere Ergebnisse erzielten. Veronika Job et al. hingegen fanden, dass nur bei jenen Teilnehmern, die ihre Willenskraft als begrenzt einschätzen, die Energie und Konzentration nachließ.

Die Selbstkontrolle wird in der heutigen Zeit durch die wachsenden Konsummöglichkeiten und eine hohe Produktvielfalt strapaziert. Dabei muss sich der Mensch der Existenz der hedonischen Tretmühle bewusst werden: Konsum führt zwar kurzfristig zu mehr Glück, gleichzeitig gewöhnt man sich jedoch schnell an die neuen Besitztümer, wodurch mehr und mehr konsumiert wird, um das Glück aufrecht zu erhalten. Entsprechend des Forecasting Bias überschätzen die Menschen oft die Auswirkungen von Investitionen und Erlebnissen auf das zukünftige Glück. Eine realistischere Erwartungshaltung kann helfen, vorprogrammierte Enttäuschungen zu vermeiden und gleichzeitig, getätigte Investitionen mehr zu genießen.

Bei dem Setzen persönlicher Ziele neigen Menschen dazu, sich mit anderen zu vergleichen. Diese können allerdings Gefühle des Mangels sowie Unzufriedenheit hervorrufen, da das Augenmerk zumeist auf Dinge oder Eigenschaften gerichtet wird, über die man selbst nicht verfügt (Ruckriegel, 2010). Glücklichere Menschen vergleichen die eigene Leistungsperformance weniger mit anderen als unglückliche Menschen es machen. Sie sind damit weniger in soziale Vergleichsprozesse involviert und daher insgesamt zufriedener, denn es gibt immer Menschen, die reicher, schöner oder schlauer sind. Sich davon zu stark beeinflussen zu lassen macht unglücklich (Lyubomirsky/Ross, 1997). Erwiesenermaßen machen gute soziale Netzwerke, eine langjährige Freundschaft sowie eine feste Partnerschaft glücklich (Bormans, 2011). Statt sich mit anderen zu vergleichen, sollte daher vielmehr das soziale Netzwerk gefestigt werden (Ruckriegel, 2010). Auch auf regio-

Soziale Vergleichsprozesse und das soziale Netzwerk

naler Ebene kann soziales Kapital und Vertrauen durch die Nutzung von Maßnahmen der Regierung, zum Beispiel einer Beteiligung oder Mithilfe an Gemeindeaktionen, gefördert oder durch Freiwilligenarbeit gestärkt werden (Buunk/Gibbons, 1997). So verlieren zum Beispiel Wettbewerbssituationen und soziale Vergleichsprozesse ihre Spannung, wenn Kooperation und Zusammenarbeit gestärkt werden. Dazu zählt auch, Reziprozität zu lernen, dem anderen nicht schaden zu wollen, und auf die Festigung des persönlichen, sozialen Netzwerkes zu setzen (Buss, 2000).

Für den Aufbau sozialer Beziehungen ist die emotionale Intelligenz eines Menschen bedeutend, also die Fähigkeit, Gefühle anderer Menschen zu erkennen und das eigene Verhalten darauf anzupassen. Dass dies ein guter Prädiktor für Lebenszufriedenheit ist, fanden Chamorro-Premuzic, Bennett und Furnham (2007) als sie den Einfluss der Persönlichkeit und der emotionalen Intelligenz bei 112 Studierenden untersuchten. Und auch Furnham und Petrides (2003) bestätigen: einen Großteil des individuellen Glücks definiert der Einzelne über seine Fähigkeit, authentische Emotionen zu zeigen und zu kontrollieren. Auf sogenannten Spiegelneuronen beruht Forschern zufolge die Verbundenheit zwischen Menschen, die uns erst zu sozialen Wesen macht. Für Gefühle wie Angst und Zorn, Traurigkeit und Ekel, Scham oder Einsamkeit gilt: Sie sind ansteckend. Was unser Gegenüber fühlt, überträgt sich auch auf uns selbst. Gefühle anderer Menschen können uns also indirekt glücklich oder unglücklich machen. Empathie lässt sich unterdrücken oder gar kurzfristig abschalten, etwa dann, wenn Rachsucht in den Vordergrund rückt. Am Leipziger Max-Planck-Institut wurden bereits einige Versuche gemacht, die prüfen sollen, inwieweit das Mitgefühl beeinflusst werden kann. Das Ergebnis: Es lässt sich schon durch kurzes Training, auf einfache Weise steigern.

Spiegelneuronen
Die Existenz der sogenannten Spiegelneuronen ist erst seit einigen Jahren bekannt und thematisiert. Eine Forschergruppe um den italienischen Neurophysiologen Giacomo Rizolatti entdeckte sie zufällig bei einem Experiment. Dabei wurden Affen Elektroden angebracht, um die neuronale Steuerung ihrer Hände, beispielsweise bei der Futteraufnahme, zu untersuchen. Während des Experiments sah einer der Affen zufällig einem Forscher zu, wie dieser nach neuem Futter für das nächste Experiment griff. Die angeschlossenen Elektroden zeigten, dass dabei dieselben Neuronen aktiviert wurden, die normalerweise aktiv werden, wenn der Affe selbst nach dem Futter greift. Weitere Experimente zeigten, dass bestimmte Gefühle sich also auch dann auslösen lassen, wenn die Person selbst nicht die handelnde/ausführende Kraft ist (Rizzolatti et al., 2008).

Das Individuum kann also sein Glück beeinflussen. Aber welche Auswirkungen hat das Glücklich sein? Es gibt eine Vielzahl an Forschungsergebnissen, die diese Effekte untersuchen.

Glück kann vor Krankheiten schützen und das Leben verlängern (Veenhoven, 2008; Pressman/Cohen, 2005; Horbach, 2008; Diener/Chan, 2011). In Kapitel 4 wurde gezeigt, dass glückliche Menschen geringere Mengen des Stresshormons Kortisol ausschütten und dadurch ein geringeres Risiko für Herzinfarkte, Bluthochdruck und Diabetes haben. Weiterhin wirkt Glück durch soziale Kontakte entzündungshemmend und der Abbau von Stress und Ängsten soll sogar eine Reduktion von aktiven Metastasen-Genen bei Brustkrebspatientinnen unterstützen, unter anderem ebenfalls durch die Abnahme des Kortisolspiegels (Cole et al., 2007; Antoni et al., 2009). Glückliche Menschen leben tendenziell insgesamt gesünder, indem sie viel Sport treiben, weniger Alkohol trinken und seltener rauchen (Diener/Chan, 2011). Guven und Saloumidis (2013) untersuchten den Zusammenhang zwischen Lebenszufriedenheit und Mortalität. Anhand der Daten des SOEP errechneten sie, dass eine zehnprozentige Steigerung der Lebenszufriedenheit mit einem vierprozentigen Rückgang der Sterbewahrscheinlichkeit zusammenhängt. Menschen, die im Alter glücklich sind und eine positive Selbstwahrnehmen haben, leben einer US-amerikanischen Untersuchung zufolge 7,5 Jahre länger. Dies hängt mit dem Lebenswillen zusammen (Levy et al., 2002). Weitere Forscher bestätigen, dass ein glückliches Leben die Lebenserwartung um vier bis zehn Jahre verlängern kann (Beck/Prinz, 2017).

Eine Studie aus dem Jahr 2008 (Yang, 2008) unterstützt diese Thesen ebenfalls und besagt, dass die steigende Lebenserwartung mit den als glücklich eingeschätzten Lebensjahren im Alter zusammenhängt. Als Grundlage hierfür dienten Daten der US-Bevölkerung aus den Jahren 1970, 1980, 1990 und 2000. Gemessen wurde die „Happy Life Expectancy", die Anzahl der Jahre, die ein durchschnittlicher Bürger in einem Land zu einer bestimmten Zeit glücklich lebt. Diese erwarteten Jahre eines glücklichen Lebens nahmen während der drei Jahrzehnte sowohl für Männer als auch für Frauen kontinuierlich zu. Im Alter von 30 Jahren lag der Durchschnitt bei Männern bei 34,8 Jahren in 1970 und im Jahr 2000 bereits bei 41,6 Jahren. Bei Frauen war es ein Anstieg von 40,8 Jahre auf 44,4 Jahre. Insbesondere in den Kategorien sehr glücklich und ziemlich glücklich gab es eine Zunahme. Der allgemeine Anstieg des Glücks trug zu einem Anstieg der glücklichen Lebenserwartung bei. Selbstverständlich gibt es auch Studienergebnisse, die keinen Anstieg der Lebenserwartung durch Glück nachweisen können (Liu et al., 2016).

Gesundheit und Lebenserwartung

Denkfähigkeit   Glückliche Menschen lernen schneller. Emotionen haben einen bedeutenden Einfluss auf das Lernen (Spitzer, 2002). Angst etwa hemmt
kreative Prozesse. Dies ist evolutionär bedingt: Wer in einer Gefahrensi-
tuation, beispielsweise durch den Angriff eines Tieres, lange überlegt,
hat schlechte Überlebenschancen. Angst bewirkt das Anwenden einfacher erlernter Routinen. Durch eine positive Grundstimmung sind
Menschen in ihren Gedanken freier und offener und können somit
besser lernen. Auch die Erinnerungsleistung wird beeinflusst. Neutrale Wörter, die in positiven, negativen oder neutralen Gefühlszusam-
menhängen gespeichert werden, können unterschiedlich abgerufen
werden. Menschen können sich an die Wörter, die in einem positiven
Kontext eingespeichert wurden, am besten erinnern (Spitzer, 2002).
Erk et al. (2003) führten ein ähnliches Experiment mit Bildern durch
und kamen zum selben Schluss, dass Emotionen das Erinnerungsver-
mögen beeinflussen.

Moralisches   Glückliche Menschen handeln moralischer und altruistischer, und
und koopera- das bereits im Kindesalter. In einem Experiment belegten Underwood
tives Handeln et al. (1973) diese These. In diesem wurden Kinder zu einem Hörtest
gebeten, bei welchem sie für die Teilnahme 25 Cent erhielten. Ihnen
wurde gesagt, dass nicht alle Kinder teilnehmen können und dass für
diese Geld gesammelt werden würde. Nach dem Hörtest wurde die eine
Gruppe der Kinder aufgefordert, sich an glückliche Lebensmomente zu
erinnern, die zweite Gruppe an traurige. Beim Verlassen des Raumes
spendeten Kinder der ersten Gruppe drei Mal mehr als die der zweiten
Gruppe.

Nicht nur bei Kindern sind derartige Effekte nachzuweisen. Forgas
und Moylan (1987) untersuchten 1987 die Auswirkung von Stimmungen auf Richterurteile. Die Probanden wurden in einem Experiment direkt im Anschluss an eine Filmvorstellung interviewt. Die Filme vermit-
telten entweder eine überwiegend fröhliche, traurige oder aggressive
Stimmung. Die im Interview gestellten Fragen zielten auf die Themen
politische Urteile, Erwartungen über die Zukunft, Urteile über Verantwortung und Schuld sowie Urteile über die Lebensqualität ab. Es zeigte
sich, dass die Richter positiver, nachsichtiger oder optimistischer ur-
teilten, wenn sie einen fröhlichen Film gesehen hatten.

Die Experimente zeigen, dass moralische Empfindungen als Informationen genutzt werden, auf die bei Handlungen zurückgegriffen
wird. Menschen in guter Stimmung sind allgemein hilfsbereiter, kol-
legialer und kooperativer, wie in verschiedenen Studien sowohl im
privaten als auch im beruflichen Kontext nachgewiesen wurde. Bucher
(2009a) sieht den Grund dafür darin, dass glückliche Menschen oft
empathischer und aufmerksamer für die Bedürfnisse der Menschen in

ihrem Umfeld sind. Umgekehrt sind moralische Menschen auch glücklicher. Schon Aristoteles war der Meinung, dass man durch Tüchtigkeit und Tugendhaftigkeit zum Glück findet. Verschiedene Studien bestätigen, dass eine tugendhafte Einstellung und entsprechendes Verhalten positiv mit Wohlbefinden verknüpft sind. Dies kann durch ein erhöhtes Ansehen in der Gesellschaft, durch Respekt oder Anregung des Belohnungssystems kommen.

Das Streben nach Glück ist populär geworden. Wir leben in einer postmaterialistischen Zeit, in der viele Menschen es sich leisten können, das Glück als wichtigen Bereich für die persönliche Entwicklung zu betrachten. Dabei geht man davon aus, Glück sei der bevorzugte Zustand und das übergeordnete Ziel im Leben. Dabei stellt sich durchaus die Frage, ob es ein optimales Niveau des Glücks gibt (Biswas-Diener/Wiese, 2018). Forscher sind der Meinung, dass Glück, ähnlich wie das Einkommen, über einem bestimmten Level keinen zusätzlichen Ertrag mehr für andere Lebensziele bringt (abnehmender Grenznutzen). Durch Analysen konnte bereits gezeigt werden, dass überaus glückliche Menschen bezüglich enger Beziehungen und Freiwilligenarbeit am erfolgreichsten sind, aber dass diejenigen, die etwas weniger glücklich sind, hinsichtlich Einkommen, Bildung und politischer Partizipation besser abschneiden (Oishi et al., 2007). Insbesondere für Leistungsbereiche gilt also, dass mehr Glück nicht immer besser ist. Eine zu starke Fokussierung auf das Glück ist daher nicht immer empfehlenswert. Das aktive Streben nach Glück kann letztendlich auch unglücklich machen. Oft werden unrealistische Ziele gesetzt, deren Nichterfüllung zu Enttäuschung und Traurigkeit führen (Biswas-Diener/Wiese, 2018). Unersättlich streben wir nach immer mehr, sind geradezu süchtig nach dem Glück, und vergessen dabei oft, innezuhalten und wertzuschätzen, was die Gegenwart bereits beschert hat. Insofern muss man unterscheiden zwischen dem kontraproduktiven „Nachjagen" von Glück und dem Wahrnehmen des schon vorhandenen. Der Philosoph Dieter Thomä sagt in diesem Zusammenhang, der Mensch müsse erkennen, dass er das Glück nicht erschafft, sondern, dass es ihm zuteilwird (Simon, 2011).

In diesem Buch haben wir eine Bilanz der Lebenszufriedenheits- und Glücksforschung zusammengefasst. Wir wollten damit die zahlreichen Einflussfaktoren auf Glück aufzeigen, aber auch deutlich machen, dass ein gewisser Teil des Zufriedenheitsniveaus, wenn überhaupt nur schwer veränderbar ist. Bei dem Teil, den wir täglich in unseren Verhaltensweisen und Entscheidungen beeinflussen können, helfen vielleicht die in diesem Buch zusammengestellten Befunde, die Aussagen für die Mehrheit oder auch den Durchschnittsmenschen treffen. Auch

Schlusswort

Tab. 10.1: Glücks- und Unglücksfaktoren. Quelle: (Raffelhüschen/Schlinkert, 2016)

Rang	Variable	Effekt
Glücksfaktoren		
1	Sehr gute Gesundheit (gegenüber zufriedenstellend)	+0,70
2	Ehe/Partnerschaft (gegenüber Singles)	+0,35/0,34
3	Treffen mit Freunden (wöchentlich gegenüber nie)	+0,25
4	Regelmäßiger Sport (wöchentlich gegenüber nie)	+0,10
5	Eigenheim (gegenüber Situation ohne selbst genutzte Immobilie)	+0,10
6	Autonomie am Arbeitsplatz (Führungsverantwortung oder Selbstständigkeit)	+0,05
7	Gehaltserhöhung (plus 15 Prozent)	+0,05
8	Freizeitaktivität (mindestens einmal pro Monat Kino, Disco oder Ähnliches)	+0,05
9	Klassische Kultur (mindestens einmal pro Monat Konzert, Theater oder Ähnliches)	+0,05
10	Religiosität (mindestens einmal pro Monat Kirchgang bzw. Besuch religiöser Veranstaltungen)	+0,05
Unglücksfaktoren		
1	Krankheit (schlechte Gesundheit gegenüber zufriedenstellend)	−1,40
2	Tod des Partners (verwitwet/ohne Partner gegenüber verheirateten Personen)	−0,60
3	Arbeitslosigkeit (arbeitssuchend)	−0,60
4	Soziale und kulturelle Isolation (wenig Kontakt zu Freunden und wenig kulturelle Aktivität)	−0,30
5	Scheidung (geschieden und nicht liiert gegenüber verheiratet)	−0,20
6	Alter (zwischen 40 und 50 Jahre gegenüber 20 bis 30 Jahre)	−0,10
7	Behinderung (bei ansonsten guter Gesundheit)	−0,05
8	Kaufkraftverlust (allgemeiner Preisanstieg um zehn Prozent)	−0,05
9	Relativer Einkommensverlust (alle anderen Einkommen steigen um fünf Prozent)	−0,05
10	Pendeln (15 Kilometer und mehr bis zum Arbeitsplatz)	−0,05

wenn die Kausalität der Zusammenhänge nicht immer geklärt werden kann, liefern sie dennoch Ansatzpunkte. Diese Übersicht fasst wesentliche und Glücks- und Unglücksfaktoren nochmals zusammen (Tabelle 10.1).

Welchen Weg zum Glück man einschlägt, muss weiterhin jeder selber entscheiden – nach der Lektüre des Buches aber vielleicht datenbasierter und gelassener.

Literatur

Adelt, Monika, 2000, Still Stable After All These Years? Personality Stability Theory Revisited, in: Social Psychology Quarterly, 63. Jg., Nr. 4, S. 392–405.

Ahuvia, Aaron C., 2002, Individualism/Collectivism and Cultures of Happiness: A Theoretical Conjecture on the Relationship Between Consumption Culture and Subjective Well-Being at the National Level, in: Journal of Happiness Studies, 3. Jg., Nr. 1, S. 23–36.

Amato, Paul R. / Keith, Bruce, 1991, Parental Divorce and Adult Well-Being: A Meta-Analysis, in: Journal of marriage and the family, 53. Jg., Nr. 1, S. 43–58.

Anderson, Robert, 2012, Quality of life in Europe. Impacts of the crisis, Luxembourg.

Andrews, Frank M. / Withey, Stephen B., 1976, Social Indicators of Well-Being. Americans' Perceptions of Life Quality, New York.

Angehrn, Alex B., 2004, Emotionen im Team. Die Wirkung von Befindlichkeiten auf die Teamarbeit, Bern.

Antoni, Michael H. et al., 2009, Cognitive behavioral stress management effects on psychosocial and physiological adaptation in women undergoing treatment for breast cancer, in: Brain, behavior, and immunity, 23. Jg., Nr. 5, S. 580–591.

Argyle, Michael, 2001, The psychology of happiness, London und New York.

Arkes, Hal R. / Blumer, Catherine, 1985, The psychology of sunk cost, in: Organizational Behavior and Human Decision Processes, 35. Jg., Nr. 1, S. 124–140.

Arnold, Andreas / Dönnebrink, Thomas / Kagel, Ela / Scheub, Ute, 2016, Von der geteilten zur teilenden Stadt – Berlin auf dem Weg zu einer Sharing City. Potenzialanalyse der Share und Collaborative Economy in Berlin, https://digital.zlb.de/viewer/rest/image/16054185/pzu_studie_share-economy5.pdf/full/max/0/pzu_studie_share-economy5.pdf [27.11.2018].

Asakawa, Kiyoshi / Csikszentmihalyi, Mihaly, 1998, The Quality of Experience of Asian American Adolescents in Activities Related to Future Goals, in: Journal of Youth and Adolescence, 27. Jg., Nr. 2, S. 141–163.

Asakawa, Kiyoshi / Csikszentmihalyi, Mihaly, 2000, Feelings of Connectedness and Internalization of Values in Asian American Adolescents, in: Journal of Youth and Adolescence, 29. Jg., Nr. 2, S. 121–145.

Bacharach, Samuel B., 1989, Organizational Theories: Some Criteria for Evaluation, in: The Academy of Management Review, 14. Jg., Nr. 4, S. 496–515.

Bagozzi, Richard P. / Wong, Nancy / Yi, Youjae, 1999, The Role of Culture and Gender in the Relationship between Positive and Negative Affect, in: Cognition & emotion, 13. Jg., Nr. 6, S. 641–672.

Bardt, Hubertus / Klös, Hans-Peter, 2017, Wohlstandssicherung im demografischen Übergang, in: Institut der Deutschen Wirtschaft Köln (Hrsg.), IW-Studien, Perspektive 2035. Wirtschaftspolitik für Wachstum und Wohlstand in der alternden Gesellschaft, Köln, S. 9–19.

Barrington-Leigh, Christopher P., 2008, Weather as a transient influence on survey-reported satisfaction with life, in: MPRA Paper, Nr. 25736.

Barry, Danielle / Pietrzak, Robert H. / Petry, Nancy M., 2008, Gender Differences in Associations Between Body Mass Index and DSM-IV Mood and Anxiety Disorders: Results from the National Epidemiologic Survey on Alcohol and Related Conditions, in: Annals of Epidemiology, 18. Jg., Nr. 6, S. 458–466.

Bartels, Meike, 2015, Genetics of wellbeing and its components satisfaction with life, happiness, and quality of life: a review and meta-analysis of heritability studies, in: Behavior genetics, 45. Jg., Nr. 2, S. 137–156.

https://doi.org/10.1515/9783110557626-011

Baumeister, Roy F., 1998, The self, in: Gilbert, Daniel T. / Fiske, Susan / Lindzey, Gardner (Hrsg.), Handbook of social psychology, New York, S. 680–740.

Baumeister, Roy F. / Leary, Mark R., 1995, The need to belong: Desire for interpersonal attachments as a fundamental human motivation, in: Psychological Bulletin, 117. Jg., Nr. 3, S. 497–529.

Beck, Hanno / Prinz, Aloys, 2017, Glück! Was im Leben wirklich zählt, Köln.

Benjamin, Jonathan et al., 1996, Population and familial association between the D4 dopamine receptor gene and measures of Novelty Seeking, in: Nature Genetics, 12. Jg., Nr. 1, S. 81–84.

Bentham, Jeremy, 1789/1992, Introduction to the Principles of Moral and Legislation, in: Burr, John R. / Goldinger, Milton (Hrsg.), Philosophy and Contemporary Issues, New York, S. 225–232.

Benyamini, Yael / Idler, Ellen L. / Leventhal, Howard / Leventhal, Elaine A., 2000, Positive Affect and Function as Influences on Self-Assessments of Health: Expanding Our View Beyond Illness and Disability, in: Journal of Health and Social Behavior, 55. Jg., Nr. 2, S. 107–116.

Benz, Matthias / Frey, Bruno, 2004, Being independent raises happiness at work, in: Swedish Economic Policy Review, 11. Jg., Nr. 2, S. 97–138.

Biswas-Diener, Robert / Wiese, Christopher W., 2018, Optimal Levels of Happiness, in: Diener, Ed / Oishi, Shigehiro / Tay, Louis (Hrsg.), Handbook of well-being, Salt Lake City.

Blanchflower, David G. / Oswald, Andrew J., 2004, Money, Sex and Happiness: An Empirical Study, in: Scandinavian Journal of Economics, 106. Jg., Nr. 3, S. 393–415.

Blanchflower, David G. / Oswald, Andrew J., 2007a, Is Well-being U-Shaped over the Life Cycle?, Cambridge, MA.

Blanchflower, David G. / Oswald, Andrew J., 2007b, Hypertension and happiness across nations, in: IZA Discussion Papers, Nr. 2633, Bonn.

Blanchflower, David G. / Oswald, Andrew J., 2008, Is well-being U-shaped over the life cycle?, in: Social Science and Medicine, 66. Jg., Nr. 8, S. 1733–1749.

Bond, Timothy / Lang, Kevin, 2018, The Sad Truth About Happiness Scales: Empirical Results, in: NBER Working Paper, Nr. 24853, Cambridge, MA.

Bormans, Leo (Hrsg.), 2011, Glück – The World Book of Happiness, Köln.

Bouchard, Thomas J., 1994, Genes, Environment, and Personality, in: Science, 264. Jg., Nr. 5166, S. 1700–1701.

Bourdieu, Pierre, 1983, Ökonomisches Kapital, kulturelles Kapital, soziales Kapital, in: Kreckel, Reinhard (Hrsg.), Soziale Ungleichheiten (Sonderband 2 der Sozialen Welt), Göttingen, S. 183–198.

Bradburn, Norman M., 1969, The structure of psychological well-being, Chicago.

Brenke, Karl, 2015, Die große Mehrzahl der Beschäftigten in Deutschland ist mit ihrer Arbeit zufrieden, in: DIW-Wochenbericht, 82. Jg., Nr. 32/33, S. 715–722.

Brickman, Philip / Campbell, Donald T., 1971, Hedonic Relativism and planning the good society, in: Apley, Mortimer H. (Hrsg.), Adaptation Level Theory. A Symposium. Hedonic Relativism and Planning the Good Society, New York, S. 287–302.

Brickman, Philip / Coates, Dan / Janoff-Bulman, Ronnie, 1978, Lottery Winners and Accident Victims: Is Happiness Relative?, in: Journal of Personality and Social Psychology, 36. Jg., Nr. 8, S. 917–927.

Brockmann, Hilke, 2009, Why are Middle-Aged People so Depressed? Evidence from West Germany, in: Social Indicators Research, 97. Jg., Nr. 1, S. 23–42.

Brooks, Stoney, 2015, Does personal social media usage affect efficiency and well-being?, in: Computers in Human Behavior, 46. Jg., S. 26–37.

Brown, Susan L., 2010, Marriage and Child Well-Being: Research and Policy Perspectives, in: Journal of marriage and the family, 72. Jg., Nr. 5, S. 1059–1077.

Bucher, Anton A., 2009a, Psychologie des Glücks, Basel.

Bucher, Anton A., 2009b, Wie glücklich sind Deutschlands Kinder? Eine glückspsychologische Stu-
die im Auftrag des ZDF, in: Diskurs Kindheits- und Jugendforschung, 4. Jg., Nr. 2, S. 241–259.
Buckingham, Marcus / Clifton, Donald O., 2007, Entdecken Sie Ihre Stärken jetzt! Das Gallup-Prinzip
für individuelle Entwicklung und erfolgreiche Führung, Frankfurt/Main, New York.
Bundesministerium für Arbeit und Soziales (BMAS), 2018, Bericht zum Forschungsmonitor „Variable
Vergütungssysteme", http://www.bmas.de/SharedDocs/Downloads/DE/PDF-Publikationen/
Forschungsberichte/fb507-bericht-zum-forschungsmonitor-variable-verguetungssysteme.pdf?
__blob=publicationFile&v=1 [21.03.2019].
Bundesministerium für Familie, Senioren, Frauen und Jugend, 2012, Erster Engagementbericht 2012. Für eine Kultur der Mitverantwortung, https://www.bmfsfj.de/blob/95974/
83e466a03c73974e64af753f7b4de507/engagementmonitor-2012-erster-engagementbericht-
2012-data.pdf [25.01.2019].
Bundeszentrale für politische Bildung, 2017, Verstädterung: Stadt- und Landbevölkerung in absoluten Zahlen und in Prozent der Weltbevölkerung, 1950, 2015 und 2050, http://www.bpb.de/
nachschlagen/zahlen-und-fakten/globalisierung/52705/verstaedterung?zahlenfakten=detail
[27.11.2018].
Burkart, Günter, 2002, Glück der Liebe. Eine unendliche Geschichte, in: Bellebaum, Alfred (Hrsg.),
Glücksforschung – Eine Bestandsaufnahme. Glück der Liebe. Eine unendliche Geschichte,
Konstanz, S. 177–192.
Burke, Kathryn A. / Franz, Theresa M. / Miller, Danielle N. / Schoenbaum, Geoffrey, 2008, The Role
of the Orbitofrontal Cortex in the Pursuit of Happiness and More Specific Rewards, in: Nature,
454. Jg., Nr. 7202, S. 340–344.
Burroughs, James E. / Rindfleisch, Aric, 2002, Materialism and Well-Being: A Conflicting Values
Perspective, in: Journal of Consumer Research, 29. Jg., Nr. 3, S. 348–370.
Buss, David, 2000, The Evolution of Happiness, in: American Psychologist, 55. Jg., Nr. 1, S. 15–23.
Buunk, Bram P. / Gibbons, Frederick X., 1997, Health, coping, and well being. Perspectives from
social comparison theory, Mahwah, London.
Carmon, Ziv / Wertenbroch, Klaus / Zeelenberg, Marcel, 2003, Option Attachment: When Delibera-
ting Makes Choosing Feel like Losing, in: Journal of Consumer Research, 30. Jg., Nr. 1, S. 15–29.
Caspi, Avshalom / Moffitt, Terrie / Poulton, Richie, 2013, Lifelong Impact of Early Self-Control, in:
American Scientist, 101. Jg., Nr. 5, S. 352.
Chamorro-Premuzic, Tomas / Bennett, Emily / Furnham, Adrian, 2007, The happy personality: Me-
diational role of trait emotional intelligence, in: Personality and Individual Differences, 42. Jg.,
Nr. 8, S. 1633–1639.
Chang, Juin-jen / Liu, Chia-ying / Hung, Hsiao-wen, 2013, Does Performance-Based Compensati-
on Boost Economic Growth or Lead to More Income Inequality?, in: Economic Record, 89. Jg.,
Nr. 284, S. 72–82.
Chapman, Bruce / Guven, Cahit, 2016, Revisiting the Relationship Between Marriage and Wellbeing:
Does Marriage Quality Matter?, in: Journal of Happiness Studies, 17. Jg., Nr. 2, S. 533–551.
Chen, Henian et al., 2013, The MAOA gene predicts happiness in women, in: Progress in neuro-psy-
chopharmacology & biological psychiatry, 40. Jg., S. 122–125.
Cheung, Tracy T. L. / Gillebaart, Marleen / Kroese, Floor / Ridder, Denise de, 2014, Why are people
with high self-control happier? The effect of trait self-control on happiness as mediated by
regulatory focus, in: Frontiers in psychology, 5. Jg., S. 722.
Clark, Andrew E., 2005, Your Money or Your Life: Changing Job Quality in OECD Countries, in: British
Journal of Industrial Relations, 43. Jg., Nr. 3, S. 377–400.
Clark, Andrew E., 2006, A Note on Unhappiness and Unemployment Duration, in: Applied Economics
Quarterly, 52. Jg., Nr. 4, S. 291–308.

Clark, Andrew E. / Georgellis, Yannis, 2013, Back to Baseline in Britain: Adaptation in the British Household Panel Survey, in: Economica, 80. Jg., Nr. 319, S. 496–512.

Clark, Andrew E. / Oswald, Andrew J., 1996, Satisfaction and comparison income, in: Journal of Public Economics, 61. Jg., Nr. 3, S. 359–381.

Clark, Andrew E. / Diener, Ed / Georgellis, Yannis / Lucas, Richard E., 2006, Lags and Leads in Life Satisfaction: A Test of the Baseline Hypothesis, in: IZA Discussion Paper, Nr. 2526, Bonn.

Clark, Andrew E. / Frijters, Paul / Shields, Michael A., 2008, Relative Income, Happiness, and Utility: An Explanation for the Easterlin Paradox and Other Puzzles, in: Journal of Economic Literature, 46. Jg., Nr. 1, S. 95–144.

Cole, Steve W. et al., 2007, Social regulation of gene expression in human leukocytes, in: Genome biology, 8. Jg., Nr. 9, R189.

Conrads, Julian et al., 2017, Team Goal Incentives and Individual Lying Behavior, in: Die Betriebswirtschaft, 76. Jg., Nr. 1, S. 103–123.

Costa, Paul T. / McCrae, Robert R., 1980, Influence of extraversion and neuroticism on subjective well-being: Happy and unhappy people, in: Journal of Personality and Social Psychology, 38. Jg., Nr. 4, S. 668–678.

Costa, Paul T. / McCrae, Robert R., 1997, Longitudinal Stability of Adult Personality, in: Hogan, Robert / Johnson, John A. / Briggs, Stephen R. (Hrsg.), Handbook of Personality Psychology, San Diego, S. 269–290.

Covey, Stephen R., 2004, The 7 habits of highly effective people. Powerful lessons in personal change; restoring the character ethic, New York.

Csikszentmihalyi, Mihaly, 2010, Das flow-Erlebnis. Jenseits von Angst und Langeweile: im Tun aufgehen, Washington, London.

Csikszentmihalyi, Mihaly / Hunter, Jeremy, 2003, Happiness in Everyday Life: The Uses of Experience Sampling, in: Journal of Happiness Studies, 4. Jg., Nr. 2, S. 185–199.

Csikszentmihalyi, Mihaly / Larson, Reed, 2014, Validity and Reliability of the Experience-Sampling Method, in: Csikszentmihalyi, Mihaly (Hrsg.), Flow and the Foundations of Positive Psychology, Dordrecht, S. 35–54.

Datta Gupta, Nabanita / Etcoff, Nancy L. / Jaeger, Mads M., 2016, Beauty in Mind: The Effects of Physical Attractiveness on Psychological Well-Being and Distress, in: Journal of Happiness Studies, 17. Jg., Nr. 3, S. 1313–1325.

Davis, James A., 1966, The campus as a frog pond: An application of the theory of relative deprivation to career decisions of college men, in: The American Journal of Sociology, 72. Jg., Nr. 1, S. 17–31.

Davis, Mark A., 2009, Understanding the relationship between mood and creativity: A meta-analysis, in: Organizational Behavior and Human Decision Processes, 108. Jg., Nr. 1, S. 25–38.

Dawson, Deborah A., 1991, Family Structure and Children's Health and Well-Being: Data from the 1988 National Health Interview Survey on Child Health, in: Journal of marriage and the family, 53. Jg., Nr. 3, S. 573–584.

De Neve, Jan-Emmanuel / Christakis, Nicholas A. / Fowler, James H. / Frey, Bruno S., 2012, Genes, economics, and happiness, in: Journal of Neuroscience, Psychology, and Economics, 5. Jg., Nr. 4, S. 193–211.

Deaton, Angus, 2010, Income, Aging, Health and Well-Being around the World: Evidence from the Gallup World Poll, in: Wise, David A. (Hrsg.), Research Findings in the Economics of Aging. Income, Aging, Health and Well-Being around the World: Evidence from the Gallup World Poll, Chicago, S. 235–263.

Delhey, Jan, 2010, From Materialist to Postmaterialist Happiness? National Affluence and Determinants of Life Satisfaction in Cross-National Perspective, in: Social Indicators Research, 97. Jg., Nr. 1, S. 65–84.

Delhey, Jan, 2017, Auf der Suche nach dem Glück, https://www.ovgu.de/Universit%C3%A4t/Im+
    Portrait/Profilierungsschwerpunkte/Forschung+_+Transfer/Auf+der+Suche+nach+dem+Gl%
    C3%BCck.html [29.08.2018].
Delle Fave, Antonella et al., 2013, Cross-cultural perceptions of meaning and goals in adulthood:
    Their roots and relations with happiness, in: Waterman, Alan S. (Hrsg.), The best within us.
    Positive psychology perspectives on Eudaimonia, Washington, D.C, S. 227–247.
Demary, Vera, 2015, Teilen statt kaufen, https://www.iwd.de/artikel/teilen-statt-kaufen-234465/
    [13.07.2018].
Demary, Vera / Klös, Hans-Peter, 2017, Digitalisierung: Kompetenzen für digitale Arbeit, in: Institut
    der Deutschen Wirtschaft Köln (Hrsg.), IW-Studien, Perspektive 2035. Wirtschaftspolitik für
    Wachstum und Wohlstand in der alternden Gesellschaft, Köln, S. 169–181.
Demır, Melıkşah / Weitekamp, Lesley A., 2007, I am so Happy 'Cause Today I Found My Friend:
    Friendship and Personality as Predictors of Happiness, in: Journal of Happiness Studies, 8. Jg.,
    Nr. 2, S. 181–211.
DeNeve, Kristina M. / Cooper, Harris, 1998, The happy personality: A meta-analysis of 137 personal-
    ity traits and subjective well-being, in: Psychological Bulletin, 124. Jg., Nr. 2, S. 197–229.
Deutscher Bundestag, 2013, Schlussbericht der Enquete-Kommission „Wachstum, Wohlstand, Le-
    bensqualität – Wege zu nachhaltigem Wirtschaften und gesellschaftlichem Fortschritt in
    der Sozialen Marktwirtschaft", http://dip21.bundestag.de/dip21/btd/17/133/1713300.pdf
    [25.01.2019].
DeVoe, Sanford E. / House, Julian, 2012, Time, money, and happiness: How does putting a price on
    time affect our ability to smell the roses?, in: Journal of Experimental Social Psychology, 48. Jg.,
    Nr. 2, S. 466–474.
Diaz-Serrano, Luis / Rodríguez-Pose, Andrés, 2012, Decentralization, Subjective Well-Being, and the
    Perception of Institutions, in: KYKLOS, 65. Jg., Nr. 2, S. 179–193.
Diener, Ed / Biswas-Diener, Robert, 2008, Happiness. Unlocking the mysteries of psychological
    wealth, Malden, MA.
Diener, Ed / Chan, Micaela Y., 2011, Happy People Live Longer: Subjective Well-Being Contributes to
    Health and Longevity, in: Applied Psychology: Health and Well-Being, 3. Jg., Nr. 1, S. 1–43.
Diener, Ed / Seligman, Martin E. P., 2002, Very happy people, in: Psychological Sciences in the Pu-
    blic Interest, 13. Jg., Nr. 1, S. 81–84.
Diener, Ed / Seligman, Martin E. P., 2004, Beyond Money: Toward an Economy of Well-Being, in:
    Psychological Sciences in the Public Interest, 5. Jg., Nr. 1, S. 1–31.
Diener, Ed / Tay, Louis, 2015, Subjective well-being and human welfare around the world as reflected
    in the Gallup World Poll, in: International Journal of Psychology, 50. Jg., Nr. 2, S. 135–149.
Diener, Ed / Larsen, Randy J. / Levine, Steven / Emmons, Robert A., 1985a, Intensity and frequen-
    cy: Dimensions underlying positive and negative affect, in: Journal of Personality and Social
    Psychology, 48. Jg., Nr. 5, S. 1253–1265.
Diener, Ed / Emmons, Robert A. / Larsen, Randy J. / Griffin, Sharon, 1985b, The Satisfaction With Life
    Scale, in: Journal of personality assessment, 49. Jg., Nr. 1, S. 71–75.
Diener, Ed / Suh, Eunkook M. / Smith, Heidi / Shao, Liang, 1995, National differences in reported
    subjective well-being: Why do they occur?, in: Social Indicators Research, 34. Jg., Nr. 1, S. 7–32.
Diener, Ed / Diener, Marissa / Diener, Carol, 1995, Factors predicting the subjective well-being of
    nations, in: Journal of Personality and Social Psychology, 69. Jg., Nr. 5, S. 851–864.
Diener, Ed / Suh, Eunkook M. / Lucas, Richard E. / Smith, Heidi L., 1999, Subjective well-being:
    Three decades of progress, in: Psychological Bulletin, 125. Jg., Nr. 2, S. 276–302.
Diener, Ed / Gohm, Carol L. / Suh, Eunkook / Oishi, Shigehiro, 2000, Similarity of the relations be-
    tween marital status and subjective well-being across cultures, in: Journal of Cross-Cultural
    Psychology, 31. Jg., Nr. 4, S. 419–436.

Diener, Ed / Oishi, Shigehiro / Lucas, Richard E., 2003, Personality, Culture, and Subjective Well-Being: Emotional and Cognitive Evaluations of Life, in: Annual Review of Psychology, 54. Jg., S. 403–425.

Diener, Ed / Lucas, Richard E. / Scollon, Christie N., 2006, Beyond the hedonic treadmill: Revising the adaptation theory of well-being, in: American Psychologist, 61. Jg., Nr. 4, S. 305–314.

Diener, Ed / Lucas, Richard E. / Oishi, Shigehiro, 2018, Advances and Open Questions in the Science of Subjective Well-Being, in: Collabra. Psychology, 4. Jg., 1, pii: 15.

Diener, Ed / Oishi, Shigehiro / Tay, Louis, 2018, Advances in subjective well-being research, in: Nature Human Behaviour, 2. Jg., Nr. 4, S. 253–260.

Digman, John M., 1990, Personality Structure: Emergence of the Five-Factor Model, in: Annual Review of Psychology, 41. Jg., Nr. 1, S. 417–440.

Dohmen, Thomas et al., 2011, Individual Risk Attitudes: Measurement, Determinants and Behavioral Consequences, in: Journal of the European Economic Association, 9. Jg., Nr. 3, S. 522–550.

Donner, Susanne, 2008, Morphiumrausch im Gehirn, https://www.wissenschaft.de/umwelt-natur/morphiumrausch-im-gehirn/ [14.02.2019].

Dorfman, Peter et al., 2012, A twenty year journey into the intriguing world of culture and leadership, in: Journal of World Business, Nr. 4, S. 504–518.

Dorn, David / Fischer, Justina A.V / Kirchgässner, Gebhard / Sousa-Poza, Alfonso, 2005, Is it Culture or Democracy? The Impact of Democracy, Income, and Culture on Happiness, in: Social Indicators Research, 82. Jg., Nr. 3, S. 505–526.

Drakopoulos, Stavros, 2011, Das Paradox, in: Bormans, Leo (Hrsg.), Glück – The World Book of Happiness, Köln, S. 26–28.

Dunn, E.W / Aknin, Lara B. / Norton, Michael I., 2008, Spending Money on Others Promotes Happiness, in: Science, 319. Jg., Nr. 5870, S. 1687–1688.

Dunn, Elizabeth W. / Biesanz, Jeremy C. / Human, Lauren J. / Finn, Stephanie, 2007, Misunderstanding the affective consequences of everyday social interactions: The hidden benefits of putting one's best face forward, in: Journal of Personality and Social Psychology, 92. Jg., Nr. 6, S. 990–1005.

Dunn, Elizabeth W. / Gilbert, Daniel T. / Wilson, Timothy D., 2011, If money doesn't make you happy, then you probably aren't spending it right, in: Journal of Consumer Psychology, 21. Jg., Nr. 2, S. 115–125.

Dunn, Elizabeth W. / Wilson, Timothy D. / Gilbert, Daniel T., 2003, Location, Location, Location: The Misprediction of Satisfaction in Housing Lotteries, in: Personality and Social Psychology Bulletin, 29. Jg., Nr. 11, S. 1421–1432.

Easterlin, Richard A., 1974, Does Economic Growth Improve the Human Lot?, in: David, Paul A. / Reder, Melvin W. (Hrsg.), Nations and Households in Economic Growth: Essays in Honour of Moses Abramovitz, New York, S. 89–125.

Easterlin, Richard A., 1995, Will raising the incomes of all increase the happiness of all?, in: Journal of Economic Behaviour & Organization, 27. Jg., Nr. 1, S. 35–47.

Easterlin, Richard A., 2006, Life cycle happiness and its sources. Intersections of psychology, economics, and demography, in: Journal of Economic Psychology, 27. Jg., Nr. 4, S. 463–482.

Easterlin, Richard A. / Angelescu, Laura, 2009, Happiness and Growth the World Over. Time Series Evidence on the Happiness-Income Paradox, in: IZA Discussion Paper, Nr. 4060, Bonn.

Eid, Michael / Diener, Ed, 1999, Intraindividual variability in affect: Reliability, validity, and personality correlates, in: Journal of Personality and Social Psychology, 76. Jg., Nr. 4, S. 662–676.

Ekman, Paul / Friesen, Wallace, 1987, Universals and Cultural Differences in the Judgments of Facial Expressions of Emotion, in: Personality Processes and Individual Differences, 53. Jg., Nr. 4, S. 712–717.

Ekman, Paul / Friesen, Wallace V., 2003, Unmasking the face – A guide to recognizing emotions from facial expressions, Cambridge, MA.

Elliot, Andrew J. / Sheldon, Kennon M., 1997, Avoidance achievement motivation: A personal goals analysis, in: Journal of personality and social psychology, 73. Jg., Nr. 1, S. 171–185.

Emmons, Robert A. / Diener, Ed, 1986, Influence of impulsivity and sociability on subjective well-being, in: Journal of Personality and Social Psychology, 50. Jg., Nr. 6, S. 1211–1215.

Enste, Dominik, 2015, Lebenszufriedenheit. Unionswähler sind glücklicher, https://www.iwkoeln. de/fileadmin/publikationen/2015/218626/Wirtschaft_und_Ethik_1_2015.pdf [27.11.2018].

Enste, Dominik et al., 2016, Die gesellschaftliche Verantwortung von Unternehmen angesichts neuer Herausforderungen und Megatrends, https://www.bertelsmann-stiftung.de/fileadmin/files/ BSt/Publikationen/GrauePublikationen/Studie_BS_Die-gesellschaftliche-Verantwortung-von-Unternehmen-angesichts-neuer-Herausforderungen-und-Megatrends_2016.pdf [25.01.2019].

Enste, Dominik / Ewers, Mara, 2014, Lebenszufriedenheit in Deutschland: Entwicklung und Einfluss-faktoren, in: IW Trends – Vierteljahresschrift zur empirischen Wirtschaftsforschung, 41. Jg., Nr. 2, S. 93–109.

Enste, Dominik / Eyerund, Theresa, 2015, Unternehmerische Freiheit in Gefahr? Ein internationaler Vergleich unter 28 OECD-Staaten, in: RHI-Diskussion, Nr. 26, München.

Enste, Dominik / Grunewald, Mara / Kürten, Louisa, 2018, Vertrauenskultur als Wettbewerbsvor-teil in digitalen Zeiten. Neue experimentelle und verhaltensökonomische Ergebnisse, in: IW Trends – Vierteljahresschrift zur empirischen Wirtschaftsforschung, 45. Jg., Nr. 2, S. 47–66.

Enste, Dominik / Hardege, Stefan, 2009, Regulierung, Lebenszufriedenheit und Arbeitsplatzsicher-heit. Eine Analyse auf Basis von internationalen Umfrage- und Regulierungsdaten, in: Zeit-schrift für Wirtschaftspolitik, 58. Jg., Nr. 1, S. 225–274.

Enste, Dominik / Knelsen, Inna, 2012, Die Evolution von Werten und Normen, in: Horn, Karen (Hrsg.), NZZ Libro, Der Wert der Werte. Über die moralischen Grundlagen der westlichen Zivilisation, Zürich, S. 101–120.

Enste, Dominik / Möller, Marie, 2015a, Internationaler Gerechtigkeitsmonitor 2015 (GEMO II). Ein Vergleich von 28 Ländern für die Jahre 2000 bis 2014 über sechs Gerechtigkeitsdimen-sionen, https://www.insm.de/fileadmin/insm-dms/text/publikationen/studien/150625_ Gerechtigkeitsmonitor.pdf [25.01.2019].

Enste, Dominik / Möller, Marie, 2015b, IW-Vertrauensindex 2015. Vertrauen in Deutschland und Europa. Ein internationaler Vergleich von 20 Ländern, in: IW policy paper, Nr. 20, Köln.

Enste, Dominik / Orth, Anja K., 2018, Die Lebenslage der Generation X. Unterstützung durch Haus-haltshilfen macht zufriedener, https://www.iwkoeln.de/fileadmin/user_upload/Studien/ Gutachten/PDF/2018/IW-Kurzgutachten_Die_Lebenslage_der_Generation_X.pdf [25.01.2019].

Enste, Dominik / Tschörner, Anna, 2016, Ethische Führung in Unternehmen, in: Kreklau, Carsten / Siegers, Josef (Hrsg.), Handbuch der Aus- und Weiterbildung, Köln, S. 1–19.

Enste, Dominik H. / Wildner, Julia, 2015, Mensch und Moral. Eine individualethische Reflexion, in: IW-Positionen, Nr. 70, Köln.

Epiktet / Steinmann, Kurt (Hrsg.), 2004, Handbüchlein der Moral. Griechisch/deutsch, Stuttgart.

Erk, Susanne et al., 2003, Emotional context modulates subsequent memory effect, in: NeuroImage, 18. Jg., Nr. 2, S. 439–447.

Eurobarometer, 2018, European Comission. Public Opinion – Eurobarometer surveys, http://ec. europa.eu/commfrontoffice/publicopinion/index.cfm/Chart/getChart/themeKy/1/groupKy/1 [10.01.2019].

Eurofound, 2012, Trends in job quality in Europe. A report based on the fifth European Working Con-ditions Survey, Luxembourg.

European Commission, 2018, Eurobarometer 89.1 (2018), http://ec.europa.eu/commfrontoffice/ publicopinion/index.cfm/ResultDoc/download/DocumentKy/83547 [25.01.2019].

Fehr, Ernst / Schmidt, Klaus M., 1999, A Theory of Fairness, Competition, and Cooperation, in: The Quarterly Journal of Economics, 114. Jg., Nr. 3, S. 817–868.

Feldhaus, Michael / Timm, Andreas, 2015, Der Einfluss der elterlichen Trennung im Jugendalter auf die Depressivität von Jugendlichen, in: ZfF – Zeitschrift für Familienforschung, 27. Jg., Nr. 1, S. 32–52.

Festinger, Leon, 1954, A Theory of Social Comparison Processes, in: Human Relations, 7. Jg., Nr. 2, S. 117–140.

Festinger, Leon, 1957, A Theory of Cognitive Dissonance, Stanford, CA.

Fetchenhauer, Detlef, 2018, Psychologie, München.

Fetchenhauer, Detlef / Enste, Dominik, 2012, Vom Schlechten des Guten – Warum der Mensch nicht zum Glücklichsein geboren ist, in: RHI-Diskussion, Nr. 19, München.

Fetchenhauer, Detlef / Enste, Dominik / Köneke, Vanessa, 2010, Fairness oder Effizienz? Die Sicht ökonomischer Laien und Experten, München.

Finkenauer, Catrin / Engels, Rutger C. M. E. / Baumeister, Roy F., 2005, Parenting behaviour and adolescent behavioural and emotional problems: The role of self-control, in: International Journal of Behavioral Development, 29. Jg., Nr. 1, S. 58–69.

Fischer, Lorenz / Wiswede, Günter, 2009, Grundlagen der Sozialpsychologie, München.

Fisher, Cynthia D., 2003, Why do lay people believe that satisfaction and performance are correlated? Possible sources of a commonsense theory, in: Journal of Organizational Behavior, 24. Jg., Nr. 6, S. 753–777.

Fordyce, Michael W., 1988, A review of research on the happiness measures: A sixty second index of happiness and mental health, in: Social Indicators Research, 20. Jg., Nr. 4, S. 355–381.

Forgas, Joseph P. / Moylan, Stephanie, 1987, After the Movies, in: Personality and Social Psychology Bulletin, 13. Jg., Nr. 4, S. 467–477.

Fowler, James H. / Christakis, Nicholas A., 2008, Dynamic spread of happiness in a large social network: longitudinal analysis over 20 years in the Framingham Heart Study, in: BMJ, 337. Jg., a2338.

Frank, Robert H., 2010, Microeconomics and behavior, New York.

Fredrickson, Barbara L., 1998, What good are positive emotions?, in: Review of General Psychology, 2. Jg., Nr. 3, S. 300–319.

Freedman, Rita J., 1986, Beauty bound, Lexington, Mass.

Frey, Bruno / Stutzer, Alois, 2009, Glück: Die ökonomische Analyse, in: Working Paper Series; Institute for Empirical Research in Economics, Nr. 417.

Frey, Bruno S., 2012, Wachstum, Wohlbefinden und Wirtschaftspolitik. Ziele des (glücklichen) Wirtschaftens, München.

Frey, Bruno S., 2017, Wirtschaftswissenschaftliche Glücksforschung. Kompakt – verständlich – anwendungsorientiert, Wiesbaden.

Frey, Bruno S., 2018, Economics of Happiness, Cham.

Frey, Bruno S. / Frey Marti, Claudia, 2010, Glück. Die Sicht der Ökonomie, Zürich.

Frey, Bruno S. / Stutzer, Alois, 2000a, Happiness prospers in democracy, in: Journal of Happiness Studies, 1. Jg., Nr. 3, S. 79–102.

Frey, Bruno S. / Stutzer, Alois, 2000b, Happiness, Economy and Institutions, in: The Economic Journal, 110. Jg., Nr. 466, S. 918–938.

Frey, Bruno S. / Stutzer, Alois, 2002, The Economics of Happiness, in: World Economics, 3. Jg., Nr. 1, S. 1–17.

Frey, Bruno S. / Stutzer, Alois, 2003, Testing Theories of Happiness, in: IEW Working Paper, Nr. 147, S. 1–34.

Frey, Dieter / Dauenheimer, Dirk / Parge, Olaf / Haisch, Jochen, 1993, Die Theorie sozialer Vergleichsprozesse, in: Frey, Dieter / Irle, Martin (Hrsg.), Theorien der Sozialpsychologie, Bern,
S. 81–121.

Fujita, Frank / Diener, Ed, 2005, Life satisfaction set point: stability and change, in: Journal of personality and social psychology, 88. Jg., Nr. 1, S. 158–164.

Furnham, Adrian / Petrides, K. V., 2003, Trait emotional intelligence and happiness, in: Social Behavior and Personality, 31. Jg., Nr. 8, 815–824.

Furstenberg, Frank F. / Kiernan, Kathleen E., 2001, Delayed Parental Divorce: How Much Do Children
Benefit?, in: Journal of marriage and the family, 63. Jg., Nr. 2, S. 446–457.

Gardner, Jonathan / Oswald, Andrew J., 2005, Do divorcing couples become happier by breaking
up?, in: Journal of the Royal Statistical Society: Series A, 169. Jg., Nr. 2, S. 319–336.

Gardner, Jonathan / Oswald, Andrew J., 2006, Money and Mental Wellbeing: A Longitudinal Study of
Medium-Sized Lottery Wins, in: IZA Discussion Paper, Nr. 2233, Bonn.

Gazica, Michele W. / Spector, Paul E., 2015, A comparison of individuals with unanswered callings to
those with no calling at all, in: Journal of Vocational Behavior, 91. Jg., S. 1–10.

Generali Deutschland (Hrsg.), 2017, Generali Altersstudie 2017. Wie ältere Menschen in Deutschland
denken und leben, Berlin, Heidelberg.

George, Jennifer M., 1990, Personality, affect, and behavior in groups, in: Journal of Applied Psychology, 75. Jg., Nr. 2, S. 107–116.

Gerdtham, Ulf G. / Johannesson, Magnus, 2001, The relationship between happiness, health, and
socio-economic factors: results based on Swedish microdata, in: The Journal of Socio-Economics, 30. Jg., Nr. 6, S. 553–557.

Gerlitz, Jean-Yves / Schupp, Jürgen, 2005, Zur Erhebung der Big-Five-basierten Persönlichkeitsmerkmale im SOEP – Dokumentation der Instrumententwicklung BFI-S auf Basis des SOEP-Pre-
tests 2005, https://www.diw.de/documents/publikationen/73/diw_01.c.43490.de/rn4.pdf
[28.01.2019].

Gilbert, Daniel T. / Brown, Ryan P. / Pinel, Elizabeth C. / Wilson, Timothy D., 2000, The Illusion of
External Agency, in: Journal of Personality and Social Psychology, 79. Jg., Nr. 5, S. 690–700.

Gilbert, Daniel T. / Fiske, Susan / Lindzey, Gardner (Hrsg.), 1998, Handbook of social psychology,
New York.

Gimpel, Henner / Lanzl, Julia / Manner-Romberg, Tobias / Nüske, Niclas, 2018, Digitaler Stress in
Deutschland. Eine Befragung von Erwerbstätigen zu Belastung und Beanspruchung durch
Arbeit mit digitalen Technologien. Forschungsförderung Working Paper, Nr. 101., https:
//www.boeckler.de/pdf/p_fofoe_WP_101_2018.pdf [12.03.2019].

Glaeser, Edward L. / La Porta, Rafael / Lopez-de-Silanes, Florencio / Shleifer, Andrei, 2004, Do Institutions Cause Growth?, in: NBER Working Paper, Nr. 10568, Cambridge, MA.

Goerke, Laszlo / Pannenberg, Markus, 2015, Direct Evidence for Income Comparisons and Subjective
Well-Being across Reference Groups, in: IZA Discussion Paper, Nr. 9395, Bonn.

Goethe, Johann Wolfgang von, 1774, Die Leiden des Jungen Werther.

Graham, Carol / Eggers, Andrew / Sukhtankar, Sandip, 2004, Does happiness pay? An exploration
based on panel data from Russia, in: Journal of Economic Behavior & Organization, 55. Jg.,
Nr. 3, S. 319–342.

Graham, Carol / Nikolova, Milena, 2013, Does access to information technology make people happier? Insights from well-being surveys from around the world, in: The Journal of Socio-Economics, 44. Jg., S. 126–139.

Graham, Carol / Ruiz Pozuelo, Julia, 2017, Happiness, stress, and age: how the U curve varies across
people and places, in: Journal of Population Economics, 30. Jg., Nr. 1, S. 225–264.

Graham, Melissa L., 2015, Is being childless detrimental to a woman's health and well-being across her life course?, in: Women's health issues: official publication of the Jacobs Institute of Women's Health, 25. Jg., Nr. 2, S. 176–184.

Graham, Melissa L. / Hill, Erin / Shelley, Julia M. / Taket, Ann R., 2011, An examination of the health and wellbeing of childless women: A cross-sectional exploratory study in Victoria, Australia, in: BMC Women's Health, 11. Jg., Nr. 1, S. 47.

Griffith, Thomas, 2004, Progressive Taxation and Happiness, in: Boston College Law Review, 45. Jg., Nr. 5, S. 1363–1398.

Grömling, Michael / Haß, Hans-Joachim, 2009, Globale Megatrends und Perspektiven der deutschen Industrie, in: IW-Analysen, Nr. 47, Köln.

Güth, Werner / Weck-Hannemann, Hannelore, 1997, Do People Care about Democracy? An Experiment Exploring the Value of Voting Rights, in: Public Choice, 91. Jg., Nr. 91, S. 27–47.

Gutierres, Sara E. / Kenrick, Douglas T. / Partch, Jenifer J., 1999, Beauty, Dominance, and the Mating Game: Contrast Effects in Self-Assessment Reflect Gender Differences in Mate Selection, in: Personality and Social Psychology Bulletin, 25. Jg., Nr. 9, S. 1126–1134.

Gutiérrez, José L. G. et al., 2005, Personality and subjective well-being: big five correlates and demographic variables, in: Personality and Individual Differences, 38. Jg., Nr. 7, S. 1561–1569.

Guven, Cahit / Saloumidis, Rudy, 2013, Life Satisfaction and Longevity: Longitudinal Evidence from the German Socio-Economic Panel, in: German Economic Review, 15. Jg., Nr. 4, 453–472.

Guven, Cahit / Senik, Claudia / Stichnoth, Holger, 2010, You Can't Be Happier than Your Wife: Happiness Gaps and Divorce, http://ftp.zew.de/pub/zew-docs/dp/dp10007.pdf [28.01.2019].

Hamermesh, Daniel S., 2011, Beauty pays. Why attractive people are more successful, Princeton, NJ.

Hammermann, Andrea / Stettes, Oliver, 2013, Qualität der Arbeit – zum Einfluss der Arbeitsplatzmerkmale auf die Arbeitszufriedenheit im europäischen Vergleich, in: IW Trends 2/2013, Köln, 93–109.

Hammermann, Andrea / Stettes, Oliver, 2017, Qualität der Arbeit in Europa – Eine empirische Analyse auf Basis des EWCS 2015, in: IW-Report, Nr. 24, Köln.

Haney, Craig, 2003, Mental Health Issues in Long-Term Solitary and "Supermax" Confinement, in: Crime & Delinquency, 49. Jg., Nr. 1, S. 124–156.

Hanglberger, Dominik, 2010, Arbeitszufriedenheit und flexible Arbeitszeiten – Empirische Analyse mit Daten des Sozio-oekonomischen Panels, in: SOEPpapers on Multidisciplinary Panel Data Research, Nr. 304, Berlin.

Hansen, Thomas / Slagsvold, Britt / Moum, Torbjørn, 2009, Childlessness and Psychological Well-Being in Midlife and Old Age: An Examination of Parental Status Effects Across a Range of Outcomes, in: Social Indicators Research, 94. Jg., Nr. 2, S. 343–362.

Häring, Norbert, 2018, Pech für die Glücksforscher, in: Handelsblatt, Nr. 174, 10.09.2018, S. 13.

Harker, LeeAnne / Keltner, Dacher, 2001, Expressions of positive emotion in women's college yearbook pictures and their relationship to personality and life outcomes across adulthood, in: Journal of Personality and Social Psychology, 80. Jg., Nr. 1, S. 112–124.

Hartog, Joop / Oosterbeek, Hessel, 1997, Health, Wealth, and Happiness: Why Pursue a Higher Education?, https://pdfs.semanticscholar.org/2d15/98b0af7f025662f341827a2687b15fa3855a.pdf [28.01.2019].

Hauser, Richard, 2007, Soziale Gerechtigkeit in Deutschland. Zieldimensionen und empirische Befunde am Beispiel der Generationengerechtigkeit, in: Empter, Stefan / Vehrkamp, Robert B. (Hrsg.), Soziale Gerechtigkeit. Eine Bestandsaufnahme, Gütersloh, S. 136–167.

Headey, Bruce / Muffels, Ruud / Wagner, Gert G., 2013, Choices Which Change Life Satisfaction: Similar Results for Australia, Britain and Germany, in: Social Indicators Research, 112. Jg., Nr. 3, S. 725–748.

Headey, Bruce / Wagner, Gert G., 2018, Alternative Values-Based 'Recipes' for Life Satisfaction: German Results with an Australian Replication, in: SOEPpapers on Multidisciplinary Panel Data Research, Nr. 982, Berlin.

Headey, Bruce / Wearing, Alex, 1992, Understanding Happiness: A Theory of Subjective Well-Being, Melbourne.

Heine, Steven J., 2004, Positive Self-Views: Understanding Universals and Variability Across Cultures, in: Journal of Cultural and Evolutionary Psychology, 2. Jg., Nr. 1–2, S. 109–122.

Helliwell, John F. / Layard, Richard / Sachs, Jeffrey, 2017, World happiness report 2017, New York, N.Y.

Helliwell, John F. / Putnam, Robert D., 2004, The social context of well-being, in: Philosophical Transactions of the Royal Society B: Biological Sciences, 359. Jg., Nr. 1449, S. 1435–1446.

Henke, Rachel M. / Goetzel, Ron Z. / McHugh, Janice / Isaac, Fik, 2011, Recent experience in health promotion at Johnson & Johnson: lower health spending, strong return on investment, in: Health affairs (Project Hope), 30. Jg., Nr. 3, S. 490–499.

Hetherington, E. Mavis et al., 1992, Coping with Marital Transitions: A Family Systems Perspective, in: Monographs of the Society for Research in Child Development, 57. Jg., Nr. 2–3, 1–14.

Hettlage, Robert, 2002, Generative Glückserfahrungen, in: Bellebaum, Alfred (Hrsg.), Glücksforschung – Eine Bestandsaufnahme. Glück der Liebe. Eine unendliche Geschichte, Konstanz, S. 129–156.

Heuser, Uwe J., 2011, Formel für ein besseres Leben. Die Menschen müssen erst noch lernen, was sie glücklich macht, sagen Verhaltensforscher. Dann ändert sich auch die Gesellschaft., in: Die Zeit, Nr. 49, S. 29–31.

Hill, Sarah E. / Buss, David M., 2006, Envy and Positional Bias in the Evolutionary Psychology of Management, in: Managerial and Decision Economics, 27. Jg., Nr. 2–3, S. 131–143.

Hirata, Johannes, 2012, Wirtschaftswachstum und gute Entwicklung. Was ist dran an der Wachstumskritik?, München.

Hirschhausen, Eckart von, 2009, Glück kommt selten allein, Reinbek.

Hirschhausen, Eckart von, 2012, Die Pinguin-Geschichte, https://www.hirschhausen.com/glueck/die-pinguingeschichte.php [31.01.2019].

Hnilicova, Helena / Hnilica, Karel, 2011, Die revolutionäre Erfahrung, in: Bormans, Leo (Hrsg.), Glück – The World Book of Happiness, Köln, S. 106–109.

Hofmann, Wilhelm et al., 2014, Yes, But Are They Happy? Effects of Trait Self-Control on Affective Well-Being and Life Satisfaction, in: Journal of Personality and Social Psychology, 82. Jg., Nr. 4, 265–77.

Holt-Lunstad, Julianne / Smith, Timothy B. / Layton, J. Bradley, 2010, Social relationships and mortality risk: a meta-analytic review, in: PLoS medicine, 7. Jg., Nr. 7, e1000316.

Horbach, Wolff, 2008, 77 Wege zum Glück, München.

Horn, Christoph, 2010, Antike Lebenskunst. Glück und Moral von Sokrates bis zu den Neuplatonikern, München.

Hossenfelder, Malte, 1996, Antike Glückslehren. Kynismus und Kyrenaismus, Stoa, Epikureismus und Skepsis: Quellen in deutscher Übersetzung mit Einführungen, Stuttgart.

Hossenfelder, Malte, 2010, Philosophie als Lehre vom glücklichen Leben – Antiker und neuzeitlicher Glücksbegriff, in: Bellebaum, Alfred / Hettlage, Robert (Hrsg.), Glück hat viele Gesichter – Annäherung an eine gekonnte Lebensführung, Wiesbaden, S. 75–92.

Huguet, Pascal et al., 2009, Clarifying the Role of Social Comparison in the Big-Fish-Little-Pond-Effect (BFLPE): An Integrative Study, in: Journal of Personality and Social Psychology, 97. Jg., Nr. 1, S. 156–170.

Hurrelmann, Klaus / Bauer, Ullrich, 2015, Einführung in die Sozialisationstheorie. Das Modell der produktiven Realitätsverarbeitung, Weinheim, Basel.

Hüther, Gerald, 2018, Interview mit Gerald Hüther: Ein Auszug aus der Studie „Siegeszug der Emotionen – Erfolgreich in die intensivste Wirtschaft aller Zeiten"., https://www.zukunftsinstitut.de/artikel/gerald-huether-wer-ein-bewusstsein-seiner-eigenen-wuerde-entwickelt-hat-ist-nicht-mehr-verfuehrbar/ [22.11.2018].

Iaffaldano, Michelle T. / Muchinsky, Paul M., 1985, Job satisfaction and job performance: A meta-analysis, in: Psychological Bulletin, 97. Jg., Nr. 2, S. 251–273.

Imgrund, Barbara / Schwalb, Susanne, 2006, Glück! Was es ist und wie Sie es finden, Planegg.

Inglehart, Ronald, 1977, The silent revolution: Changing Values among Western Publics, Princeton, NJ.

Inglehart, Ronald, 1990, Culture shift in advanced industrial society, Princeton, N.J.

Inglehart, Ronald et al., 2014, World Values Survey: Round Six, http://www.worldvaluessurvey.org/WVSDocumentationWV6.jsp [27.11.2018].

Inglehart, Ronald / Foa, Roberato / Peterson, Christopher / Welzel, Christian, 2008, Development, Freedom, and Rising Happiness – A Global Perspective (1981–2007), in: Perspectives on Psychological Science, 31. Jg., Nr. 1–2, S. 130–146.

Inglehart, Ronald / Klingemann, Hans-Dieter, 2000, Genes, Culture, Democracy, and Happiness, in: Diener, Ed / Suh, Eunkook (Hrsg.), Culture and Subjective well-being, S. 165–184.

Initiative D21, 2019, D21 Digital Index 2018/2019. Jährliches Lagebild zur Digitalen Gesellschaft, https://initiatived21.de/app/uploads/2019/01/d21_index2018_2019.pdf [19.03.2019].

Isen, Alice M., 1987, Positive Affect, Cognitive Processes, and Social Behavior, in: Advances in Experimental Social Psychology, 20. Jg., S. 203–253.

Isen, Alice M. / Daubman, Kimberly A. / Nowicki, Gary P., 1987, Positive Affect Facilitates Creative Problem Solving, in: Journal of Personality and Social Psychology, 52. Jg., Nr. 6, S. 112–1131.

Iyengar, Sheena S. / Lepper, Mark R., 2000, When Choice is Demotivating: Can One Desire Too Much of a Good Thing?, in: Journal of Personality and Social Psychology, 79. Jg., Nr. 6, S. 995–1006.

Jebb, Andrew T. / Tay, Louis / Diener, Ed / Oishi, Shigehiro, 2018, Happiness, income satiation and turning points around the world, in: Nature Human Behaviour, 2. Jg., Nr. 1, S. 33–38.

Job, Veronica et al., 2010, Ego depletion – is it all in your head? Implicit theories about willpower affect self-regulation, in: Psychological Sciences in the Public Interest, 21. Jg., Nr. 11, S. 1686–1693.

John, Oliver P. / Srivastava, Sanjay, 1999, The Big Five Trait Taxonomy. History, Measurement, and Theoretical PErspecitves, in: Pervin, Lawrence A. / John, Oliver P. (Hrsg.), Handbook of Personality. Theory and Research, New York, S. 102–138.

Johnston, David W. / Lee, Wang-Sheng, 2013, Extra Status and Extra Stress: Are Promotions Good for Us?, in: ILR Review, 66. Jg., Nr. 1, S. 32–54.

Judge, Timothy A. / Higgins, Chad A. / Thoresen, Carl J. / Barrick, Murray R., 1999, The Big Five Personality Traits, General Mental Ability, and Career Sucess Across the Lifespan, in: Personnel Psychology, 52. Jg., Nr. 3, S. 621–652.

Judge, Timothy A. / Thoresen, Carl J. / Bono, Joyce E. / Patton, Gregory K., 2001, The job satisfaction–job performance relationship: A qualitative and quantitative review, in: Psychological Bulletin, 127. Jg., Nr. 3, S. 376–407.

Judge, Timothy A. / Watanabe, Shinichiro, 1993, Another look at the job satisfaction-life satisfaction relationship, in: Journal of Applied Psychology, 78. Jg., Nr. 6, S. 939–948.

Kahneman, Daniel et al., 2004, A Survey Method for Characterizing Daily Life Experience: The Day Reconstruction Method, in: Science, 306. Jg., Nr. 5702, S. 1776–1780.

Kahneman, Daniel et al., 2006, Would You Be Happier If You Were Richer? A Focusing Illusion, in: Science, 312. Jg., Nr. 5782, S. 1908–1910.

Kahneman, Daniel / Deaton, Angus, 2010, High income improves evaluation of life but not emotional well-being, in: Proceedings of the National Academy of Sciences, 107. Jg., Nr. 38,
S. 16489–16493.

Kahneman, Daniel / Knetsch, Jack L. / Thaler, Richard H., 1991, Anomalies: The Endowment Effect, Loss Aversion, and Status Quo Bias, in: Journal of Economic Perspectives, 5. Jg., Nr. 1,
S. 193–206.

Kahneman, Daniel / Krueger, Alan B., 2006, Developments in the Measurement of Subjective Well-
Being, in: Journal of Economic Perspectives, 20. Jg., Nr. 1, S. 3–24.

Kahneman, Daniel / Tversky, Amos, 1979, Prospect Theory: An analysis of decision making under
risk, in: Econometrica, 47. Jg., Nr. 2, S. 263–292.

Kampkötter, Patrick / Sliwka, Dirk, 2011, Differentiation and Performance: An Empirical Investigation
on the Incentive Effects of Bonus Plans, in: IZA Discussion Papers, Nr. 6070, Bonn.

Kasser, Tim et al., 2014, Changes in materialism, changes in psychological well-being: Evidence
from three longitudinal studies and an intervention experiment, in: Motivation and Emotion,
38. Jg., Nr. 1, S. 1–22.

Kast, Bas, 2012, Ich weiss nicht, was ich wollen soll. Warum wir uns so schwer entscheiden können
und wo das Glück zu finden ist, Frankfurt am Main.

Keller, Alexander / Burandt, Maik, 2006, Neid in Organisationen, Berlin.

Killingsworth, Matt, 2012, Want to be happier? Stay in the moment, https://www.ted.com/talks/
matt_killingsworth_want_to_be_happier_stay_in_the_moment/details [05.10.2018].

Kim, Soonhee, 2002, Participative Management and Job Satisfaction: Lessons for Management
Leadership, in: Public Administration Review, 62. Jg., Nr. 2, S. 231–241.

Koch, Susanne / Stephan, Gesine / Walwei, Ulrich, 2005, Workfare: Möglichkeiten und Grenzen, in:
Zeitschrift für Arbeitsmarktforschung, 2/3, S. 419–440.

Köcher, Renate (Hrsg.), 2009, Allensbacher Jahrbuch der Demoskopie 2003–2009. Die Berliner
Republik, Berlin.

Köcher, Renate / Bruttel, Oliver / Heinze, Rolf G. (Hrsg.), 2012, Generali Altersstudie 2013. Wie ältere
Menschen leben, denken und sich engagieren, Frankfurt am Main.

Köcher, Renate / Raffelhüschen, Bernd, 2011, Glücksatlas Deutschland 2011. Erste Glücksstudie,
München.

Kolev, Galina / Matthes, Jürgen, 2017, Globalisierung: Protektionismus als Gefahr für den Wohlstand, in: Institut der Deutschen Wirtschaft Köln (Hrsg.), IW-Studien, Perspektive 2035. Wirtschaftspolitik für Wachstum und Wohlstand in der alternden Gesellschaft, Köln, S. 207–220.

Krieg, Oliver / Raffelhüschen, Bernd, 2017, Deutsche Post Glücksatlas 2017, München.

Kross, Ethan et al., 2013, Facebook use predicts declines in subjective well-being in young adults,
in: PloS one, 8. Jg., Nr. 8, e69841.

Krüger, Gerhard, 1998, Epikur und die Stoa über das Glück, Heidelberg.

Kunzmann, Ute / Little, Todd D. / Smith, Jacqui, 2000, Is age-related stability of subjective well-
being a paradox? Cross-sectional and longitudinal evidence from the Berlin Aging Study, in:
Psychology and Aging, 15. Jg., Nr. 3, S. 511–526.

Kushlev, Kostadin, 2018, Media Technology and Well-Being: A Complementarity-Interference Model,
in: Diener, Ed / Oishi, Shigehiro / Tay, Louis (Hrsg.), Handbook of well-being, Salt Lake City.

La Porta, Rafael / Lopez-de-Silane, Florencio / Shleifer, Andrei / Vishny, Robert, 1997, Trust in Large
Organizations, in: The American Economic Review, 87. Jg., Nr. 2, S. 333–338.

Lacey, Heather P. / Smith, Dylan M. / Ubel, Peter A., 2006, Hope I Die before I Get Old: Mispredicting
Happiness Across the Adult Lifespan, in: Journal of Happiness Studies, 7. Jg., Nr. 2, S. 167–182.

Lam, Simon S.K. / Chen, Xiao-Ping / Schaubroeck, John, 2002, Participative decision making and
employee performance in different cultures: the moderating effects of allocentrism/idiocen-
trism and efficacy, in: Academy of Management Journal, 45. Jg., Nr. 5, S. 905–914.

Lance, Charles E. / Mallard, Alison G. / Michalos, Alex C., 1995, Tests of the causal directions of glo-bal-life facet satisfaction relationships, in: Social Indicators Research, 34. Jg., Nr. 1, S. 69–92.

Larjovuori, Riitta-Liisa / Bordi, Laura / Mäkiniemi, Jaana-Piia / Heikkilä-Tammi, Kirsi, 2016, The Role of Leadership and Employee Well-being in organizational Digitalization, in: Russo-Spena, Tiziana / Mele, Cristina (Hrsg.), What's ahead in service research? New perspectives for business and society. 26th Annual RESER Conference 2016, Neapel, S. 1141–1154.

Laughlin, Lynda, 2014, A Child's Day: Living Arrangements, Nativity, and Family Transitions: 2011 (Selected Indicators of Child Well-Being). Current Population Reports, P70–139, http://ohiofamilyrights.com/Reports/Reports/Special-Reports-Page-1/A-Child-s-Day-Living-Arrangements--Nativity--and-Family-Transitions-2011-Selected-Indicators-of-Child-Well-Being-.pdf [21.03.2019].

Layard, Richard, 2002, Rethinking public economics: implications of rivalry and habit, in: Bruni, Luigino / Porta, Pier Luigi (Hrsg.), Economics and Happiness, New York, N.Y., S. 147–169.

Layard, Richard, 2005a, Die glückliche Gesellschaft. Kurswechsel für Politik und Wirtschaft, Frankfurt/Main, New York.

Layard, Richard, 2005b, Happiness. Lessons from a new science, New York.

Layard, Richard, 2006, Happiness and public policy: a challenge to the profession, in: The Economic Journal, 116. Jg., Nr. 510, S. 24–33.

Lee, Sueheon, 2018, Removing the Stigma of Divorce: Happiness Before and After Remarriage, in: SOEPpapers on Multidisciplinary Panel Data Research, Nr. 961, Berlin.

Leinmüller, Renate, 2014, Zahlen und Fakten zum Kinderwunsch in Deutschland. Kinderwunsch: Gibt es einen Aufwärtstrend?, in: pro familia magazin, 42. Jg., Nr. 1, S. 4–6.

Lepper, Heidi S., 1998, Use of other-reports to validate subjective wellbeing measures, in: Social Indicators Research, 44. Jg., Nr. 3, S. 367–379.

Lesch, Hagen / Schäfer, Holger / Schmidt, Jörg, 2011, Arbeitszufriedenheit in Deutschland. Messkonzepte und empirische Befunde, in: IW-Analysen, Nr. 70, Köln.

Levy, Becca R. / Slade, Martin D. / Kunkel, Suzanne R. / Kasl, Stanislav V., 2002, Longevity increased by positive self-perceptions of aging, in: Journal of personality and social psychology, 83. Jg., Nr. 2, S. 261–270.

Liu, Bette et al., 2016, Does happiness itself directly affect mortality? The prospective UK Million Women Study, in: The Lancet, 387. Jg., Nr. 10021, S. 874–881.

López Ulloa, Beatriz F. / Møller, Valerie / Sousa-Poza, Alfonso, 2013, How Does Subjective Well-Being Evolve with Age? A Literature Review, in: Journal of Population Ageing, 6. Jg., Nr. 3, S. 227–246.

Lu, Luo / Gilmour, Robin, 2004, Culture and conceptinos of Happiness: Individual Oriented and Social Oriented SWB, in: Journal of Happiness Studies, 5. Jg., Nr. 3, S. 269–291.

Lubian, Diego / Zarri, Luca, 2011, Happiness and Tax Morale: an Empirical Analysis, in: Journal of Economic Behavior & Organization, 80. Jg., Nr. 4, S. 223–243.

Lucas, Richard E., 2007, Adaptation and the set-point model of subjective well-being. Does happiness change after major life events?, in: Current Directions in Psychological Sciences, 16. Jg., Nr. 2, S. 75–79.

Lucas, Richard E., 2018, Reevaluating the strengths and weaknesses of self-report measures of subjective well-being, in: Diener, Ed / Oishi, Shigehiro / Tay, Louis (Hrsg.), Handbook of well-being, Salt Lake City, S. 58–68.

Lucas, Richard E. / Clark, Andrew E. / Georgellis, Yannis / Diener, Ed, 2003, Reexamining adaptation and the set point model of happiness: Reactions to changes in marital status, in: Journal of Personality and Social Psychology, 84. Jg., Nr. 3, S. 527–539.

Lucas, Richard E. / Clark, Andrew E. / Georgellis, Yannis / Diener, Ed, 2004, Unemployment Alters the Set Point for Life Satisfaction, in: Psychological Sciences in the Public Interest, 15. Jg., Nr. 1, S. 8–13.

Lucas, Richard E. / Diener, Ed / Suh, Eunkook M., 1996, Discriminant Validity of Well-Being Measures, in: Journal of Personality and Social Psychology, 71. Jg., Nr. 3, S. 616–628.

Lucas, Richard E. / Lawless, Nicole M., 2013, Does Life Seem Better on a Sunny Day? Examining the Association Between Daily Weather Conditions and Life Satisfaction Judgments, in: Journal of Personality and Social Psychology, 104. Jg., Nr. 5, S. 872–884.

Luhmann, Maike / Lucas, Richard E. / Eid, Michael / Diener, Ed, 2013, The Prospective Effect of Life Satisfaction on Life Events, in: Social Psychological and Personality Science, 4. Jg., Nr. 1, S. 39–45.

Lykken, David / Tellegen, Auke, 1996, Happiness is a Stochastic Phenomenon, in: Psychological Sciences in the Public Interest, 7. Jg., Nr. 3, S. 186–189.

Lyubomirsky, Sonja, 2001, Why are some people happier than others – The role of Cognitive and Motivational Processes in Well-Being, in: American Psychologist, 56. Jg., Nr. 3, S. 239–249.

Lyubomirsky, Sonja / King, Laura / Diener, Ed, 2005, The Benefits of Frequent Positive Affect: Does Happiness Lead to Success?, in: Psychological Bulletin, 131. Jg., Nr. 6, S. 803–855.

Lyubomirsky, Sonja / Lepper, Heidi S., 1999, A Measure of Subjective Happiness: Preliminary Reliability and Construct Validation, in: Social Indicators Research, 46. Jg., Nr. 2, S. 137–155.

Lyubomirsky, Sonja / Ross, Lee, 1997, Hedonic Consequences of Social Comparison: A Contrast of Happy and Unhappy People, in: Journal of Personality and Social Psychology, 73. Jg., Nr. 6, S. 1141–1157.

Lyubomirsky, Sonja / Sheldon, Kennon M. / Schkade, David, 2005, Pursuing happiness: The architecture of sustainable change, in: Review of General Psychology, 9. Jg., Nr. 20, S. 111–131.

MacKerron, George / Mourato, Susana, 2013, Happiness is greater in natural environments, in: Global Environmental Change, 23. Jg., Nr. 5, S. 992–1000.

Ma-Kellams, Christine / Wang, Margaret C. / Cardiel, Hannah, 2017, Attractiveness and relationship longevity: Beauty is not what it is cracked up to be, in: Personal Relationships, 24. Jg., Nr. 1, S. 146–161.

Marmot, Michael G., 2004, The status syndrome. How social standing affects our health and longevity, London.

Martens, Jens-Uwe, 2014, Glück in Psychologie, Philosophie und im Alltag, Stuttgart.

Marx, Karl, 1847, Wage Labour and Capital. Relation of Wage-Labour to Capital, http://www.marxists.org/archive/marx/works/1847/wage-labour/ch06.htm [27.11.2018].

Maslow, Abraham, 1943, A Theory of Human Motivation, in: Psychological Review, 50. Jg., Nr. 4, S. 370–396.

Mazur, Allan / Booth, Alan, 1998, Testosterone and Dominance in Men, in: Behavioral and Brain Sciences, 21. Jg., Nr. 3, S. 353–363.

McCrae, Robert R. / Costa, Paul T., 1999, A Five-Factor Theory of Personality, in: Pervin, Lawrence A. / John, Oliver P. (Hrsg.), Handbook of Personality. Theory and Research, New York, S. 139–153.

McGuire, Michael T. et al, 1993, Life-lasting strategies, adaptive variations and behaviour-physiologic interactions: the sociophysiology of vervet monkeys, in: Barchas, Patricia (Hrsg.), Life-lasting strategies, adaptive variations and behaviour-physiologic interactions: the sociophysiology of vervet monkeys, New York.

McKinsey & Company, 2016, Digitalisierung in deutschen Haushalten. Wie Familien mehr Qualitätszeit gewinnen können, https://www.bmfsfj.de/blob/100556/22337b52e49a0118ef08c6018584eece/studie-digitalisierung-deutsche-haushalte-data.pdf [19.03.2019].

Meier, Stephan / Stutzer, Alois, 2004, Is Volunteering Rewarding in Itself?, in: IZA Discussion Paper, Nr. 1045, Bonn.

Mertel, Barbara, 2006, Arbeitszufriedenheit – Eine emprirische Studie zu Diagnose, Erfassung und Modifikation in einem führenden Unternehmen des Automotives, Bamberg.

Meyer, Björn et al., 2007, Happiness and despair on the catwalk: Need satisfaction, well-being, and personality adjustment among fashion models, in: The Journal of Positive Psychology, 2. Jg., Nr. 1, S. 2–17.

Mill, John Stuart, 2006, Utilitarianism. Englisch/deutsch, Stuttgart.

Mroczek, Daniel K. / Kolarz, Christian M., 1998, The effect of age on positive and negative affect: A developmental perspective on happiness, in: Journal of personality and social psychology, 75. Jg., Nr. 5, S. 1333–1349.

Musick, Kelly / Meier, Ann / Flood, Sarah, 2016, How Parents Fare, in: American Sociological Review, 81. Jg., Nr. 5, S. 1069–1095.

Mussweiler, Thomas, 2003, Comparison processes in social judgment: Mechanisms and consequences, in: Psychological Review, 110. Jg., Nr. 3, S. 472–489.

Myers, David G., 2000, The funds, friends, and faith of happy people, in: American Psychologist, 55. Jg., Nr. 1, S. 56–67.

Nelson, S. Katherine et al., 2013, In defense of parenthood: children are associated with more joy than misery, in: Psychological science, 24. Jg., Nr. 1, S. 3–10.

Neumann, Michael, 2012, Zum Glück wachsen. Sieben Weisheiten zu Wachstum, Wohlstand und Wohlbefinden, München.

Neumann, Michael / Schmidt, Jörg, 2013, Glücksfaktor Arbeit. Was bestimmt unsere Lebenszufriedenheit?, http://www.gbv.de/dms/zbw/739773313.pdf [28.01.2019].

Neumark, David / Postlethwaite, Andrew, 1998, Relative income concerns and the rise in married women's employment, in: Journal of Public Economics, 70. Jg., Nr. 1, S. 157–183.

Nieken, Petra / Dato, Simon, 2016, Compensation and Honesty: Gender Differences in Lying, in: Beiträge zur Jahrestagung des Vereins für Socialpolitik 2016: Demographischer Wandel – Session: Organizational Design, A23-V3.

Nikolova, Elena / Sanfey, Peter, 2016, How much should we trust life satisfaction data? Evidence from the Life in Transition Survey, in: Journal of Comparative Economics, 44. Jg., Nr. 3, S. 720–731.

Nink, Marco, 2016, Präsentation zum Engagement Index 2016, http://www.gallup.de/183104/engagement-index-deutschland.aspx [06.12.2018].

Noelle-Neumann, Elisabeth, 1978, Werden wir alle Proletarier? Wertewandel in unserer Gesellschaft, Zürich, Osnabrück.

Noelle-Neumann, Elisabeth / Köcher, Renate (Hrsg.), 1997, Allensbacher Jahrbuch der Demoskopie 1993–1997. Wie man ohne Fragen feststellen kann, ob ein Mensch glücklich oder unglücklich ist, Allensbach am Bodensee.

Noelle-Neumann, Elisabeth / Petersen, Thomas, 2001, Zeitenwende – Der Wertewandel 30 Jahre später, in: Politik und Zeitgeschichte, 29. Jg., S. 15–22.

Nuber, Ursula, 2012, Keine Kraft mehr? Vielleicht bilden Sie sich das nur ein!, in: Psychology Heute, Nr. 2, S. 26–27.

O'Brien, Ed / Ellsworth, Phoebe C. / Schwarz, Norbert, 2012, Today's misery and yesterday's happiness: Differential effects of current life-events on perceptions of past wellbeing, in: Journal of Experimental Social Psychology, 48. Jg., Nr. 4, S. 968–972.

OECD, 2013, OECD Guidelines on Measuring Subjective Well-being, Paris.

OECD, 2014, Better Life Index – Edition 2014, https://stats.oecd.org/Index.aspx?DataSetCode=BLI [19.03.2019].

OECD, 2017a, Better Life Index – Edition 2017, https://stats.oecd.org/Index.aspx?DataSetCode=BLI [05.12.2018].

OECD, 2017b, PISA 2015 Results (Volume III). Students' Well-Being, Paris.

OECD, 2019, Inclusive growth, http://www.oecd.org/inclusive-growth/#Giving-everyone-a-stake-in-growth [15.02.2019].

Oesch, Daniel / Lipps, Oliver, 2013, Does Unemployment Hurt Less if There is More of it Around? A Panel Analysis of Life Satisfaction in Germany and Switzerland, in: Journal of Economic Literature, 29. Jg., Nr. 5, S. 955–967.

Oishi, Shigehiro / Diener, Ed, 2014, Can and Should Happiness Be a Policy Goal?, in: Policy Insights from the Behavioral and Brain Sciences, 1. Jg., Nr. 1, S. 195–203.

Oishi, Shigehiro / Diener, Ed / Lucas, Richard E., 2007, The Optimum Level of Well-Being: Can People Be Too Happy?, in: Perspectives on psychological science: a journal of the Association for Psychological Science, 2. Jg., Nr. 4, S. 346–360.

Olds, James, 1956, A preliminary mapping of electrical reinforcing effects in the rat brain, in: Journal of Comparative and Physiological Psychology, 49. Jg., Nr. 3, S. 281–285.

Opp, Günter, 2011, Wohlbefinden im Jugendalter: Widerstandskräfte entwickeln, in: Frank, Renate (Hrsg.), Therapieziel Wohlbefinden, Berlin, Heidelberg, S. 249–257.

Perlman, Daniel / Rook, Karen S., 1987, Social support, social deficits, and the family: Toward the enhancement of well-being, in: Applied Social Psychology Annual, 7. Jg., S. 17–44.

Phillips, Helen, 2004, Die Glücksboten. Vergnügungssucht regiert die Welt – und wurzelt tiefer in uns als die bloße Vorliebe für gutes Essen. Vielmehr bestimmt sie all unser Entscheiden und Handeln., in: Gehirn & Geist, Nr. 3, S. 42–47.

Pindyck, Robert S. / Rubinfeld, Daniel L., 2009, Mikroökonomie, München.

Pinquart, Martin / Sörensen, Silvia, 2000, Influences of Socioeconomic Status, Social Network, and Competence on Subjective Well-Being in Later Life: A Meta-Analysis, in: Psychology and Aging, 15. Jg., Nr. 2, S. 187–224.

Pollmann-Schult, Matthias, 2013, Elternschaft und Lebenszufriedenheit in Deutschland, in: Comparative Population Studies – Zeitschrift für Bevölkerungswissenschaft, 38. Jg., Nr. 1, S. 59–84.

Pressman, Sarah D. / Cohen, Sheldon, 2005, Does positive affect influence health?, in: Psychological Bulletin, 131. Jg., Nr. 6, S. 925–971.

Putnam, Robert D. / Leonardi, Robert / Nanetti, Raffaella, 1993, Making democracy work. Civic traditions in modern Italy, Princeton, N.J.

Raffelhüschen, Bernd / Schlinkert, Reinhard, 2015, Deutsche Post Glücksatlas 2015, München.

Raffelhüschen, Bernd / Schlinkert, Reinhard, 2016, Deutsche Post Glücksatlas 2016, München.

Raffelhüschen, Bernd / Schlinkert, Reinhard, 2018, Deutsche Post Glücksatlas 2018, München.

Raffelhüschen, Bernd / Schöppner, Klaus-Peter, 2012, Deutsche Post Glücksatlas 2012, München.

Ragu-Nathan, T. S. / Tarafdar, Monideepa / Ragu-Nathan, Bhanu S. / Tu, Qiang, 2008, The Consequences of Technostress for End Users in Organizations: Conceptual Development and Empirical Validation, in: Information Systems Research, 19. Jg., Nr. 4, S. 417–433.

Ratey, John J. / Loehr, James E., 2011, The positive impact of physical activity on cognition during adulthood: a review of underlying mechanisms, evidence and recommendations, in: Reviews in the neurosciences, 22. Jg., Nr. 2, S. 171–185.

Rees, Gwyther / Main, Gill, 2015, Children's views on their lives and well-being in 15 countries: An initial report on the Children's Worlds survey, 2013–14, http://www.isciweb.org/_Uploads/dbsAttachedFiles/ChildrensWorlds2015-FullReport-Final.pdf [28.01.2019].

Rehdanz, Kathrin / Maddison, David, 2005, Climate and Happiness, in: Ecological Economics, 52. Jg., Nr. 1, S. 111–125.

Rehwaldt, Ricarda, 2019, Glück in Unternehmen, Wiesbaden.

Rietveld, Cornelius A. et al., 2013, Molecular genetics and subjective well-being, in: Proceedings of the National Academy of Sciences, 110. Jg., Nr. 24, S. 9692–9697.

Rizzolatti, Giacomo / Griese, Friedrich / Sinigaglia, Corrado, 2008, Empathie und Spiegelneurone. Die biologische Basis des Mitgefühls, Frankfurt am Main.

Roman Herzog Institut, 2013, Vertrauen, Wohlstand und Glück. Forschungsergebnisse zu Wachstum, Wohlstand und Wohlbefinden, http://www.gbv.de/dms/zbw/748908420.pdf [28.01.2019].

Rosar, Ulrich / Klein, Markus, 2006, Das Auge hört mit! Der Einfluss der phsyischen Attraktivität des Lehrpersonals auf die studentische Evaluation von Lehrveranstaltungen – eine empirische Analyse am Beispiel der Wirtschafts- und Sozialwissenschaftlichen Fakultät der Universität zu Köln, in: Zeitschrift für Soziologie, 35. Jg., Nr. 4, S. 305–316.

Røysamb, Espen / Nes, Ragnhild B., 2018, The genetics of wellbeing, in: Diener, Ed / Oishi, Shigehiro / Tay, Louis (Hrsg.), Handbook of well-being, Salt Lake City, S. 283–302.

Ruckriegel, Karlheinz, 2007, Glücksforschung, in: WiSt Heft 10, Nr. 10, S. 515–530.

Ruckriegel, Karlheinz, 2010, Glücksforschung auf den Punkt gebracht. Vorlage zur 3. Sitzung der Arbeitsgruppe „Zufriedenheit" des Ameranger Disputs der Ernst Freiberger Stiftung und der Stiftung DenkwerkZukunft am 5. Februar 2010 in Berlin, http://www.ruckriegel.org/papers/GluecksforschungLangfassung.doc [03.09.2018].

Ruckriegel, Karlheinz, 2012, Glücksforschung – Erkenntnisse und Konsequenzen – Kurzzusammenfassung (Statement), http://www.romanherzoginstitut.de/fileadmin/media/veranstaltungen/downloads/20120425/Vortrag_ergaenzt_Prof__Ruckriegel_April_2012_Endfassung.pdf.

Rudow, Bernd, 2011, Die gesunde Arbeit. Arbeitsgestaltung, Arbeitsorganisation und Personalführung, München.

Ryff, Carol D. / Keyes, Lee M., 1995, The Structure of Psychological Well-Being Revisited, in: Journal of Personality and Social Psychology, 69. Jg., Nr. 4, S. 719–727.

Ryff, Carol D. / Singer, Burton H. / Dienberg Love, Gayle, 2004, Positive health: connecting well-being with biology, in: Philosophical Transactions of the Royal Society B: Biological Sciences, 359. Jg., Nr. 1449, S. 1383–1394.

Sacks, Daniel W. / Stevenson, Betsey / Wolfers, Justin, 2010, Subjective Well-Being, Income, Economic Development and Growth, in: Institute of Economic Affairs, Nr. 3206, S. 59–97.

Samuelson, William / Zeckhauser, Richard, 1988, Status Quo Bias in Decision Making, in: Journal of Risk and Uncertainty, 1. Jg., Nr. 1, S. 7–59.

Schäfer, Holger / Schmidt, Jörg / Stettes, Oliver, 2013, Qualität der Arbeit, in: IW-Positionen, Nr. 61, Köln.

Scheuer, Angelika, 2016, Wertorientierungen, Ansprüche und Erwartungen, in: Statistisches Bundesamt (Hrsg.), Schriftenreihe der Bundeszentrale für Politische Bildung, Datenreport 2016. Ein Sozialbericht für die Bundesrepublik Deutschland, Bonn, S. 417–425.

Schleiter, André, 2008, Glück, Freude, Wohlbefinden – welche Rolle spielt das Lernen? Ergebnisse einer repräsentativen Umfrage unter Erwachsenen in Deutschland, https://www.bertelsmann-stiftung.de/fileadmin/files/BSt/Presse/imported/downloads/xcms_bst_dms_23599_23600_2.pdf [28.01.2019].

Schmidt, Christop M. / dem Moore, Nils aus, 2014, Wie geht es uns? Die W3-Indikatoren für eine neue Wohlstandsmessung, https://www.econstor.eu/bitstream/10419/95942/1/78187811X.pdf [28.01.2019].

Schmidt, Jörg, 2017, Unerwünschte Effekte von Lohntransparenz?! Mögliche Auswirkungen von Entgeltvergleichen auf die individuell empfundene Lohngerechtigkeit, in: IW-Report, Nr. 21, Köln.

Schmidt-Atzert, Lothar, 1996, Lehrbuch der Emotionspsychologie, Stuttgart, Berlin.

Scholz, Alexander / Rabauer, Norbert / Doriath, Thomas, 2014, The Next Episode: Code to Enterprise 3.0. Paradigmenwechsel in Unternehmen: 7 Thesen über die Zukunft von Arbeits- und Kommunikationsprozessen, Berlin.

Schulz, Richard / Decker, Susan, 1985, Long-term adjustment to physical disability: The role of social support, perceived control, and self-blame, in: Journal of personality and social psychology, 48. Jg., Nr. 5, S. 1162–1172.

Schulz, Sonja, 2009, Intergenerationale Scheidungstransmission und Aufwachsen in Stieffamilien: gibt es den Transmissionseffekt auch bei Stiefkindern?, in: Zeitschrift für Familienforschung, Band 21, Nr. 1, S. 5–29.

Schwartz, Barry, 2004a, The paradox of choice. Why more is less, New York.

Schwartz, Barry, 2004b, The Tyranny of Choice, in: Scientific American, 290. Jg., Nr. 4, S. 71–75.

Schwarz, Norbert, 1988, Stimmung als Information – Zum Einfluß von Stimmungen und Emotionen auf evaluative Urteile, in: Psychologische Rundschau, 39. Jg., Nr. 3, S. 148–159.

Schwarz, Norbert / Clore, Gerald L., 1983, Mood, misattribution, and judgments of well-being: Informative and directive functions of affective states, in: Journal of Personality and Social Psychology, 45. Jg., Nr. 3, S. 513–523.

Schwarz, Norbert / Strack, Fritz / Kommer, Detlev / Wagner, Dirk, 1987, Soccer, rooms, and the quality of your life: Mood effects on judgments of satisfaction with life in general and with specific domains, in: European Journal of Social Psychology, 17. Jg., Nr. 1, S. 69–79.

Schwarze, Johannes (Hrsg.), 2007, Arbeitsmarkt- und Sozialpolitikforschung im Wandel. Festschrift für Christof Helberger zum 65. Geburtstag, Hamburg.

Segrin, Chris / Taylor, Melissa, 2007, Positive interpersonal relationships mediate the association between social skills and psychological well-being, in: Personality and Individual Differences, 43. Jg., Nr. 4, S. 637–646.

Seligman, Martin E. P. / Csikszentmihalyi, Mihaly, 2000, Positive psychology: An introduction, in: American Psychologist, 55. Jg., Nr. 1, S. 5–14.

Sharif, Marissa / Mogilner, Cassie / Hershfield, Hal, 2018, The Effects of Being Time Poor and Time Rich on Life Satisfaction, in: SSRN Electronic Journal.

Sheldon, Kennon M. / King, Laura, 2001, Why Positive Psychology Is Necessary, in: American Psychology, 56. Jg., Nr. 3, S. 216–217.

Sikorska, Olena / Grizelj, Filip, 2015, Sharing Economy – Shareable City – Smartes Leben, in: HMD Praxis der Wirtschaftsinformatik, 52. Jg., Nr. 4, S. 502–522.

Simon, Claus P., 2011, Ein Hauch, ein Husch, ein Augenblick, in: GEOWISSEN, 47. Jg., S. 24–27.

Sirgy, M. Joseph, 1998, Materialism and Quality of Life, in: Social Indicators Research, 43. Jg., Nr. 3, S. 227–260.

Smith, Adam / Eckstein, Walther / Brandt, Horst D., 2010, Theorie der ethischen Gefühle, Hamburg.

Snyder, Mark / Tanke, Elizabeth Decker / Berscheid, Ellen, 1977, Social perception and interpersonal behavior: On the self-fulfilling nature of social stereotypes, in: Journal of Personality and Social Psychology, 35. Jg., Nr. 9, S. 656–666.

Sobotka, Tomás / Zeman, Krystof / Kantorová, Vladimír, 2003, Demographic Shifts in the Czech Republic after 1989: A Second Demographic Transition View, in: European Journal of Population, 19. Jg., Nr. 3, S. 249–277.

Solnick, Sara J. / Hemenway, David, 1998, Is more always better?: A survey on positional concerns, in: Journal of Economic Behavior & Organization, 37. Jg., Nr. 3, S. 373–383.

Sorenson, Susan, 2014, How Employees' Strengths Make Your Company Stronger, https://news.gallup.com/businessjournal/167462/employees-strengths-company-stronger.aspx?utm_source=company%20stronger&utm_medium=search&utm_campaign=tiles [07.08.2018].

Soto, Christopher J., 2015, Is happiness good for your personality? Concurrent and prospective relations of the big five with subjective well-being, in: Journal of personality, 83. Jg., Nr. 1, S. 45–55.

Sousa-Poza, Alfonso / Sousa-Poza, Andrés A., 2000, Well-being at work: a cross-national analysis of the levels and determinants of job satisfaction, in: The Journal of Socio-Economics, 29. Jg., Nr. 6, S. 517–538.

Sozialgesetzbuch, 1997, Sozialgesetzbuch (SGB) Drittes Buch (III) – Arbeitsförderung – (Artikel 1 des Gesetzes vom 24. März 1997, BGBl. I S. 594) § 138 Arbeitslosigkeit, https://www.gesetze-im-internet.de/sgb_3/__138.html [30.07.2018].

Spitzer, Manfred, 2002, Lernen. Gehirnforschung und die Schule des Lebens, Heidelberg.

Splendid Research GmbH, 2017, Studie: Soziale Kontakte. Eine repräsentative Umfrage unter 1.039 Deutschen zur Anzahl und Qualität ihrer sozialen Kontakte, https://www.splendid-research.com/de/studie-soziale-kontakte.html [23.01.2019].

Statistisches Bundesamt, 2013, Bruttoinlandsprodukt (BIP). Was beschreibt der Indikator, https://www.destatis.de/DE/ZahlenFakten/GesamtwirtschaftUmwelt/VGR/Methoden/BIP.html;jsessionid=CCFD8F59B45CE36475930B188135AFA3.InternetLive2 [27.11.2018].

Statistisches Bundesamt, 2017, Volkswirtschaftliche Gesamtrechnungen. Inlands-produktberechnung. Lange Reihen ab 1970, https://www.destatis.de/DE/Publikationen/Thematisch/VolkswirtschaftlicheGesamtrechnungen/Inlandsprodukt/InlandsproduktsberechnungLangeReihenPDF_2180150.pdf?__blob=publicationFile [05.12.2018].

Statistisches Bundesamt, 2018a, Internationale Arbeitsorganisation (ILO)-Arbeitsmarktstatistik, https://www.destatis.de/DE/ZahlenFakten/GesamtwirtschaftUmwelt/Arbeitsmarkt/Methoden/ArbeitsmarktstatistikILO.html [30.07.2018].

Statistisches Bundesamt, 2018b, Pressemitteilung Nr. 154 vom 30.04.2018. 33 % der Erwerbstätigen sind mit ihrer Tätigkeit sehr zufrieden, https://www.destatis.de/DE/PresseService/Presse/Pressemitteilungen/2018/04/PD18_154_12211.html [02.08.2018].

Statistisches Bundesamt, 2018c, Pressemitteilung Nr. 437 vom 13.11.2018. Über 45 Millionen Erwerbstätige im 3. Quartal 2018, https://www.destatis.de/DE/PresseService/Presse/Pressemitteilungen/2018/11/PD18_437_13321.html [23.01.2019].

Stavrova, Olga / Schlösser, Thomas / Fetchenhauer, Detlef, 2011, Are the unemployed equally un-happy all around the world? The role of the social norms to work and welfare state provision in 28 OECD countries, in: Journal of Economic Psychology, 32. Jg., Nr. 1, S. 159–171.

Steele, Liza G. / Lynch, Scott M., 2013, The Pursuit of Happiness in China: Individualism, Collec-tivism, and Subjective Well-Being during China's Economic and Social Transformation, in: Soci-al Indicators Research, 114. Jg., Nr. 2, S. 441–451.

Stevenson, Betsey / Wolfers, Justin, 2008, Economic Growth and Subjective Well-being: Reasses-sing the Easterlin Paradox, in: NBER Working Paper, Nr. 14282, Cambridge, MA.

Stockemer, Daniel / Praino, Rodrigo, 2015, Blinded by Beauty? Physical Attractiveness and Candi-date Selection in the U.S. House of Representatives, in: Social Science Quarterly, 96. Jg., Nr. 2, S. 430–443.

Stocker, Frank, 2018, Dem Glück auf der Spur, in: Welt am Sonntag, Nr. 32, 12.08.2018, S. 17–18.

Stroebe, Wolfgang / Stroebe, Margaret, 1980, Der Kummer-Effekt: Psychologische Aspekte der Sterblichkeit der Verwitweten, in: Psychologische Beiträge, Nr. 22, S. 1–26.

Struhs-Wehr, Karin, 2017, Betriebliches Gesundheitsmanagement und Führung. Gesundheitsorien-tierte Führung als Erfolgsfaktor im BGM, Wiesbaden.

Stutzer, Alois / Frey, Bruno S., 2006, Does marriage make people happy, or do happy people get married?, in: The Journal of Socio-Economics, 35. Jg., Nr. 2, S. 326–347.

Suh, Eunkook M. / Diener, Ed / Oishi, Shigehiro / Triandis, Harry C., 1998, The Shifting Basis of Life Satisfaction Judgments Across Cultures: Emotions Versus Norms, in: Journal of Personality and Social Psychology, 74. Jg., Nr. 2, S. 482–493.

Sweeting, Helen / West, Patrick, 2003, Sex differences in health at ages 11, 13 and 15, in: Social Science and Medicine, 56. Jg., Nr. 1, S. 31–39.

Tay, Louis / Diener, Ed, 2011, Needs and subjective well-being around the world, in: Journal of Per-sonality and Social Psychology, 101. Jg., Nr. 2, S. 354–365.

Tay, Louis / Herian, Mitchel N. / Diener, Ed, 2014, Detrimental Effects of Corruption and Subjective Well-Being, in: Social Psychological and Personality Science, 5. Jg., Nr. 7, S. 751–759.

Taylor, Shelley E. / Lichtman, Rosemary R. / Wood, Joanne V., 1983, It Could Be Worse: Selective Evaluation as a Response to Victimization, in: Journal of Social Issues, 39. Jg., Nr. 2, S. 19–40.

Thoits, Peggy A. / Hewitt, Lyndi N., 2001, Volunteer Work and Well-Being, in: Journal of Health and Social Behavior, 42. Jg., Nr. 2, S. 115–131.

Tiliouine, Habib, 2011, Lektionen aus der Sahara, in: Bormans, Leo (Hrsg.), Glück – The World Book of Happiness, Köln.

Treier, Michael, 2009, Personalpsychologie im Unternehmen, München.

Tully, Claus, 2017, Jugend – Konsum – Digitalisierung. Über das Aufwachsen in digitalen Konsumwelten, Wiesbaden.

Uchida, Yukiko / Norasakkunkit, Vinai / Kitayama, Shinobu, 2004, Cultural Constructions of Happiness: Theory and Empirical Evidence, in: Journal of Happiness Studies, 5. Jg., Nr. 3, S. 223–239.

Uchida, Yukiko / Norasakkunkit, Vinai / Kitayama, Shinobu, 2013, Cultural Constructions of Happiness: Theory and Empirical Evidence, in: Delle Fave, Antonella (Hrsg.), The exploration of happiness: Present and future perspectives, Dordrecht, S. 269–280.

Uhling, Anja / Siegert, Sonja, 2014, Eine unpopuläre Entscheidung. „Ich will kein Kind", in: pro familia magazin, 42. Jg., Nr. 1, S. 24–27.

Umberson, Debra / Pudrovska, Tetyana / Reczek, Corinne, 2010, Parenthood, Childlessness, and Well-Being: A Life Course Perspective, in: Journal of marriage and the family, 72. Jg., Nr. 3, S. 612–629.

Underwood, Bill / Moore, Bert S. / Rosenhan, D. L., 1973, Affect and self-gratification, in: Developmental psychology, 8. Jg., Nr. 2, S. 209–214.

United Nations, 2014, World Urbanization Prospects: The 2014 Revision, https://esa.un.org/unpd/wup/publications/files/wup2014-report.pdf [12.07.2018].

Uslaner, Eric M., 2008, Corruption, Inequality, and the Rule of Law. The Bulging Pocket Makes the Easy Life, Cambridge, New York.

van Boven, Leaf / Gilovich, Thomas, 2003, To Do or to Have? That Is the Question, in: Journal of Personality and Social Psychology, 85. Jg., Nr. 6, S. 1193–1202.

van Quaquebeke, Niels / Becker, Jan U. / Goretzki, Niko / Barrot, Christian, 2017, Perceived Ethical Leadership Affects Customer Purchasing Intentions Beyond Ethical Marketing in Advertising Due to Moral Identity Self-Congruence Concerns, in: Journal of Business Ethics, 38. Jg., Nr. 3, S. 102.

van Suntum, Ulrich / Prinz, Aloys / Uhde, Nicole, 2010, Lebenszufriedenheit und Wohlbefinden in Deutschland: Studie zur Konstruktion eines Lebenszufriedenheitsindikators, in: SOEPpapers on Multidisciplinary Panel Data Research, Nr. 259, Berlin.

Veenhoven, Ruut, 1991a, Is Happiness Relative?, in: Social Indicators Research, 24. Jg., Nr. 1, S. 1–34.

Veenhoven, Ruut, 1991b, Ist Glück Relativ? Überlegungen zu Glück, Stimmung und Zufriedenheit aus psychologischer Sicht, in: Report Psychologie, Nr. 7, S. 14–20.

Veenhoven, Ruut, 1996, Developments in Satisfaction-Research, in: Social Indicators Research, 37. Jg., Nr. 1, S. 1–46.

Veenhoven, Ruut, 2000, Freedom and Happiness: A Comparative Study in Forty-four Nations in the Early 1990s, in: Diener, Ed / Eunkook, M. Suh (Hrsg.), Culture and Subjective Well-Being, Cambridge, S. 257–288.

Veenhoven, Ruut, 2008, Healthy happiness: effects of happiness on physical health and the consequences for preventive health care, in: Journal of Happiness Studies, 9. Jg., Nr. 3, S. 449–469.

Veenhoven, Ruut, 2009, Well-Being in Nations and Well-Being of Nations – Is there a conflict between individual and society?, in: Social Indicators Research, 91. Jg., Nr. 1, S. 5–21.

Veenhoven, Ruut, 2017, Happiness in Germany. World Database of Happiness, https://worlddatabaseofhappiness.eur.nl/hap_nat/nat_fp.php?cntry=69&name=Germany&mode=3&subjects=1263&publics=75 [26.07.2018].

Verduyn, Philippe et al., 2015, Passive Facebook usage undermines affective well-being: Experimental and longitudinal evidence, in: Journal of experimental psychology. General, 144. Jg., Nr. 2, S. 480–488.

Verduyn, Philippe et al., 2017, Do Social Network Sites Enhance or Undermine Subjective Well-Being? A Critical Review, in: Social Issues and Policy Review, 11. Jg., Nr. 1, S. 274–302.

Vogelmann, Katharina, 2003, Das Glück sitzt im Gehirn: Neurowissenschaftler erforschen die biologischen Grundlagen der Freude, https://www.wissenschaft.de/umwelt-natur/das-glueck-sitzt-im-gehirn-neurowissenschaftler-erforschen-die-biologischen-grundlagen-der-freude/ [27.11.2018].

Voigt, Stefan, 2002, Institutionenökonomik, München.

Vroom, Victor H., 1964, Work and motivation, New York.

Wahl, Stefanie / Gödderz, Karsten, 2014, Das Wohlstandsquintett 2014. Zur Messung des Wohlstands in Deutschland und anderen früh industrialisierten Ländern, http://www.denkwerkzukunft.de/downloads/Wohlstandsquintett2014.pdf [30.07.2018].

Walper, Sabine / Beckh, Katharina, 2006, Adolescents' Development in High-Conflict and Separated Families: Evidence from a German Longitudinal Study, in: Clarke-Stewart, Alison / Dunn, Judy (Hrsg.), Families Count, Cambridge, S. 238–270.

Waterman, Alan S., 1984, The psychology of individualism, New York.

Waterman, Alan S., 1993, Two Conceptions of Happiness: Contrasts of Personal Expressiveness (Eudaimonia) and Hedonic Enjoyment, in: Journal of Personality and Social Psychology, 64. Jg., Nr. 4, S. 678–691.

Weil, Michelle M. / Rosen, Larry D., 1997, TechnoStress. Coping with technology @work @home @play, New York.

Weimann, Joachim / Knabe, Andreas / Schöb, Ronnie, 2012, Geld macht doch glücklich. Wo die ökonomische Glücksforschung irrt, Stuttgart.

Welsch, Heinz, 2006, Environment and Happiness: Valuation of Air Pollution Using Life Satisfaction Data, in: Ecological Economics, 58. Jg., Nr. 4, S. 801–813.

Welsch, Heinz, 2007, Environmental Welfare Analysis: A Life Satisfaction Approach, in: Ecological Economics, 62. Jg., 3–4, S. 544–551.

Werth, Lioba / Mayer, Jennifer, 2008, Sozialpsychologie, Heidelberg.

Wheeler, Ladd / Miyake, Kunitate, 1992, Social comparison in everyday life, in: Journal of Personality and Social Psychology, 62. Jg., Nr. 5, S. 760–773.

Whillans, Ashley V. et al., 2017, Buying time promotes happiness, in: Proceedings of the National Academy of Sciences of the United States of America, 114. Jg., Nr. 32, S. 8523–8527.

White, Mathew P. / Alcock, Ian / Wheeler, Benedict W. / Depledge, Michael H., 2013, Would you be happier living in a greener urban area? A fixed-effects analysis of panel data, in: Psychological science, 24. Jg., Nr. 6, S. 920–928.

Wilhelm, Klaus, 2009, Elixier der Nähe, in: Spektrum Gehirn und Geist, Nr. 2, S. 56–61.

Wilkinson, Richard, 26.03.2010, Soziale Gerechtigkeit – Die Mittelklasse irrt, Die Zeit, http://www.zeit.de/2010/13/Wohlstand-Interview-Richard-Wilkinson [27.11.2018].

Wilson, Chris M. / Oswald, Andrew J., 2005, How Does Marriage Affect Physical and Psychological Health? A Survey of the Longitudinal Evidence, in: IZA Discussion Paper, Nr. 1619, Bonn.

Wilson, Timothy D. / Gilbert, Daniel T., 2005, Affective Forecasting – Knowing What to Want, in: Current Directions in Psychological Sciences, 14. Jg., Nr. 3, S. 131–134.

Winkelmann, Liliana / Winkelmann, Rainer, 1998, Why Are the Unemployed So Unhappy? Evidence from Panel Data, in: Economica, 65. Jg., Nr. 257, S. 1–15.

Wiswede, Günter, 1991, Soziologie. Ein Lehrbuch für den Wirtschafts- und sozialwissenschaftlichen Bereich, Landsberg am Lech.

Wood, Joanne V. / Heimpel, Sara A. / Michela, John L., 2003, Savoring Versus Dampening: Self-Esteem Differences in Regulating Positive Affect, in: Journal of Personality and Social Psychology, 85. Jg., Nr. 3, S. 566–580.

Wood, Joanne V. / Michela, John L. / Giordano, Caterina, 2000, Downward comparison in everyday life: Reconciling self-enhancement models with the mood–cognition priming model, in: Journal of Personality and Social Psychology, 79. Jg., Nr. 4, S. 563–579.

Wunder, Christoph et al., 2009, Well-being over the life span: Semiparametric evidence from British and German longitudinal data, in: IZA Discussion Paper, Nr. 4155, Bonn.

Yang, Yang, 2008, Long and happy living: Trends and patterns of happy life expectancy in the U.S., 1970–2000, in: Social Science Research, 37. Jg., Nr. 4, S. 1235–1252.

You, Jong-sung / Khagram, Sanjeev, 2005, A Comparative Study of Inequality and Corruption, in: American Sociological Review, 70. Jg., Nr. 22, S. 136–157.

Zak, Paul J. / Knack, Stephen, 2001, Trust and Growth, in: The Economic Journal, 111. Jg., Nr. 470, S. 295–321.

Zieschank, Roland / Diefenbacher, Hans, 2018, Nationaler Wohlfahrtsindex (1991–2015), http://www.fest-nwi.de/index [30.07.2018].

Zimmermann, Anke C. / Easterlin, Richard A., 2006, Happily Ever After? Cohabitation, Marriage, Divorce, and Happiness in Germany, in: Population and Development Review, 32. Jg., Nr. 3, S. 511–528

www.ingramcontent.com/pod-product-compliance
Lightning Source LLC
Chambersburg PA
CBHW080553270326
41929CB00019B/3289